한국 영화와 민족주의

영화, 혹은 곳곳에 있는 정치민족주의

원원袁沅 지음

저 자 **원원**袁沅

중국에서 태어나, 중국에 있는 소주대학교蘇州大學에 다녔다. 우연한 기회에 교환학생으로 한국에 와 2년 공부하였는데, 그 2년 동안 한국의 매력에 빠져 대학교 졸업 후 바로 귀국하지 않고 한국외국어대학교 국제지역대학원에서 한국학 전공으로 박사 학위까지 취득하였다. 한국에 대한 호기심과 함께 그 해답을 찾다보니 어느새 자신의 20대를 한국에서 보냈다. 앞으로는 일본에서 계속 공부를 이어갈 예정으로, 동아시아 문화에 대한 독특한 시각을 가진 연구자가 되고자 한다.

한국 영화와 민족주의
영화, 혹은 곳곳에 있는 정치민족주의

초판인쇄 2016년 5월 31일
초판발행 2016년 6월 9일

지 은 이 원원(袁沅)
발 행 인 윤석현
책임편집 최현아, 이신
등 록 제2009-11호
발 행 처 박문사
　　　　서울시 도봉구 우이천로 353 성주빌딩 3F
　　　　Tel: (02) 992-3253 (代)　　　Fax: (02) 991-1285
　　　　Email: bakmunsa@daum.net
　　　　Web : http://www.jncbms.co.kr

ISBN 979-11-87425-03-8 93680　　　　　　**정가** 15,000원

한국 영화와 민족주의

영화, 혹은 곳곳에 있는 정치민족주의

원원袁沅 지음

박문사

머리말

　박사 학위 논문을 바탕으로 저술한 이 책을, 사실 출판할지 말지 꽤 오랜 시간동안 망설였다. 한국 민족주의에 대한 관심과 공부가 아직 마침표 찍기에는 이르다고 생각했기 때문이다. 한국의 민족주의는 그 어느 나라의 민족주의보다도 우여곡절이 많아 정의하기도 풀어 설명하기도 어렵다. 그러던 중 '오히려 영화를 통해 그 맥락을 풀어낼 수 있지 않을까'하는 생각이 들었고, 영화 속에 재현된 한국 민족주의의 연구를 시도하게 되었다.

　한국 영화 속 민족주의는 시대에 따라 다변성과 다원성을 띄지만, 이승만, 박정희와 김대중 정부 시기 즉 상당히 긴 기간 동안 정치적 민족주의와 동일한 흐름을 보여준다. 정치인들의 한국 민족주의에 대한 해석은 언제나 그들의 정치적 목표에 지향한다는 것은 그다지 놀랍지 않다. 하지만 한국 영화가 그 시대의 정치 민족주의를 대변해 왔다는 사실과 뜻밖에도 우리가 그를 별 이상 없이 받아들였다는 것은 놀라지 않을 수 없다. 또 민족주의가 쌓여 발전하기보다는 역으로 전의 내용을 뒤집어엎고 다시 반복하는 신기한 양상이 발견되었다.

영화를 통해 한국 민족주의의 실체를 탐구하는 깃은 단편직이라 생각할 수도 있다. 그러나 민족주의는 일상생활 곳곳에 존재하듯, 영화를 비롯한 대중들이 접하기 쉬운 분야 속 민족주의의 연구는 어쩌면 정치사상으로서 민족주의를 연구하는 것보다 더 중요할지도 모른다. 아무쪼록 한층 더 많은 성원과 지도 편달을 부탁드린다.

2016년 5월

원 원袁沅 씀

머리말 ⋯ 3

제1장 영화, 혹은 곳곳에 있는 정치민족주의   ⋯ 7

1. 민족주의가 왜 아직도 중요한가?   ⋯ 9
2. 영화에 나타난 민족주의는 정치적 민족주의 담론과   ⋯14
   어떤 관련성이 있는가?
   2.1. 영화에 재현된 민족주의가 어떤 의미를 가지고 있는가?   ⋯18
   2.2. 영화에 재현된 민족주의는 어떻게 찾아낼 수 있는가?   ⋯29

제2장 한국 민족주의에 대한 이론적 접근   ⋯41

1. 민족주의에 대한 다양한 해석   ⋯45
   1.1. 본원주의primodialism적 접근   ⋯46
   1.2. 구조주의structuralism적 접근   ⋯48
   1.3. 구성주의constructivism적 접근   ⋯53
   1.4. 포스트모더니즘postmodernism적 접근   ⋯58
2. 한국 민족주의의 발생과 전개   ⋯62
   2.1. 한국 민족주의의 연구개황   ⋯63
   2.2. 한국 민족주의의 전개 과정   ⋯67
   2.3. 한국 민족주의의 다원성과 독특성   ⋯73
3. 한국의 정치 전략으로 민족주의 담론   ⋯76
   3.1. 이승만의 국가 재건과 국민 통합을 위한 민족주의   ⋯77
   3.2. 박정희의 경제 발전과 '승공통일'을 위한 민족주의   ⋯84
   3.3. 김대중의 대북 포용과 세계화에 대응을 위한 민족주의   ⋯93

제3장 한국 정치사회의 변동과 영화의 전개 과정 ⋯101

1. 국가 형성 과정에서의 영화의 전개 ⋯104

  1.1. 일제강점기 영화의 도입 ⋯104

  1.2. 해방과 건국 시대 영화계의 재건 ⋯112

2. 유신체제와 영화의 정치적 기제화 ⋯125

3. 민중문화운동과 영화 시장의 개방 ⋯132

  3.1. 영화 운동과 민족주의 영화 전승시대의 전개 ⋯132

  3.2. '국가, 영화계, 관객' 삼자 관계의 발전 양상 ⋯146

제4장 한국 영화의 민족주의적 성격의 변화 ⋯153

1. 민족을 상상하는 분단 의식 ⋯158

  1.1. 한국전쟁 및 남북 대치 ⋯161

  1.2. 빨치산 및 간첩 ⋯170

  1.3. 이산가족 및 탈북자 ⋯180

2. 민족 정체성의 재건 ⋯188

  2.1. 독립 및 반공 ⋯191

  2.2. 근대화 ⋯208

  2.3. 반세계화 ⋯212

3. 반미·반일과 반 권력주의 정서 ⋯215

  3.1. 주한미군 ⋯215

  3.2. 일본식민사 ⋯220

  3.3. 반 군부정권 ⋯229

제5장 민족주의 영화에 투영된 정치적 이해관계 ⋯235

참고문헌 ⋯ 249

| 제1장 |

영화, 혹은 곳곳에 있는
정치민족주의

1. 민족주의가 왜 아직도 중요한가?
2. 영화에 나타난 민족주의는 정치적 민족주의 담론과
   어떤 관련성이 있는가?

1 민족주의가 왜 아직도 중요한가?

한국의 20세기는 식민 지배와 민족 분단을 거친 국민국가 건설, 그리고 산업화의 시대였다. 한국인의 독립 운동과 통일을 위한 노력, 그리고 민주화와 경제성장에 주요한 동력을 제공한 것은 민족주의였다.[1] 21세기에 들어 와서도 한국 민족주의는 국가적 담론인 '통일', '시민주권의 확립', '민족 정체성', '민족공동체의 형성' 등에 중요한 요인으로 작용하고 있다.

다시 말해 이러한 요인들로 인해 한국 민족주의의 정치적 영향력은 앞으로도 상당 기간 지속될 것으로 보인다. 그 배경은 첫째, 남북한이 각기 상이한 방식으로 공유하고 있는 민족주의의 동학에서 찾을 수 있다. 한국은 통일을 주요한 국가 목표로 선정하고 있으며, 북한 또한 민족주의 이데올로기를 전면에 내세우고 있다. 북한은 지배 이데올로기로서 '주체사상'에 민족주의를 결합시키고 있다. 북한이 자주국방, 자력갱생

---

1 박찬승, 『민족주의의 시대』, 서울: 경인문화사, 2007, 389쪽.

을 고수하고 있는 것은 체제유지에 그 목적이 있기 때문이다. 북한의 민족주의 가치는 한국 내의 진보적 시민단체나 정치집단에도 일정 부분 영향을 미쳐 왔다. 민족주의는 한국에 있어서도 중요한 정치적 담론이다. 통일을 민족의 염원으로 하는 한국의 입장에서 민족주의는 강력한 이데올로기이자 설득력 있는 보편적 담론으로 기능한다.[2]

두 번째 이유는, 경제적 부문에서의 세계화에 대한 반작용에 있다. 외환 위기 이후 신자유주의의 유입이 확대된 반면 국민의 삶은 개선되지 못하고 양극화의 심화, 고용 불안정으로 이어지면서 국민들은 이를 세계화 혹은 시장개방으로 인한 부작용으로 인식하고 있다. 이에 따라 국민들은 반 신자유주의Neoliberalism적 태도를 띠게 되었다. 이와 같은 면에서 한국의 사회경제적 양극화와 불평등이 심화될수록 한국에 있어서 민족주의 이데올로기의 영향력은 더욱 커질 수밖에 없다.

이 책은 민족주의 담론화 과정의 가속화 여부는 집권정부의 성향과 밀접한 관계가 있다고 가정한다. 역사적 경험으로 봤을 때 한국 민족주의는 정치적 도구로서 다양한 정치적 주체(보수 혹은 진보)들과 이해관계가 있었다. 대중문화 콘텐츠들의 정치적 성격은 민족주의를 둘러싼 담론기제를 규명하는 것을 통해 찾을 수 있다. 본 연구는 대중문화의 한 장르로서 영화에 초점을 맞춰 한국 집권정부와 한국 민족주의 담론화의 변화 양상의 이해관계를 설명하고자 한다. 다양한 대중매체 속에서 특별히 '영화'를 선정하여 이를 통해 한국 민족주의를 연구하고자 하는

---

2 여기에 한국의 경우는 단일민족이라는 특수성을 가지고 있다. 다른 나라에서 종교가 국민들을 분리시키는 중요한 요인이 될 수 있지만 한국에서는 서로 다른 종교도 민족을 우선할 수는 없다. 단일민족을 유지하고 있는 상황에서 민족주의는 여전히 한국 사회에 다른 요인보다 더 중요한 영향을 끼친다. 양경미, 「한국 민족주의 영화의 흐름과 특성: 1990년대 이후 작품을 중심으로」, 『영화연구』 46호, 한국 영화학회, 2010 참고.

이유는 한국 민족주의의 기원 및 특징, 그리고 한국 영화의 특수성과 관련이 있다.

정치적 성격을 지닌 민족주의는 개념적으로 민족 구성원을 민족이라는 통합적이고 포괄적 지칭으로 사용하는 과정을 포함한다. 이러한 점에서 본다면, 민족주의는 대체로 타자(외세)와의 대항 과정을 통해 형성된다. 한국 역사에서 민족주의가 정치적 역학으로 출현한 것은 외세와의 접촉이 빈번해지는 19세기 후반으로 추정된다. 그러나 당시에도 여전히 민족의 구성원인 '우리'와 민족의 범주밖에 놓인 '그들'을 구분하는 정확한 경계선은 형성되지 않았다.[3] 전통적 유학자와 대립과 갈등과정을 통해 사회변혁을 주도했던 개화파도 크게 다르지 않다. 개화파도 세계를 '개화', '반개화' 혹은 '미개'의 영역으로 범주화하였으며, 조선을 독특한 정체성을 가진 실체로 구분하지는 않았다. 이들 모두 세계를 인식함에 있어 민족이 아니라 여전히 문명과 야만이라는 이분법적 구분을 통해 접근하려 했다. 이러한 이유에서 당시의 민족주의는 엄밀한 의미의 민족주의라기보다는 일종의 원형적 민족주의proto-nationalism로 이해할 필요가 있다.[4]

진정한 의미의 민족주의의 모습이 형성된 것은 일제강점기였다. 타민족의 지배를 경험하면서 민족의 개념이 두각을 나타냈고, 원형적 민족주

---

3 전통적으로 '우리'와 '그들'의 경계선으로 작용했던 것은 오히려 민족이 아닌 유학자들이 오랫동안 지녀왔던 화이華夷의 세계관이다. 세계를 문명과 야만으로 이분했던 화이관의 관점에서 볼 때, '우리'의 범주는 조선이라는 특정한 국가와 민족의 개념이 아니라 중화를 중심으로 하는 유교적 문명의 세계와 일치하였다. 따라서 이들이 위정척사와 같은 구호를 통해 지키려고 했던 올바름표도 조선의 정체성이라기보다는 문명의 세계에 속했던 유교의 정체성이었다.
4 원형적 민족주의에 관해서는 Eric Hobsbawm, *Nations and Nationalism since 1780*, New York: Cambridge University Press, 1990, 2장.

의에서 민족주의로 발전하는 계기가 되었다. 일본 제국주의가 동화 assimilation 원칙을 기반으로 조선의 정체성을 없애려고 했던 만큼, 이에 대한 저항으로서 민족주의가 정치적 이념으로 대두되었던 것이다. 이러한 역사적 경험으로 인해 민족주의는 해방 이후 다양한 정치적 주체들에 의해 다양한 방식으로 담론화되었고, 이 담론은 국가를 통치하는 주요한 정치적 전략으로 활용되었다.[5] 일제의 통치에서 벗어나 민족국가로 형성되는 시기는 물론, 경제 발전의 추진, 분단 극복을 위한 통일운동, 그리고 세계화 속에서 한국의 민족주의는 한편으로는 지배 담론으로, 한편으로는 저항 담론으로 끊임없이 재구성되었다.

이와 같이, 한국 민족주의의 발생 시점을 구한말로, 활성화된 시기를 일제강점기 및 해방 이후로 본다면, 영화라는 대중매체가 한국에 도입되어 산업으로 발전하는 과정은 한국 민족주의와 그 궤를 같이 한다고 생각할 수 있다. 다른 매체의 예로서 텔레비전의 보급은 1970년대부터 비로소 시작되고, 인터넷은 그보다 늦은 1994년쯤에 출현하였으므로 정치 체제와 함께 한 기간이 길지 않다. 따라서 민족주의의 전체적 발전 맥락을 관찰하는 데 있어, 영화가 1970년대, 그리고 1990년대부터 시작한 텔레비전 방송, 인터넷 등 신흥매체보다 한국 민족주의와의 정치적·역사적으로 정치권과의 관계가 더욱더 밀접하다. 그뿐만 아니라 신문과 잡지 등 인쇄매체는 텔레비전과 인터넷 등 신흥매체와의 경쟁 속에서 위력이 감소된 반면, 영화는 대중으로부터 꾸준히 호응을 끌었다. 영상에 접근하기 용이하다는 특성상 인쇄매체보다 민중의 민족주의를 형성

---

5 김동노, 「한국의 국가 통치전략으로서의 민족주의」, 『현상과 인식』 제34권 제3호 통권 111호, 2010, 204~206쪽.

하는 과정에 지속적으로 영향을 끼쳐 왔다. 그러므로 영화는 한국 민족주의 담론의 발전 양상을 연구하는 데 있어 다른 대중문화 형식보다 더 좋은 방법으로 간주할 수 있다.

이러한 맥락에서 이 책은 한국 현대정치의 주요 변환 과정에서 민족주의의 담론이 대중매체인 영화를 통해 형성된 과정과 집권자들이 이를 어떻게 정치적 수단으로 활용했는가를 살펴보려고 한다. 이를 위해 한국에 최초로 영화가 도입된 일제강점기부터 현재에 이르기까지 영화를 둘러싼 정치적 동학과 성격에 대해 설명하고 민족주의 특성이 내재된 한국 영화들을 유형별로 분석해 볼 것이다. 특히 한반도에 대한민국 정부가 수립된 이후 이승만 정부의 민족주의 담론, 한국의 경제개발 시기를 주도한 박정희 정부의 민족주의 담론과 1990년대 이후 세계화의 추세 속에서 국가의 재 구조화를 추구한 김대중 정부의 민족주의 담론이 대중 영화에 어떻게 투영되었는지를 집중적으로 분석하고자 한다. 특히 건국 시대를 대표하는 이승만 정부, 산업화 시대를 대표하는 박정희 정부와 민주화 시대를 대표하는 김대중 정부의 지배담론으로서 민족주의가 영화 속에서 어떤 맥락에서 어떤 목적으로 활용 및 투영되었는지를 설명하고자 한다. 이는 한국 사회에 있어 보수 정치 진영과 진보 정치 진영이 내세우는 서로 다른 내용의 민족주의가 지닌 정치적 의도를 밝히고, 이것이 대중문화, 특히 대중매체로서 영화에 어떻게 동원되었는지 그 양상을 분석하려는 것이다.

2

영화에 나타난 민족주의는
정치적 민족주의 담론과
어떤 관련성이 있는가?

앞 절에서 민족주의 담론이 한국 근대 사회에 지속적인 영향력을 끼침으로서 보다 증진되어야 할 연구이며 그 필요성을 설명하였다. 또한 그동안 한국 사회의 민족주의 담론을 주도해 왔던 이승만, 박정희, 김대중 정부가 대표하는 보수 또한 진보 정치가 목적성이 강한 민족주의 담론과 깊은 상관관계가 있다는 가정하에 영화를 통하여 이 가설을 증명하고자 하는 연구의 목적을 제시하였다. 본 절에는 이 연구 방법의 실행 가능성에 대해 설명을 하고자 한다.

대중매체는 19세기 말에 대중의 해독 능력이 증대되고 대중신문이 나타난 이후 정치적으로 그 중요성을 인정받았다.[1] 사회적·기술적 변화의 결합을 통해 대중매체는 점점 더 강력한 정치행위자가 되었으며, 정치적

---

1 대중매체mass media는 모든 형태의 지식, 정보 그리고 오락의 생산과 분배와 연관되는 그러한 사회적 제도를 포괄한다. 대중매체의 '대중적' 성격은 대중매체가 상대적으로 진보된 기술을 사용하면서 거대하고 획일적인 관중을 향해 소통한다는 사실에서 비롯된다. 앤드류 헤이우드 저, 조현수 역, 『정치학: 현대정치의 이론과 실천』, 서울: 성균관대학교출판부, 2009, 421쪽.

과정에 더 깊이 관여하게 되었다. 정치적 태도와 가치를 형성하고, 쟁점과 문제들이 가지는 성격과 중요성에 관해 대중들이 가지고 있는 인식에 영향을 줌으로써, 정치적 선택이나 선거에서 선택을 할 때 대중매체가 가지는 능력을 의심하는 사람은 많지 않다.[2] 그러나 한국은 정치가들의 정치적 입장과 대중매체의 상관관계에 대한 연구가 아직 적은 편이다.

그동안 한국 민족주의에 대한 국내외 연구 경향은 광범위한 영역에서 다뤄져 왔다. 이러한 경향은 크게 두 가지 맥락으로 정리할 수 있다.[3] 하나는 운동론을 주된 준거로 하여 한국 민족주의의 기원과 전파에 대한 역사 및 사상적인 탐구다.[4] 다른 하나는 서구민족주의 이론의 소개와 유형분석에 기초한 한국 민족주의의 담론분석이다.[5] 이외에 1990년대 이후의 연구 성과 중 경험적 연구도 부분적으로 찾아볼 수 있다. 이러한

---

2 *ibid.*
3 또 다른 한 접근은 문학 쪽에서 나온 민족문학론이다. 백낙청을 중심으로 전개된 민족문학론은 한때 한국 문학의 큰 흐름을 형성하였다. 이는 문학의 사회적, 민족적 역할을 강조했고 정치적 민주화에도 기여하는 실천의 모습을 보였다. 그러나 이런 논의들은 정치학이 주도한 한국 민족주의론이나 역사적 연구와 유기적으로 연결되지 못했고, 감각적인 '자유주의 문학'이 성행하는 지금 활력을 잃고 있다. 백낙청, 『민족문학과 세계문학』, 서울: 창작과 비평사, 1985; 김영명, 『우리 눈으로 본 세계화와 민족주의』, 서울: 오름, 2002, 48~49쪽.
4 특히 1920년대 중반 안재홍이 '자치론'에 대한 입장을 기준으로 당시 민족운동을 일제에 대한 타협적 우경 노선과 비타협적 민족주의 좌익 노선으로 분류한 바 있다. 이후 한국 민족주의는 이러한 기준에 따라 유형화가 시도되었다. 대표적으로 한국의 민족주의 세력을 민족개량주의와 좌익민족주의-사회주의적 민족주의 또는 부르주아 민족주의 좌·우파와 진보적 민족주의 등으로 범주화해 그 성격을 규명하려 한 연구들을 들 수 있다. 이들 연구는 민중적 민족주의, 통일지향적 역사인 식의 확립이라는 한국 사회의 실천적 요구와 결합해 1980년대 '때늦은 민족주의의 재발흥'을 이끌었다. 김동춘, 「80년대 한국의 민족주의」, 『근대의 그늘』, 서울: 당대, 2000, 343쪽; 장규식, 「20세기 전반 한국 사상계의 궤적과 민족주의 담론」, 『한국사연구』 제150권, 한국사연구회, 2010, 273쪽.
5 한국 민족주의에 대한 지금까지의 연구는 대체로 정치학적인 논의와 역사적인 논의로 이루어졌다. 역사적 접근은 민족과 민족주의의 기원, 대외 저항사 등에 중점을 두는데, 대체로 구한말에 근대적 이념으로서의 민족주의가 형성된 것으로 본다. 정치학에서의 연구는 대체로 서구 견해를 답습하였다. 김동성, 『한국 민족주의 연구』, 서울: 오름, 1996, 69~70쪽.

연구는 대부분 한국의 국민과 지식인의 민족주의 의식구조에 관심을 두었고, 분석모형의 개발, 문헌조사와 설문조사 등의 연구 방법을 사용하였다. 기존의 한국 민족주의 연구 경향은 현상에 대한 객관적 진술을 목표로 한 학문적(이론적) 논의라기보다는 당위론적 주장의 차원에서'이상적 민족주의'가 무엇인가를 논하면서, 상호대립의 제로섬^{zero sum} 형태를 취한다는 한계를 노출하고 있다. 또한 한국 민족주의의 실존여부에 대한 이론적 근거를 확립하지 않은 채, 과제 논쟁을 전개함으로써 인식론적 혼란이 가중되고 있다는 비판이 제기되고 있다.[6]

그간 한국의 민족주의 연구 중, 민족과 민족주의를 하나의 실체^{reality}로 인정하는 차원에서 이해하려는 경향은 한국 민족주의의 다변多變적인 맥락을 설명하는 데는 한계가 있을 수밖에 없다. 그러므로 민족주의 연구에서 중요한 의제는 "민족이란 무엇인가?"보다 "민족은 어떻게 정치적 문화적 형태로 제도화되는가?"가 되어야 한다. 아울러 "민족은 어떻게 실천적 범주와 인식의 틀로서 작용하는가?"이다.[7] 한국의 경우는 민족이 민족주의를 형성하게 만드는 것이 아니며, 민족주의가 민족을 구성한 것으로 볼 수 있다. 이러한 것은 민족은 독립적으로 존재하는 실체가 아니라 민족주의라는 의식적 맥락에서 존재할 수 있기 때문이다.[8] 현재 한국 민족주의의 단위에 대해서는 대한민국 민족주의, 한반도 민족주의, 한민족 민족주의가 경합을 벌이고 있다.[9]

이 관점에서 민족주의는 가변성과 다원성을 근본요소로 하고 있다.

---

6 김동성, 『한국 민족주의 연구』, 56쪽.

7 Rogers Brubaker, *Nationalism Reframed: Nationhood and the National Question in the New Europe*, New York: Cambridge University Press, 1996, pp.7~16.

8 Craig Calhoun, *Nationalism*, Buckingham: Open University Press, 1997, p.99.

9 이선민, 『민족주의, 이제는 버려야 하나』, 서울: 삼성경제연구소, 2008, 48쪽.

민족을 상상적 실체로 규정한다고 해도 민족은 단일한 실체로 상상되는
것이 아니라 다원적으로 상상되는 것이다. 아울러 국가주의적 민족주의
가 강조하는 영토성도 가변적 성격을 지닌다고 할 수 있다. 대한민국
민족주의는 '한반도 남쪽', 한반도 민족주의는 '한반도', 한민족 민족주의
는 '전세계의 한민족 공동체'를 민족의 단위로 설정하는 것이다.[10] 민족
주의가 가진 이러한 다원성과 가변성으로 인해 민족경계선은 끊임없이
도전받고 재구성되기 때문에 확정적이지 않고 심지어 우연적이기도 하
다.[11] 이러한 민족 경계선의 융통성은 민족과 민족주의를 지속적인 다툼
의 영역contested field으로 만들게 된다. 민족주의가 단일한 민족의 민족주
의이기 보다는 민족에 관한 다양한 관점이 서로 다투고 협상하는 것을
표상하고 있을 따름이다.[12]

<표 1-1> 민족주의 이론의 분류[13]

유 형	대표학자	주요 내용
본원주의primodialism적 이론	스미스Anthony Smith	민족이란 혈연과 같은 생물학적 특성이나, 언어, 역사, 문화적 유산을 공유하는 사람들로 구성됨, 민족주의를 산업과 관련이 적고 그 이전에 이미 존재했음
구조주의structuralism적 이론	겔너Ernest Gellner, 네언Tom Nairn	민족은 사회적 조건의 변화(산업화, 자본주의, 세계적인 불균등)에 의해 인위적으로 구성됨
구성주의constructivism적 이론	앤더슨Benedict Anderson	구성주의 이론은 구조주의와는 대립되는 관점에서 민족주의를 사회적 행위자들의 의도된 결과로 봄

10 *ibid.*
11 Zygmunt Bauman, "Blood, Soil, and Identity," *Sociological Review* Vol. 40. No.4, 1992, p.677.
12 Prasenjit Duara, "Historicizing National Identity, or Who Imagines What and When," Geoff Eley and Ronald Grigor Suny eds., *Becoming National*, New York: Oxford University Press, 1996, p.152.

포스트모더니즘post modernism적 이론	Day, Graham과 Andrew Thompson	민족과 민족주의를 하나의 실체reality로 간주하지 않아 하나의 다툼의 영역contested field, 민족주의의 다변성을 강조함

본 책에서는 위와 같은 민족주의에 대한 네 가지의 접근 방법을 모두 사용하여 한국 민족주의를 설명하고자 한다. 특히 영화에 나타난 민족주의적 재현과 정치가들의 민족주의 담론의 이해관계를 분석하고, 민족주의의 변화 요인으로서 대중매체의 중요성을 부각시키고자 한다. 다시 말하자면 현대 한국인의 민족 정체성은 대중문화 속에서 끊임없이 변화하고 재구성된다는 관점을 제시하고자 한다. 이를 위해 우선직으로 몇 가지 문화를 강조하는 민족주의 선행 연구를 회고하려고 한다.

2.1. 영화에 재현된 민족주의가 어떤 의미를 가지고 있는가?

2.1.1. 문화의 중요성을 강조하는 학자들

민족주의를 이해하는 방식은 대체로 세 가지 시각으로 구분된다. 첫째, 하나의 마음의 상태로서, 민족의식의 표현으로서, 정치적 교의로서, 또는 민족 집단의 이해관계를 나타내는 것으로서의 민족주의에 관심을 가지는 것이다. 민족주의에 대한 가장 일반적인 가정은 민족주의가 궁극적으로 모종의 민족적 정체성national identity에서 나왔다거나, 혹은 민족주의는 그러한 정체성을 추구한다는 입장이다. 둘째, 학자들은 민족주의를 특정 계급의 이해관계 또는 대규모적인 사회-경제적 변화의 추구와 연관

13 보다 구체적인 설명은 이 책의 2장을 참조.

된 것이라고 주장하는 것이다. 민족운동은 계급에 따른 역할, 또는 근대
경제를 창조하려는 목적으로 조명될 수 있다는 것이다. 셋째, 민족주의
는 무엇보다도 정치와 관련된 것이고, 정치는 권력과 직결되어 있으므로
근대세계에서 권력은 주로 국가의 통제와 관련된 것이라고 주장한다.
그러므로 중심 문제는 민족주의를 국가권력의 획득과 행사라는 목적과
관련시키지 않으면 안 된다는 것이다.[14]

민족 정체성national identity을 근대 민족주의를 규정하는 요소 중 하나로
간주하는 입장은, 인간이 본래적으로 소유하는 자기 동일시에 따른 정체
성 형성이라는 심리학적 전제를 바탕으로 하고 있다. 생산양식의 지배방
식과 국가형태 및 주권의 존재 여부와 관계없이 인간이나 집단은 자신의
정체성을 확인해 줄 역사적 실체가 필요하다는 입장이다. 이러한 생각은
도이치Deutsch가 주창한'우리의식we-consciousness을 가진 공동체'[15]나 한스
콘Hans Kohn, 에드워드 카Edward H. Carr가 지칭한 민족감정national sentiment에서
민족주의의 기원을 찾고자 하는 노력과 맥락을 같이한다.[16]

이에 대한 가장 중요한 학문적 진전은 앤더슨B. Anderson에 의해 행해져
왔다.[17] 앤더슨은 민족공동체의 성격을 역사적으로 규정하기보다 문화
적 차원에서 탐색한다. 그러나 그러한 현상의 사회경제적 조건과 동력을
간과하지 않고 있다. 사실상 앤더슨의 책 제목처럼 '상상의 공동체'로서

14 John Breuilly, *Nationalism and the State*, New York: St, Martin's Press, 1982, pp.1~2;
   차기벽, 『차기벽저작집 4: 민족주의 원론』, 서울: 한길사, 2006, 133쪽.
15 Karl W. Deutsch, *Nationalism and Communication Theory*, 1984, pp.29~32. 도이치는
   민족주의의 형성에는 동일한 혈연이나 전통, 역사보다는 하나의 언어가 일정 영역내
   공용어로 사용되면서 '우리'라는 공동체의식이 발생할 때 가능한 것이라고 설명한다.
16 1940년 이후 민족주의는 언어나 종교, 전통 등 공통의 경험을 기반으로 한 민족구성원
   의 민족감정으로 이해되었다. Hans Kohn, *The Idea of Nationalism*, New York: Macmillan,
   1959; Edward H. Carr, *Nationalism and After*, Melbourne: Macmillan, 1963.
17 베네딕트 앤더슨 저, 윤형숙 역, 『민족주의의 기원과 전파』, 서울: 나남, 1991, 19쪽.

민족을 생각한다면, 그가 강조하는 부분은 정체성의 심리학과 인쇄자본
주의의 정치경제학의 접합에서 더 두드러진다. 민족주의가 당시 자본주
의적 상황에 '우연히' 결부되어 있고 이것이 바로 '민족적' 정체성의 근원
으로 작용하였다는 것이 앤더슨의 논지이다. 따라서 그는 민족의 형성을
자본주의 발전의 논리적 귀결로서 이해하기보다 자본주의와 인쇄술, 그
리고 지배언어의 탄생이라는 숙명적이고도 우연한 상호작용에 의해 만
들어진 '상상적인 공동체imagined community'로 간주한다.[18]

이런 관점에서 앤더슨이 기존 민족주의 이론의 핵심요소로 지적되어
온 경제결정론이나 계몽적 자유주의를 대수롭지 않은 것으로 여기고 있
다는 것을 알 수 있다. 그는 "경제적 이해나 자유주의 혹은 계몽주의도
그 자체로서 구체제의 약탈로부터 방어되어야 할 상상의 공동체의 성격
이나 형태를 창조할 수도 없었고 창조하지도 않았다."라고 언급하며 민
족주의를 정체성의 문화적 근원과 인쇄자본주의의 우연한 만남으로 해
석하고 있는 것이다.[19]

앤더슨은 후발 민족주의 국가의 민족화 혹은 인종화 과정을 '관주도
민족주의official nationalism'란 개념으로 이해한다.[20] '상상의 공동체'의 출현
과정에서 주변화 되거나 배제될 위협을 느낀 지역의 지배계급에 의해
채택된 민족국가 형성전략이 관주도 민족주의라는 것이다. 관주도 민족

---

18 베네딕트 앤더슨, 『민족주의의 기원과 전파』, 66쪽. 민족을 상상의 공동체로 이해하는
   방식은 미드G. H. Mead의 자아형성이 상징들 간의 상호교호적 작용에 의해 이루어진다
   는 사회심리학적 분석과 연결될 수 있다. 또한 사이드E. W. Said는 동양이라는 개념이
   서구의 편협된 상상의 결과물임을 주장한 바 있다. George H. Mead, *Mind, Self and
   Society from the standpoint of a Social Behaviorist*, Chicago: The University of Chicago
   Press, 1934; Edward W. Said, *Orientalism*, New York: Pantheon, 1978.
19 Benedict Anderson, "New World Disorder," *New Left Review* Vol. 193, May-June, 1992.
20 베네딕트 앤더슨, 『민족주의의 기원과 전파』, 114~117쪽.

주의 정책은 위로부터의 민족공동체 형성에 필요한 조건들을 인위적으로 주입해 가는 과정을 통해 실현된다. 관주도 민족주의는 공식 언어/표준어의 설정, 유·소년기 의무교육을 통한 민족 정체성의 확보, 역사에 대한 민족적 해석과 유포, 왕조나 민족의 정체성에 대한 부단한 확인, 다른 민족에 의한 대외적 위협 강조 등을 통해 꾸준히 형성되고 내재화된다.[21] 그는 이를 '인종화enthnicisation'로 정의하고, 대중매체와 교육을 통해 새로운 유형의 공동체, 즉 하나의 민족을 상상하기 시작한 다수의 대중들을 형성시켰다고 주장한다.[22]

이러한 앤더슨의 입장은 로빈 폭스Robin W. Fox의 주장으로 연결된다. 그는 집단정체성에 대한 귀속의식longing for group identity이 존재하는 한 민족국가는 계속 필요할 것이라고 주장하면서, 국제주의적 노력이 결국 실패할 것이라고 진단한다.[23] 자아ego를 초자아superego와 합치시키면서 정체성과 안정을 얻는 것이나(프로이트), 개인적 자유로부터 도피하여 민족공동체에 귀의하는 경향(에리히 프롬)을 기반으로 민족주의를 사회심리학적으로 연구해 볼 것을 권유한다.[24] 그는 민족주의 현상이 근대적인 구성물인 동시에 인간심리에 내재한 감성적 동기에서 나온다는 점을 인정해야 한다고 강조한다.[25] 따라서 인간의 기본적 요구가 존재하고 공동체에 대한 기본적 귀속감을 호소할 만큼 충분히 작고 동질적인 상태로 유지되는 민족국가는 계속될 것이라고 판단한다.[26]

21 베네딕트 앤더슨, 『민족주의의 기원과 전파』, 131쪽.
22 Benedict Anderson, "New World Disorder".
23 Robin W. Fox, "Nationalism: Hymns Ancient and Modern," *The National Interests*, *Spring*, 1994, pp.51~57.
24 *Ibid.* p.53.
25 *Ibid.* p.57.
26 김동성, 『한국 민족주의 연구』, 20쪽.

민족주의를 매우 오래된 역사적 실재historical reality로 받아들이는 오브라이언Conor Cruise O'Brien은 국제주의 방식의 문제 해결이 인간본질human nature 상의 문제 때문에 어려움에 처할 수밖에 없는 것이라고 진단하면서 폭스의 입장에 동의한다.[27] 그는 민족주의를 19세기 유럽에서 발생한 현상으로 이해하는 파프William Pfaff의 입장을 비판하면서,[28] 민족주의는 그것을 위해 많은 사람들이 서로 죽고 죽일 수 있는 인간본질의 원초적 기원을 가지고 있다는 점을 지적한다. 따라서 유고분쟁 같은 민족 분규에 성급한 개입은 오히려 민족주의적 저항을 불러일으켜 더 어려운 사태를 가져올 것이라고 예상한다. 사람들은 정의나 자유보다 민족적 이해를 위해 더욱 헌신적이라는 점에서 민족주의는 단기적 역사현상이기보다 인간본질에 기반하고 있다는 설명은 특히 시사하는 바가 크다.[29]

민족 정체성을 민족주의 논의의 핵심으로 끌어올리려는 시도는 인간의 본질에 대한 새로운 인식과 연결되어 있다. 인간의 본질적 약점을 극복하기 위해 인간의 정체성과 객관성을 확인시켜 줄 무언가가 있어야 하지 않느냐는 질문에 대한 학문적 대응인 것이다. 따라서 민족 정체성에 대한 논의는 근대 자본주의 사회의 특수한 형태로서의 '민족 정체성'을 '민족'이라는 역사적 실체와 인간의 보편적 요구인 '정체성'으로 분리하여 보아야 한다. 정체성의 확보가 인간의 본질적 요구로 보편적 성격을 띠고 있다는 점에서, 민족 정체성의 요구는 여전할 것이다.

에릭 홉스봄E. J. Hobsbawm은 민족국가가 의식 속에서 '만들어진' 실체라

27 Conor Cruise O' Brien, "The Wrath of Ages: Nationalism's Primordial Roots," *Foreign Affairs*, November/December, 1993, pp.142~149.
28 William Pfaff, *The Wrath of Nations: Civilization and the Fury of Nationalism*, New York: Simon&Schuster, 1993.
29 *Ibid.* p.149.

는 점에서 앤더슨과 같은 견해를 취하면서도 민족국가 또는 민족주의가 '민족'에 선행한다는 입장이다. 이는 단일 언어 공동체를 중심으로 발생하는 공통의 유대를 민족의 기원으로 생각하는 앤더슨과는 다른 생각이다. 홉스봄은 "민족이 국가와 민족주의를 만드는 것이 아니라 그 반대"라고 지적한다.[30]

민족주의를 민족구성원의 이념적 가치체계로 규정하고 있는 앤소니 기든스Anthony Giddens는, 현대사회에서 민족국가는 인간의 본질과 삶의 개체성을 실현하기 위해서 존속할 수밖에 없는 최적의 사회집단이며, 효율성의 기준임을 분명히 밝힌다.[31]

이와 같이 민족과 정체성을 구분하고 이를 다시 민족주의와 연결시키는 논의를 통해 각 개념의 역사적 동력을 새롭게 분석할 수 있다. 민족이라는 외연이 확장되는 동시에 정체성이라는 내연이 더욱 심화되는 상호 길항적인 관계가 민족주의 논의의 원초적 영역을 형성하는 민족 정체성의 특성처럼 보인다.[32]

민족주의나 민족 정체성에 관한 문헌들은 대개 민족의 역사적 기원이나 그 정치적 양상에 초점을 두어 왔다. 민족은 "여러 가지 일련의 관심들이 투사되며 서로 다른 사회적·정치적·문화적 경험들이 서로 연결되는 상상의 장"으로서 강력한 힘을 지닌다. 그러나 민족이 사회적·문화적 구성물이 아니라 자연적 본질이라는 환상을 조장하는데 문화가 어떤 역할을 하는지에 관해서 대부분 이론가들이 '고급 문화high culture', '공식 문

---

30 Eric Hobsbawm, *Nations and Nationalism since 1780*, p.52.
31 Anthony Giddens, *Nation State and Violence* Vol. 2, A Contemporary Critique of Historical Materialism, Cambridge: Polity Press, 1985, p.52.
32 김동성, 『한국 민족주의 연구』, 20~23쪽.

화official culture', '전통문화traditional culture'에 대해서만 관심을 가졌다. 이에 팀 에덴서Tim Edensor가 대중문화가 제공하는 의미와 이미지, 생활방식은 민족에 관한'전통적' 문화 형식과 실천 그리고 정서적 힘을 점진적으로 대체한다고 주장하였다. 에덴서는 대부분의 민족 정체성 연구자들이 관심을 갖는 전통문화 요소들이 현재 상황에서 무의미하다는 것이 아니라, 전통문화의 힘은 대개 대중문화를 이용해 (재)유포됨으로써 유지된다는 것을 지적한 것이다. 대중문화 안에서 전통은 민족을 의미하는 다양한 상징적 문화 요소들과 논쟁적 형식으로 착종된다. 그는 대중문화를 매개로 하여 표현, 경험되는 민족 정체성의 가능성을 민족 기념식, 물질문화적인 민족 기호, 그리고 영화 등의 예를 들어 분석하였다.[33]

2.1.2. 영화를 통한 대중의 민족주의 수용 및 상호작용

앞서 한 사회의 민족주의와 민족 정체성 형성에 있어 문화의 역할에 대한 언급과 더불어, 연구자들이 전통문화뿐만 아니라 대중문화의 중요성을 의식하고 분석하기 시작한 맥락에 대하여 논의하였다. 그러나 수많은 대중문화 분야 가운데 영화를 연구 대상으로 삼아 민족주의를 분석하고자 하는 이유는 다음과 같다. 우선 영화는 단순히 오락을 제공하는 것 이상의 기능을 한다. 영화는 현대사회의 한 부분이며, 삶의 방식을 형성하는 것에 도움을 주었다. 20세기 초에 본격적으로 제작되기 시작한 영화는 도시의 시민계급을 위한 이상적인 오락이었다. 또한 영화는 사회 모든 계층의 흥미를 끌었다. 영화는 인기가 있었으며, 특히 젊은

---

33 팀 에덴서Tim Edensor 저, 박성일 역, 『대중문화와 일상 그리고 민족 정체성』, 서울: 이후, 2008.

층에게 인기가 있다는 이유로 사회적 통제의 필요성이 제기되기도 하였는데, 이에 따라 영화의 영향력에 관한 여러 연구가 진행되었다.

　라이언과 켈너Michael Ryan & Douglas Kellner는 영화와 사회사의 관계를 일종의 담론적인 약호전환transcoding으로 간주한다. 영화에서 작동하는 재현과 사회생활 자체에 구조와 형태를 부여하는 재현 간의 연계를 강조하기 때문이다. 예컨대 진보와 근대화라는 이상을 포함하여 기술관료적인 자본주의 담론은 특정한 이해관계를 구현하고 있지만, 동시에 그것 자체가 사회세계를 변형하고 형태를 부여하는 표상들로 이루어진 것이기도 하다. 사실 자본주의적 근대성의 실체 자체가 재현에 의존한다고 말할 수도 있을 것이다.[34] 1940~1950년대 미국 영화에 대한 분석에서 마이클 우드Michael Wood는 영화가 "의식의 가장자리에" 들어가 현실 속에서 끊임없이 영향을 미친다는 점에 주목한다. 그는 영화가 "문젯거리로부터 전적으로 도피하거나 문젯거리를 망각하게 해 주는 수단"이 아니라 오히려 "골칫거리를 잘 다듬어 약화시킨 형태로 재정리함으로써 관심 밖으로 분산시키는 것"이라는 사실을 환기시킨다.[35] 이러한 예는 관객이 감각적 집중력을 동원하여 영화에 몰입한다는 데서 드러난다. 그 과정에서 관객은 자신이 보고 있는 영화가 전달하는 여러 정보를 해석하고, 그렇게 해서 발견한 영화의 입장이나 견해를 직관intuition과 나름의 논리를 동원해 정리한다. 그리고 영화는 이러한 해석과 정리를 통해 관람 행위를 통해서 직접적으로 감각했던 첫 번째 경험보다는 완충된 형태로 남아

---

34 라이언과 켈너Michael Ryan & Douglas Kellner 저, 백문임·조만영 역, 『카메라 폴리티카: 현대 할리우드 영화의 정치학과 이데올로기 (상)』, 서울: 시각과 언어, 1996, 33쪽.
35 마이켈 우드Michael Wood 저, 시찬주·성미숙 역, 『영화 속의 미국』, 서울: 현대미학사, 1994, 20~22쪽.

이후의 태도나 행동에 영향을 미칠 수도 있다. 한편, 1960년대 이후의 미국 영화에 주목하는 마이클 라이언M. Ryan과 더글라스 켈너D. Kellner는 영화에서 작동하는 재현·표상representation과 우리의 사회 및 일상생활 자체에 구조와 형태를 부여하는 재현·표상 간의 연계를 강조한다. 영화는 이 연계를 통해 사회적 삶의 담론들(형식, 형상, 재현)을 영화적인 이야기의 형태로 상호전환 한다는 것이다. 그 결과 영화는 사회현실을 '구성' 하는 동시에 이후의 관객의 태도와 실천에 영향을 끼침으로써 현실을 새롭게 '생성'하는, 보다 광범위한 문화적인 재현·표상 체계의 한 부분이 된다.[36]

영화의 이러한 기능 때문에 통치자들은 검열과 통제를 통해 자신의 정치적 이념을 선전하는 것에 영화를 동원해 왔다. 한국의 경우, 이승만, 박정희, 김대중은 그중 대표적인 통치자라고 볼 수 있다. 이승만 정부 시기 영화는 신문을 보완하여 민중에게 뉴스와 오락을 제공하였다. 박정희 정부 때였던 1960~1970년대는 신흥 매체인 텔레비전의 충격도 불구하고, 한국 영화가 많이 생산되었다. 김대중 정부 시기에는 블록버스터 시대에 진입하여 한국은 물론, 세계적으로도 한국 블록버스터의 영향력을 본격적으로 활약시키는 시대적 특징들을 가진다.

비릴리오Paul Virilio는 영화를 종합예술이자 총체예술로 규정하였다. 기존 예술이 재현에 치중한다면 영화는 현시·현현presentation을 더 강조한다고 본다. 그러한 현시는 '서정적 환영'이나 몰입 등의 감정이입을 통해 점차 현대로 올수록 대중 친화적인(비릴리오는 '세속적'이라고 표현한)

---

36 김권호, 「한국전쟁영화의 포획과정에 관한 연구: 1954~1969」, 전남대학교 박사학위논문, 2014, 18~20쪽.

형식이 지배적이다. 특히 '제7의 예술'인 영화는 기존의 여섯 가지 예술을 다 포함하고 있기 때문에 '멀티미디어적 원격-객관성'을 띤 총체 예술로 여긴다.[37] 또한 흥행과 이윤을 추구하는 자본주의의 속성을 가진 영화 산업의 영화 텍스트는 구경거리를 기대하는 관객들의 기대와 이에 부응하기 위해 고안된 극적 장치들을 동원하는 복합적 결합체이다.

영화를 커뮤니케이션의 한 매체로서, 또한 사회적 실천의 과정으로 연구해야 한다는 주장이 설득력을 얻기 시작하면서 영화에 대한 미학적 연구는 '영화 외적extra-cinematic'인 영역들에 대한 고찰로 옮겨가기 시작하였다.[38] 그리하여 연구자들은 점차 영화 자체, 즉 영화의 미학적, 내부적 구성요소 등에 대한 분석보다 영화와 관련되는 인간 행위의 특정 양상에 더 흥미를 갖기도 하였다. 영화와 다른 대중문화 종류의 결합 양상 - 이른바 '대중 매개 문화mass mediated culture'는 영화를 생산하고 조정하고 배경을 조성하는 것을 국가·자본·문화 등 집합적인 연관관계 속에서 파악할 필요가 있다. 즉 영화의 미학을 구성하는 내적요소의 조합과 그것을 다루는 예술적·기술적 능력에 관한 것보다, 텍스트로서 영화가 해당 사회와 맺는 관계 및 그 관계를 조성하고 권력 구조 속에서 사회적 의미를 작동하게 만드는 주요 주체인 국가 및 자본 등과의 관련성에 관심을 갖기 시작한 것이다.

실제로 사회 및 정권의 변천에 따라 한국 민족주의는 각각 다른 유형과 장르로 영화에 나타났다. 영화 텍스트(내적 특성)에서만 볼 수 있는

---

37 비릴리오 폴Paul Virilio 저, 권혜원 역, 『전쟁과 영화: 지각의 병참학』, 서울: 한나래, 2004, 18쪽; 비릴리오 폴Paul Virilio 저, 지정하 역, 『시각 저 끝 너머의 예술』, 파주: 열화당, 2008, 19쪽.
38 Garth S. Jowett & Victoria O'Donnell, *Propaganda & Persuasion*, Thousand Oaks, Calif. : SAGE, c2012.

한국 민족주의도 다양하지만, 관객성 이론의 관점에서 특정 시기에 특정 영화 유형이 반복적으로 등장한다는 것에 주목해야 한다. 모든 영화는 장르영화이며 관객은 자신이 보러 가는 영화의 장르와 그 속성을 파악하고 특정 장르는 그에 걸맞는 구성요소를 가지고 있는데, 이 구성요소들을 "관객의 기대를 생산하는 수단"으로 볼 수 있다. 따라서 관점을 확장한다면 반복적으로 민족주의 영화들이 등장하는 것은 관객들이 보여 준 어떤 기대에 부응한 결과라고 이해할 수 있다. 이를 분석하면 "역사적·정치적 국면"(외적 특성)은 과연 무엇이며, 그것이 어떤 함의를 지니는지 확인이 가능하다. 시기별로 해당 영화들이 반복적으로 생산되고 소비되는 정치적·문화적·역사적 분석에 집중함으로써 당시 민족주의의 위상을 확인하고 해당 영화에 투영된 민족주의 담론과 정부가 지향하고자 하는 민족주의 담론의 상관관계를 분석할 수 있다.

영화가 현실의 민족주의를 다루고, 그렇게 다룬 영화적 재현·표상을 수용하는 것에는 정교한 절차가 존재한다. 그러므로 한국 영화 분석은 의식적인 부분과 무의식적인 부분 모두에 대한 해석 작업이 동반되어야 한다. 우선 영화 텍스트가 관객에게 전달하려는 직접적인 내용과 흥분과 공감empathy, 그리고 감정이입 등 정서적 부분의 명시적인 구성요소에 대한 분석이 수행되어야 한다. 그리고 민족주의를 주제로 하여 영화가 만들어지는 경향과 그 제작 주체를 살펴보아야 한다. 영화 외적으로는 정치사회적, 역사적 상황 및 맥락에 대한 분석이 매우 중요하다. 한국에 영화가 도입된 일제강점기부터 현재까지 영화들이 담고 있는 민족주의의 내용적 변화뿐만 아니라 특정 정치적 사회적 맥락에서 이루어지는 정치와 사회적 실천에 대해서도 분석할 것이다.

이러한 연구 목적을 달성하기 위해 방법적 측면에서 관련 문헌연구를 통해 한국 영화의 생산과 소비의 맥락을 분석하려 한다. 특히 영화의 생산과 소비에 있어 국가의 역할을 영화 정책 자료를 통해서 살펴볼 것이다. 시기별로 정치권의 민족주의 담론 및 한국 영화와 문헌 등의 관련 자료를 수집하고 당시 집권자의 연설과 신문기사 등 1차 자료를 수집하는 작업을 선행할 것이다. 1차 자료와 영화 텍스트 분석을 바탕으로 영화에서 보여준 민족주의를 비교하며 이들의 상관관계를 파악할 수 있을 것이다. 비교적으로 최근의 포스트모더니즘 이론적 민족주의의 연구 접근의 관점에 따르면 개인의 정체성은 개인들 사이에 공유된 요인에 의해 안정성을 지닌 것이 아니라 서로 다르게 상상되면서 다투는 역동적인 것으로 이해된다.[39] 개인의 정체성은 '오랜 기간 축적된 결과stock'가 아니라 끊임없이 변화하는 '흐름flow'인 것이다.[40] 한국 사회 민족주의 담론의 양상을 파악하는 것을 통해 곧 한국인의 민족 정체성의 내용과 흐름을 분석하는 것이다.

2.2. 영화에 재현된 민족주의는 어떻게 찾아낼 수 있는가?

2.2.1. 국가─영화계─국민의 '삼자관계'

현대 이론의 주장대로 인간의 주체성이 역사적인 요인에 의해 형성된다면, 이와 관련하여 제기되는 중요한 쟁점은 인간-주체(정체성)를 형성

---

39 이에 관한 구체적인 설명은 2장에서 다룸.
40 김동노, 「민족주의의 다원화와 이념 갈등」, 『동방학지』 제159집, 2012, 385쪽.

함에 있어 문화가 담당하는 역할에 관한 것이다. 자본주의의 지속적 발전을 가능케 한 조건중 하나가 자본주의적 사회 관계를 재생산하는 문화적 기제에 있는 것이라면, 문화 영역은 계급이나 경제 하부의 부수적 효과로 환원되지 않는 자율적 실천영역일 것이다. 따라서 이 영역은 독자적 분석과 이해의 대상이 된다. 한 사회의 문화, 즉 문화의 텍스트적 형태나 기록된 행위들을 분석함으로써, 그 사회의 작품과 실천 행위를 만들고 소비하는 사람들이 공유하는 행동과 사상의 유형을 재구성할 수 있을 것이다. 이러한 작업이 문화의 수동적 소비보다는 능동적 생산, 즉 인간의 작용을 강조하는 관점에 서 있음은 물론이다.[41]

영화는 대중문화 시장의 중심부에서 이중의 해석을 동반한다. 우선 영화 또는 영화제작사는 일차적 목표를 안정적 수익의 확보에 두고 있다. 이를 위해서는 동시대 대중의 감정 구조를 담아내야 한다. 그러므로 사회적으로 공유할 수 있는 기호만이 영화로 재현될 수 있다. 그러나 대중의 감정 구조는 텍스트로 구성되는 과정에서 부분적으로 왜곡 과정이 수반된다. 이러한 점에서, 영화는 필연적으로 현실과 텍스트 사이의 간극을 불러일으킨다. 성공적으로 대중적 정서를 전달하지 못하면 대중적으로 소비되지 못할 수 있다. 따라서 구체적인 텍스트 자체에 대한 분석과 텍스트를 구성하는 상징에 대한 해석이 이뤄져야 한다. 부분 민족주의 영화(예로서 계몽영화, 반공反共영화 등)들에 관한 기존 논의들은 국가의 의도에 따라 생산 및 제작되는 측면에서 관심을 가지는 경향이 지배적이었다. 그러나 자본주의적 영화 산업의 특성상 이런 동의 및 순

---

41 오영숙, 「1950년대, 한국 영화의 장르형식과 문화담론 연구」, 한양대학교 박사학위논문, 2005, 26쪽.

응 관계, 또는 긴장 및 갈등 관계는 필연적으로 존재했을 것이다. 따라서 영화에서 보여 준 민족주의들이 어디까지가 정치적 의도의 결과이고 어디까지가 관객이 공감할 수 있는 정서인지 보다 세밀하게 살펴볼 필요가 있다.

하지만 영화의 사회적 기능을 분석하지 않는다면 모든 영화 비평은 징후들에 대한 비평에 불과하며 비평 자체도 단순히 징후적인 성격에 그칠 수 있다.[42] 이와 관련해 자비Jarvie는 다음과 같이 영화 사회학적 연구에서 고려되어야 할 네 가지 문제를 제기하였다. 첫째, 누가who, 왜why 영화를 만드는가? 둘째, 누가who, 어떻게how, 왜why 영화를 보는가? 셋째, 어떤 영화를, 어떤 방법으로 왜 보러 가는가? 넷째, 누가who, 왜why, 어떻게how 영화를 평가하는가? 이러한 문제 제기에 바탕을 두고 있는 연구들은 대부분 영화매체의 광범위한 특질들과 결부되며 정치학, 경제학, 그리고 문화적 상황과 역사적 맥락 전체를 포괄한 사회적 관심으로 연결된다.[43] 따라서 영화에서 나타난 민족주의, 그것이 만들어지는 경향과 그 분류를 살펴보면서, 제작 및 소비의 주체들에 대한 정치사회적이고 역사적인 분석을 해야 한다.

그러나 이러한 연구는 아직 부족한 실정이다. 예컨대 김대중이 집권한 1990년대 후반부터 분단이라는 특수한 한국적 상황에서 전쟁을 다룬 영화들을 분단영화 및 반공영화 개념을 동원해 다룬 연구들이 등장하기 시작하였다. 이 연구들은 '장르적' 구분을 보다 분석적으로 다룰 것을 강조한다. 다른 나라에서 생산되지 않지만 한국 사회의 특수성에 따라 지

---

42 스테판 히스 저, 김소연 역, 『영화에 관한 질문들』, 서울: 울력, 2003, 36쪽.
43 I. C. Jarvie., *Towards a Sociology of the Cinema*, London: Routledge & K. Paul, 1970, p.14.

속적으로 만들이지는 어떤 공통점을 가진 텍스트들을 어떻게 볼 것인지
에 대한 고민에서 출발하여 보다 체계적이고 분석적으로 접근하기 시작
하였다고 평가할 수 있다.[44] 무엇보다 이런 접근은 일차적으로 '왜 반공
영화 또한 분단영화에 주목하느냐?'란 의미 있는 문제제기를 하고 있다.
그러나 왜 이런 유형의 영화들이 지속적으로 또는 어느 시기에는 사라졌
다가 특정한 국면에서는 다시 등장해 관객들을 찾아왔는지에 대해 질문
하지 않았다.[45] 여기에서 우리는 "민족주의가 지속적으로 존재하기 때문
인 것 아닌가?"와 같은 질문을 던질 수 있다. 이처럼 민족주의가 집중적
으로 생산 및 소비되는 사회적 국면을 이해하기 위해 정처 사회 문화적
특성에 관한 분석에 관심을 기울여야 할 것이다.

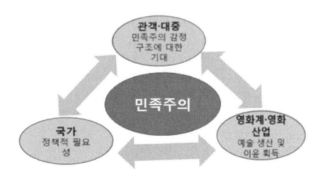

<그림 1-1> 영화에 있어서 한국 민족주의의
생산 및 변화를 둘러싼 주체들의 상호작용

---

44 김의수, 「한국분단영화에 관한 연구: 분단영화의 장르적 정의와 진화과정을 중심으로」,
　서강대학교 석사학위논문, 1999; 김차호, 「한국 반공영화 연구: 반공이데올로기의 의
　미체계와 사회적 기능을 중심으로」, 동국대학교 석사학위논문, 2002; 조준형, 「한국반
　공영화의 진화와 그 조건」, 차순하 외, 『근대의 풍경: 소품으로 본 한국 영화사』, 서울:
　소도, 2001.
45 김권호, 「한국전쟁영화의 포획과정에 관한 연구: 1954~1969」, 18~20쪽.

이를 위해 이 책의 3장에서는 한국 영화의 생산과 소비를 둘러싼 세 주체agent인 집권정부-영화계-관객으로 이어지는 민족주의를 분석하기 위해 〈그림 1-1〉와 같은 '삼자모델'을 상정한다.[46] 이 모델은 집권정부와 영화계 그리고 관객들이라는 세 주체들의 상호작용이 한국 민족주의 담론의 생산 및 변화에 관여하고 있음을 밝히기 위한 것이다.

그러므로 이 책의 3장에서 다룰 내용은 첫째, 국가는 집행 과정에서 상대방counterpart인 한국 영화계 및 영화 산업과 어떤 상호작용을 주고받았는지 이다. 정책의 수립과 집행을 둘러싸고 다양한 이해 당사자와 관련 주체들이 상호작용한 결과가 어떤 것인지 살펴봐야 할 것이다. 둘째, 정책의 형성과 집행 과정에서 가장 일차적인 상대였던 한국 영화계가 어떻게 대응을 했는지, 이와 더불어 민족주의를 보여준 한국 영화의 제작을 둘러싸고 집권정부와 영화계의 상호작용을 통해 당시 관객의 반응과 민족주의 담론 형성 여부를 추론해 보려 한다.

2.2.2. 표상과 서사분석: 영화 텍스트에 나타난 민족주의의 특성

영화는 대중과의 접면이 큰 매체이기 때문에 시대의 반영과 예시적 기능을 담당한다. 영화와 시대의 상관관계를 논할 때 주목해야 하는 것이 영화에 드러나는 표상representation[47]이다. 표상은 역사에 대한 기억이자 현실의 반영인 동시에 미래를 향한 상상이기도 하기 때문이다.[48]

---

46 이 모델은 영화사회학적 접근을 위한 후아코의 '중간모델'과 알렉산더가 문화예술의 사회학적 접근을 위해 제안한 '문화의 다이아몬드' 모델을, 한국 영화를 통해서 볼 수 있는 민족주의를 위한 분석틀로 변용시킨 것이다. ibid 참조.
47 어떤 실재를 심적으로든 물리적으로든 재현전화再現前化한 것은 표상representation이다. 표상에 대한 정의는 이효덕 저, 박성관 역,『표상공간의 근대』, 서울: 소명, 2002.
48 박유희,「고립된 전사, 경계의 타자: 탈냉전시대 한국전쟁영화에 나타난 "북北"의 표상」,『民族文化研究Korean Classics Studies』제 58권, 2013, 753쪽.

문화적 표상의 생산을 통제하는 문제는 권력의 유지에 결정적으로 중
요한 역할을 한다. 현대로 넘어올수록 문화적인 표상이 이런 의미의 정
치 투쟁을 수행하는 데 특별히 중요한 격전지가 바로 영화이다. 영화는
지금 어떤 사회 현실이 존재하고 또 앞으로 어떻게 존재할 것인가를 두
고 표상들이 싸움을 벌이는 장소이다.[49] 재현된 영상 이미지를 통해 수
용자(관객)들은 이미지로 표현된 의견, 즉 이데올로기적인 의미와 시각
적 의미를 모두 포괄하는 어떤 '사회관views of society'을 본다.[50] 그리고 상
징과 재현을 받아들임으로써 인간과 사회의 존재를 다른 차원에서 재인
식하고, 이런 경험과 재인식을 통해 다시 특정한 방향으로 행동한다.
예를 들어 전쟁을 재현하는 행위는 정치적 입장을 지닌 하나의 사회적
실천이다. 왜냐하면 전쟁을 재현·표상하는 영화를 보면서 개인은 그 영
화가 제공하는 즐거움을 향유하는 동시에 과거와 미래의 전쟁에 대한
의식과 실천적 태도를 구성하게 된다. 이런 절차는 개인 수준뿐만 아니
라 사회적 수준에서 전쟁에 대한 특정한 태도와 향후의 실천까지도 구성
한다.[51]

재현·표상들은 개인의 심리적인 성향에 형태를 부여할 뿐만 아니라
사회현실이 어떻게 구성되느냐의 문제에 관여한다. 가령, 자본주의를 약
육강식의 정글로 이해하는가 아니면 자유의 유토피아로 이해하는가(느
끼고, 경험하고, 영위하는가)를 결정하는 데 영향을 미친다. 또한 영화는

---

49 라이언과 켈너Michael Ryan & Douglas Kellner 저, 백문임·조만영 역, 『카메라 폴리티카: 현대
  할리우드 영화의 정치학과 이데올로기 (상)』, 35쪽.
50 피터 버크Peter Burke 저, 박광식 역, 『이미지의 문화사: 역사는 미술과 어떻게 만나는가』,
  서울: 동문선, 2005, 194쪽; 김권호, 「한국전쟁영화의 포획과정에 관한 연구: 1954~1969」,
  18~20쪽 재인용.
51 김권호, 「한국전쟁영화의 포획과정에 관한 연구: 1954~1969」, 18~20쪽.

자본주의적 정치권력이 지닌 지배적인 표상들을 의문시하기도 하였다. 영화는 사회현실을 특정한 방향으로 형성하게 하는 심리적인 성향이나 사회제도를 유지시켜 주는 - 이 세계가 무엇이고, 또 무엇이어야 하는 가에 대한 상식적인 - 감각을 만들어낸다.[52] 특정한 사회현실과 정치관계(국내정치와 국제관계)가 영화 속에 있는 민족주의 재현을 통해서 드러나 있는지 파악할 수 있다.

영화에 나타난 민족주의적 표상의 특성을 분석하기 위해서는 영화가 제공하는 의미에 대한 파악이 우선되어야 한다. 즉 영화가 전달하고자 하는 주제 또는 메시지보다는 영화의 내적 구성요소와 도상icons들에 대한 분석이 선행되어야 한다. 영화는 특유의 문법 체계와 '언어'를 통해 의미 작용과 전달 기능을 담당하고 있기 때문이다. 문법 체계와 언어는 하나의 이미지로 이해할 수 있으며, 이미지의 형성이 가능한 고유한 관심사와 메시지를 갖고 있다. 한편 도상이란 영화 속의 사물과 인물 등의 구성요소의 성격을 규정하는데, 도상 분석은 그것들이 지닌 고유한 의미나 중요성을 설명하는 것을 목표로 삼는다.

구성요소로서의 이미지 및 도상이 지닌 메시지들을 해석하는 것을 '도상학iconography' 또는 '도상해석학iconology'이라고 칭한다. 이러한 접근 방법은 1920, 1930년대 예술과 역사 영역에서 사용되었다. 당시 회화의 구도나 색채와 관련한 관점에서 형태formal 분석에 대한 문제제기와 결부돼 사용되었다. 요컨대 도상학적 접근은 '스냅사진'에 함축된 '사진의 사실주의'라는 가설에 대한 비판을 의미하기도 한다. 도상학자들은 예술작품

---

52 라이언과 켈너Michael Ryan & Douglas Kellner 저, 백문임·조만영 역, 『카메라 폴리티카: 현대 할리우드 영화의 정치학과 이데올로기 (상)』, 35~36쪽.

은 단순히 바라보는 것이 아니라 '읽어야' 한다고 말하는 것이다.[53]

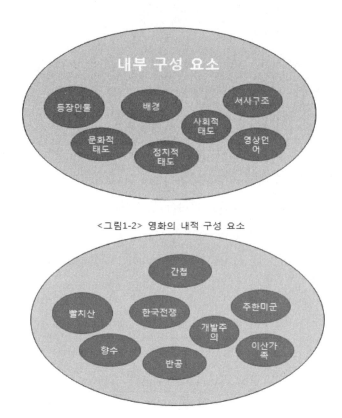

<그림1-2> 영화의 내적 구성 요소

<그림1-2-1> 영화의 내부 구성요소로 민족주의적 도상의 예

즉 영화의 장면화 및 도상 분석인 영화 텍스트 분석 방법close textual analysis을 통해서 영화가 재현·표상하는 한국 민족주의의 특성과 변화를 도출하는 것이 목적이다. 특정 표상·도상을 내포한 특정 유형의 영화가

---

53 피터 버크Peter Burke 저, 박광식 역, 『이미지의 문화사: 역사는 미술과 어떻게 만나는가』, 57쪽, 61~62쪽.

반복적으로 제작되고 관객들이 이를 하나의 범주로 인식하면서 영화 장르가 형성된다. 이때 도상은 서사를 시각적으로 표현할 뿐만 아니라 주된 가치 체계도 함께 나타낸다. 특정 영화 유형에 반복적으로 드러난 가치와 신념 체계(이데올로기 혹은 세계관)는 캐릭터의 기용 및 문제설정(극중 관계 및 갈등)과 이 문제의 해결책까지 규정한다.[54] 영화 유형에 대한 내적 구성요소를 분석하는 방식은 이와 같은 방식을 기본적으로 삼되, 각 유형마다 전형적인 도상이 지닌 표현 방식과 가치 체계에 대한 분석과 고유한 도상들의 배치 및 관계 그리고 그 의미에 대한 분석을 통해 이루어진다.[55] 그러므로 본 연구 제4장에서 고유한 민족주의의 표상·도상들이 각 정권·시대마다 달리 나타나는 변화의 양상을 포착하여, 한국 영화에서 재현된 민족주의의 정권별 내용적 변화와 정치집단의 민족주의 담론의 이해관계를 밝히고자 한다.

이 책은 한국 현대정치의 중요한 과정에서 민족주의의 담론이 영화에서 어떻게 형성 및 재현·표상되었고, 정치집권자들은 이를 어떻게 정치적 전략으로 활용했는가를 살펴보려고 한다. 담론 이론가들에게 담론 discourse 또는 지식은 '실재實在, reality'의 반영이 아니며, 오히려 우리가 '실재'라고 여기는 것들은 지식 또는 담론에 의해 창출된다. 우리가 '실재'라고 여기는 것은 상징체계밖에 객관적으로 존재하는 것이 아니라 상징체계의 하나인 담론에 의해 표상화된represented 것이다. 우리는 담론을 통해 인식의 대상을 해석하고 이해하며, 담론에 의해 특정한 방식(예를 들어서 '영화')으로 창출된 '표상表象, representation'을 객관적 실재로 믿고 살아왔

---

54 토마스 샤츠Thomas Schatz 저, 한찬호·허문영 역, 『할리우드 장르의 구조』, 서울: 한나래, 1995, 51~52쪽.
55 김권호, 「한국전쟁영화의 포획과정에 관한 연구: 1954~1969」, 28~29쪽.

다.[56] 따라서 이 글에서는 영화에 내포된 '민족주의적 표상'을 '민족주의에 관한 담론에 의해 특정한 방식으로 구성된 인식 대상의 모습'으로 간주할 수 있다.

이를 위해 제2장에서 기존 한국 민족주의 설명, 민족주의 연구에 있어서 접근 방법에 대한 검토, 주요 정치가들의 민족주의 담론을 논의하려고 한다. 특히 이승만의 국가 재건과 국민 통합을 위한 민족주의, 박정희의 개발 발전과 '승공통일'을 위한 민족주의와 김대중의 대북 포용과 세계화에 대응을 위한 민족주의인 담론의 내용을 검토할 것이다. 한국의 민족주의는 마치 '담론 밖에 실재하는 것은 아무것도 없다'[57]는 명제와 같이 특정 대상에 대한 인식은 보편적인 것이 아니며, 담론의 틀에 따라 변화해 왔다.

담론 또는 지식은 사회적 힘power과 서로 연관돼 있다. 이는 푸코Foucault의 지적에서 확인된다. 즉 "힘의 행사는 지속적으로 지식을 창출하고, 반대로 지식은 지속적으로 힘의 효과를 창출한다."[58] 그리고 비슷한 맥락에서 "상응하는 지식의 구성없이 권력관계는 없으며, 권력관계를 전제하거나 구성하지 않는 지식은 없다."[59] 이렇게 보면, 어떤 대상에 대한 특정한 방식에 따른 해석적 틀은 이것에 의해 지지를 받고 유지되는 권력관계를 반영하는 것이다. 따라서 특정한 담론이 한 사회에서 지배적

---

56 담론談論, discourse과 표상表象, representation의 상관관계에 대한 정의는 김종태, 「한국 언론에 나타난 한국, 중국, 일본의 정체성과 표상: 선진국 담론을 중심으로」, 『사회과학연구』 제22집 1호, 2014, 111쪽, 저자의 정의definition를 참조.

57 Jyotirmaya Tripathy & Mohapatra Dharmabrata, "Does Development Exit outside Representation?," Journal of Developing Societies Vol.27(2), 2011.

58 Michel Foucault, Power/Knowledge: Selected Interviews and Other Writings 1972-1977, New York: Pantheon Books, 1980, p.52.

59 Michel Foucault, Discipline and Punish: The Birth of the Prison, New York: Pantheon Books, 1977, p.27.

위치를 점하고 있다는 것은 그 담론에 반영된 권력관계가 지배적 위치에 있다는 것을 의미한다. 이런 점에서 담론의 변화는 권력 중심의 변화와 밀접하게 연관되어 있다.[60] 영화를 둘러싼 정치적 기제에 대한 설명은 일제강점기 영화가 조선에 도입 되었던 시기를 시작으로, 제3장에서 서술할 것이다. 이어 제4장에서는 민족주의를 드러낸 한국 영화들을 표상별로 구분 및 분석할 것이다. 제5장에서는 영화에 드러나는 민족주의적 표상들의 변화를 신생 국민국가 시절의 지도자 이승만의 민족주의, 발전국가 시대의 통치자였던 박정희의 민족주의와 1990년대 이후 세계화의 추세 속에서 국가의 재구조화를 추구한 김대중의 민족주의 담론의 이해관계에서 찾아내고자 한다. 영화에 재현된 민족주의적 표상 분석을 통해 한국 사회에서 민족주의 담론의 시대적 의미를 밝히고자 한다. 결론에서는 한국 사회의 일상과 대중문화에 투영된 민족과 민족주의의 실제가 보수 또는 진보진영의 정치적 민족주의 담론과 어떤 이해관계가 있는지를 증명하고 이러한 과정을 거쳐 앞으로 변화해 갈 한국인의 민족 정체성이 얼마나 다원적이고 역동적인지를 밝히려고 한다.

---

60 김종태, 「한국 언론에 나타난 한국, 중국, 일본의 정체성과 표상: 선진국 담론을 중심으로」, 111~112쪽.

제2장

한국 민족주의에 대한 이론적 접근

1. 민족주의에 대한 다양한 해석
2. 한국 민족주의의 발생과 전개
3. 한국의 정치 전략으로 민족주의 담론

이주지하다시피 민족주의는 민족을 잣대로 타자와의 경계를 긋고, 내부 구성원을 통합함과 아울러 통일·독립·근대화 등의 '민족적' 과제에 동원해낼 수 있는 이데올로기이다. 그런데 현실의 민족주의는 민족 개념을 어떻게 설정하느냐에 따라 그 방향을 달리한다.[1]

한국의 민족주의는 대외적으로는 자주독립을(해방 전), 대내적으로는 근대화 발전을 목표로 삼아 남북통일(해방 후)을 기본 과제로 하였다.[2] 그런데 해방 후 자본주의적 시장경제를 추진한 한국에서는 경제적 대외 의존도가 높아지는 가운데 근대화의 문제는 자주의 문제와 직결되었다. 기존에 해결되지 못한 통일의 문제와 더불어 세계화 시대의 민족주의 과잉 여부의 문제는 새롭게 등장한 '동아시아 역사·문화갈등'으로 인해 오히려 민족주의의 영향력은 증대되는 경향을 보이고 있다.

이러한 현실로 인해 민족주의는 한국 정치를 이끌어 온 핵심 이념 가운데 하나로 기능한다. 해방 이후 다양한 정치적 주체들이 다양한 방

1 장규식, 「20세기 전반 한국 사상계의 궤적과 민족주의 담론」, 272쪽.
2 차기벽, 『차기벽저작집 4: 민족주의 원론』, 서울: 한길사, 2006, 327~352쪽.

식으로 민족주의 담론을 형성하였고, 집권 정부는 민족주의 담론을 국가 통치의 주요한 정치적 전략으로 활용하였다. 그러나 한국 민족주의를 단순히 구성주의적constructivism 접근으로 바라보면 많이 부족하고 단편적이다. 해방 직후 민족국가의 수립 시기는 물론, 그 이후 계속된 정치세력들의 다툼 속에서 민족주의는 때로는 지배 담론으로, 때로는 저항 담론으로 재현되었다.3 민족국가 건설, 경제 발전 추진, 분단 극복을 위한 통일운동, 그리고 세계화 추세 속에서 민족주의는 끊임없이 새롭게 재구성되며 대중의 기대와 참여를 무시할 수 없다.

이와 같은 배경을 바탕으로 이 장에서는 한국에서 민족주의가 어떻게 형성되어 담론화 과정을 거쳤는지, 그 안에서 통치자들은 이를 어떻게 정치적 전략으로 활용했는가를 살펴보려고 한다.

---

3 김동노, 「한국의 국가 통치전략으로서의 민족주의」, 205쪽.

1 민족주의에 대한 다양한 해석

민족주의에 관한 이론은 다양한 수준에서 발전되어 왔다. 20세기 전반까지 유럽의 학계에서 각기 자신들의 국가이념으로 설명한 민족주의를 고전적 민족주의로 간주하고 있다. 20세기 후반에는 보다 세밀한 민족적 사항과 조건에서 이루어진 본격적인 민족주의 연구를 새로운 민족주의 이론이라 하여 고전적 연구와 구별하였다.[1] 현재 대부분의 민족주의 연구는 새로운 민족주의 이론을 참고하고 있다. 다양한 민족주의 해석들을 하나의 체계로 분류하는 것은 사실 거의 불가능하다. 서로 다른 문제에 관한 논의를 전개하기도 하고, 같은 문제에 대해서도 서로 다른 측면에 초점을 맞추기 때문에 단일한 기준으로 여러 이론을 분류하는 것은 상당히 어렵다. 그럼에도 불구하고 민족주의에 대한 접근 방식을 최소한의 수준에서 분류하자면 본원주의적 접근, 구조주의적 접근, 구성주의적 접근, 그리고 포스트모던적 접근으로 나누어 볼 수 있다.[2]

---

1 이광규, 『신민족주의의 세기』, 서울: 서울대학교출판부, 2006, 65~66쪽.

이 책의 한국 민족주의에 대한 선행 연구의 검토, 정치담론의 민족주의와 대중문화에 재현된 민족주의에 대한 분석도 이러한 이론적 구분을 바탕으로 진행하도록 한다.

1.1. 본원주의primodialism적 접근

민족주의를 이론으로 만들 때, 가장 먼저 시도한 내용은 개인이 태어날 때부터 지니고 있는 특성에 따라 민족을 규정하려는 것이다. 본원적 접근3에서 민족이란, 혈연과 같은 생물학적 특성이나, 언어·역사·문화적 유산을 공유하는 사람들로 구성되며 따라서 이 요소들을 공유한 사람들 사이에는 자연스럽게 민족의식이 발생된다고 믿는다. 이러한 점에서 민족주의는 인위적으로 형성된 것이 아닌 자연스런 현상으로서 이미 민족의 구성요소를 공유한 구성원들 사이에 내재해 있는 것이라고 볼 수 있다.

이와 같은 입장에서 본다면, 민족주의를 일반적으로 인종적 민족주의 ethnic nationalism라고 칭하고 있는데, 민족의 구성은 단순히 주관 의식과 감정으로 이해하기보다는 객관적 기준에 따라 형성된다. 따라서 민족은 자연스러운 것이며 객관적인 실체를 지닌 것으로 주장된다. 따라서 민족의 본원적 요소를 지니지 못한 개인이 민족의 구성원이 될 수 있는 가능

---

2 김동노, 「민족주의의 다원화와 이념 갈등」, 372쪽.

3 Clifford Geertz, *The Interpretation of Culture*, New York: Basic Books, 1973; Anthony Smith, *The Ethnic Origins of Nations*, Cambridge: Blackwell, 1986.

성이 없다고 보고 민족주의의 근간을 민족성에서 찾고 있다. 스미스에 의하면 민족주의란 전통적인 민족적 집단의 의식을 국가라는 차원으로 심화 내지 확대한 것이다.[4]

스미스Anthony Smith는 민족주의에 대한 주장은 그의 독특한 개념인 '에스니ethnie'를 통해 설명되고 있다. '에스니'는 '인종공동체Ethnic Community'를 뜻하는 프랑스 말이다. 스미스에 따르면, 개인들은 본원적 요소를 공유함으로써 일종의 인종적 공동체인 '에스니'를 구성하게 된다. 그런데 '에스니'는 생물학적, 혈연적 차이를 의미하는 것이 아니라 문화적 의미를 지닌 뜻으로 문화적 차별성을 강조하는 개념이다. 따라서 스미스가 말하는 에스니란 동일한 조상, 신화, 공통의 역사와 문화 등의 공유를 통해 다른 집단과 구별되는 개념으로서 영토와 연관되어 있지만 상호 연대감을 유지하고 있는 인종공동체로 정의할 수 있다. 그러나 스미스는 인종성Ethnicity이 민족주의의 바탕을 이루는 것이다. 그러나 현대적 의미의 국민은 확립된 인종Ethnies이 정치주권이라는 사회적 교리social doctrine와 연결될 경우에 한해서만 존재한다고 설명하고 있다. 이러한 현상은 18세기 후반에서 19세기 초 유럽, 그리고 20세기 아시아와 아프리카에서 일어났다.[5]

에스니ethnie는 명확히 전근대 사회의 역사적 유산에 기반하고 있으며 이런 결속을 위해 선민의식chosen people이나 과거의 집단적 기억을 영광스럽게 만드는 과정이 수반되기도 한다. 인종적 기반을 지닌 역사적 유산의 공유가 이 공동체 형성의 핵심 요인인데, 현대에 들어 민족과 민족주의가 인위적으로 구성된다고 하더라도 이는 전통적 요인의 재해석이

---

4 이광규, 『신민족주의의 세기』, 71쪽.
5 김동노, 「민족주의의 다원화와 이념 갈등」, 372쪽.

나 과거의 재현을 포함하게 된다는 것이다.[6] 에릭 홉스봄도 종족Ethnicity 또는 인종Race이 민족주의와 무관하지 않다는 입장에서 '종족적 민족주의'를 언급하며, 한국은 종족이란 면에서 거의 또는 완전히 동질적인 인구로 구성된 역사적 국가의 희귀한 사례임을 강조하는 것과 아울러 이러한 나라에서는 종족과 정치적 충성이 실제로 연계될 수 있음을 밝히고 있다.[7]

본원주의 이론이 민족의 범주화와 민족주의의 형성에 기여한 것은 사실이나, 민족주의가 근대적 현상인 동시에 근대의 여러 사회적 조건들이 민족주의와 부합된다는 주장이 제기되면서 비판의 대상이 되었다. 특히 본원주의에서 민족을 구성하는 객관적 요소로 지적된 문화와 역사가 고정된 것이 아니라 끊임없이 새롭게 정의되고 재구성된다는 비판은 이들에게 심각한 고민거리가 되었다. 이에 따라 새로운 문제의식에 입각한 구조주의와 구성주의의 다양한 이론적 시도가 이루어지게 되었다.[8]

1.2. 구조주의structuralism적 접근

본원주의 이론과 반대로 구성론적 접근[9]에서는 민족의 범주가 개인이 태어나면서부터 부연된 요인들에 의해 결정되는 것이 아니며, 따라서

---

6 Anthony Smith, *The Ethnic Origins of Nations*, p.32.

7 조민, 『한국 민족주의연구』, 서울: 민족통일연구원, 1994, 30~36쪽.

8 김동노, 「민족주의의 다원화와 이념 갈등」, 374쪽.

9 Ernest Gellner, *Nations and Nationalism, Ithaca*, New York: Cornell University Press, 1983; Anderson, *Language and power: exploring political cultures in Indonesia*, Ithaca, N.Y.: Cornell University Press, 1990.

민족주의도 자연스러운 현상이 아니라 사회적 조건의 변화에 의해 인위적으로 구성된다는 주장을 제기한다.[10] 따라서 구조주의적 접근의 가장 기본적인 문제는 어떤 사회적 변화가 민족과 민족주의를 가져오는가인데, 이에 대한 답을 전통사회에서 근대사회로의 변화에서 찾는다. 제3세계 국가에서 민족주의는 서구 국가와의 접촉을 통해 전통적 정체성이 위협받게 되자 이를 지키기 위해 나타나게 되었다.

그러므로 민족주의는 서구와 제 3세계에서 서로 다른 조건에 의해, 그리고 서로 다른 경로를 통해 형성된 것으로 이해되어야 한다. 전통사회 근대화에 초점을 맞추고 있는 만큼, 흔히 민족주의의 근대화론 modernist theory[11]으로 불리는 이론에서 특히 주목의 대상이 된 것은 산업화(혹은 산업주의industrialism)와 자본주의 사회의 발전이다.

겔너Ernest Gellner는 산업화를 중심으로 민족주의의 발생을 설명하고 있다. 겔너의 입장은 민족주의 이론의 고전으로서 1980년대 이후 민족주의에 관한 다양한 이론적 논의의 계기를 제공하였다.[12] 겔너에 따르면, 민족주의의 근간으로서 현대국가는 산업혁명 이후 산업발달과 사회적 분업화가 이뤄지면서 계급 분화 및 지역 간의 갈등과 같은 역기능적 현상에 대한 통합을 위해 형성되었다고 주장한다.[13] 겔너의 주장은 뒤르켐

---

10 이 접근에서는 민족주의를 근대적 현상으로 규정하고, 근대에 들어 나타난 국민국가의 형성이나 자본주의의 전 세계적 불균등 발전, 제국주의의 식민지 개척, 그리고 서구의 침입에 맞서려는 제3세계 국가의 대응 등에 주목한다. 이러한 역사적 계기들을 통해 서구에서는 민족주의가 때로는 정치적 통합화하는 수단으로 활용되었다. 서구에서 민족주의의 형성을 서구 사회의 정치적, 경제적 조건과 연결시켜 논의한 대표적인 연구결과로는 Tilly(1990); Naim(1981) 등이 있다.

11 여기서 말하는 근대화론modernist theory은 제3세계의 저발전을 개인의 전근대적 심성이라는 내재적 요인에서 찾으려는 근대화론modernization theory과는 다르며, 단지 민족주의의 발생을 근대적 현상으로 인식하며 전통사회의 근대적 변화에서 찾으려 한다는 점에서 이러한 이름이 붙여졌다. 김동노, 「민족주의의 다원화와 이념 갈등」, 374쪽.

12 Ernest Gellner, *Nations and Nationalism*, p.56.

Emile Durkheim이 전통사회에서 현대사회로 이행하면서 구성원의 동질성 추구를 위한 집단적 공통의식collective consciousness의 대체로 이해했던 것과 동일한 맥락에 있다.[14] 뒤르켐은 민족주의를 국가적 차원에서 사회 통합을 위하여 기능하는 일종의 '신념' 또는 '가치관'으로 파악하였으며, 특히 민족주의를 애국심과 동일시하여 국가라는 고차원의 사회집단을 발전시키는 데 필수 불가결한 사상이라고 지적하였다.[15]

산업사회의 도래와 그 영향으로 인해 인간들의 전통적인 가치와 연대는 완전히 파괴된다. 사회적 역동성이 전통사회에서 농민 및 수공업자의 인간적 연대를 파괴하고 이들을 도시로 이주하게 만들었다. 이러한 과정에서 사람들은 전통사회와 다른 종류의 연대, 예컨대, 공적 교육을 통한 언어적 통일화 및 단일화 등을 모색하고 이를 통해 자신과 타인들과의 공감과 단일성을 확인하게 되며, 커뮤니케이션은 이를 촉진한다. 본원주의에 맞서 그는 '예전부터 민족이라는 실체에 잠재해 있던 전통적인 요소를 일깨우는 것이 아니라 이전에는 존재하지 않았던 것을 새롭게 만드는' 과정을 통해 민족주의가 발생한 것으로 인식한다.[16] 다른 한편으로 그는 국가주의에 맞서 '민족이 민족주의를 만드는 것이 아니라 민족주의가 민족을 만든다.'라는 주장을 제기한다.[17]

하지만 이는 왜 민족주의가 근대사회에서 발흥했는지, 그리고 특정사회에서 분화된 계급(자본가와 노동자의 분화)의 등장을 설명하는 데는

---

13 이광규, 『신민족주의의 세기』, 67쪽.
14 김동노, 「민족주의의 다원화와 이념 갈등」, 375쪽.
15 Philip Spencer & Howard Wollman, *Nationalism: A Critical Introduction* (London: SAGE Publ, 2002), p.18. 이광규, 『신민족주의의 세기』 63쪽, 재인용.
16 Ernest Gellner, *Thought and Change, London: Wedenfeld and Nicolson*, 1964, p.168.
17 Ernest Gellner, *Nations and Nationalism*.

한계를 가지고 있다.[18] 이에 대해 네언Tom Nairn은 자본주의 논리로 설명하고 있다. 네언에 따르면, 민족주의의 발생은 자본주의의 전 세계적인 불균등 발전의 산물이다.[19] 즉 민족주의는 자본주의 발전이 지체된 제3세계에서 뚜렷하게 나타나며, 제국주의의 침탈이 민족주의를 발생시키는 요인이라는 주장이다. 특히 주변부 국가periphery state의 정치 엘리트들이 서구 자본주의의 침략에 맞서 대중 동원을 위해 민족적 단결을 목적으로 민족주의를 활용하게 되었다는 것이다. 그런데 민족주의가 자본주의적 제국주의적 침략에 대한 저항 수단으로 활용될 경우, 공동체의 통합을 위한 민족주의는 자연 계급적 요인을 초월하게 된다. 이러한 조건에서는 대부분 폭력적 상황이 수반될 수밖에 없으며 민족주의의 성격도 대중 지향적이라는 특징을 띠게 된다.

겔너와 네언의 민족주의 이론은 '산업화'와 '자본주의의'의 불균등 발전이라는 서로 다른 설명논리에 근거하고 있지만 중요한 공통점을 포함하고 있다. 우선 이들은 왜 민족주의가 발생했는가라는 기원의 문제에 관심을 두면서 그 해답을 근대사회의 도래에서 찾고 있다. 물론 두 이론가는 근대사회의 기본 특징을 각각 산업사회와 자본주의로 개념화함으로써 이론적으로는 뒤르켐E.Durkheim과 마르크스Marx의 개념적 논의를 활용하고 있다. 그러나 이들은 민족주의의 근대성을 강조하는 점과 현대사회의 경제적 특징, 그리고 민족주의를 연결하는 물질주의적 결정론을 제시하고 있다는 점에서 서로 유사하다고 할 수 있다.[20] 동시에 두 이론

18 이경희, 「중국 문화민족주의와 그 실천전략」, 『한국동북아논총』 제52집, 2009, 54쪽.
19 Tom Nairn, *The Break-up of Britain*, London: New Left Books, 1977.
20 Smith Anthony, "Theories of Nationalism: Alternative Models of Nation Formation," *Asian Nationalism*, London: Routledge, 2000, p.6.

가는 민족주의가 사회를 통합하는 힘으로 작용하며, 특히 민족 내부에서 발생하는 계급이나 지역, 성(性)에 따른 분열을 극복할 수 있다고 공통적으로 주장하고 있다.[21] 이들은 민족주의를 어느 나라 역사에서나 공통적으로 찾아볼 수 있는 '민족 번영'의 이념이라고 설명한다. 선진국의 민족주의는 물론 후진국의 민족주의도 프랑스혁명과 산업혁명 이후 전 세계로 퍼져나간 산업화와 근대화의 물결과 관련짓고 있다.[22]

그러므로 구조주의 이론은 지나친 일반화를 추구하는 문제를 가지고 있다. 시간과 공간의 특정한 맥락 속에서 민족주의가 분석되지 못하고 전통사회의 근대적 변환이라는 일적 조건에 의해 민족주의가 결정된다는 인식은 분명한 비판의 대상이 된다. 민족주의가 시간적으로 산업사회의 발생 이전에 나타난 경우도 있으며,[23] 때로는 산업화가 진행되어도 민족주의가 수반되지 않는 경우도 있다는 점에서 이 이론의 한계는 분명하다.[24] 또한 국가 간에 나타나는 민족주의의 차별성을 전통사회의 근대화라는 일반적 논리로는 설명할 수 있다는 점에서도 새로운 이론적 접근의 필요성이 대두된다. 구조주의의 이러한 한계들을 극복하려는 시도를 구성주의 이론에서 찾을 수 있다.[25]

21 김동노, 「민족주의의 다원화와 이념 갈등」, 375~377쪽.
22 이선민, 『민족주의, 이제는 버려야 하나』, 60쪽.
23 Liah Greenfield, *Nationalism: Five Roads to Modernity*, Cambridge: Harvard University Press, 1992.
24 Michael Mann, "A Political Theory of Nationalism and Its Excess," *Notions of Nationalism*, Budapest: Central European University Press, 1995.
25 김동노, 「민족주의의 다원화와 이념 갈등」, 378쪽.

1.3. 구성주의constructivism적 접근

구성주의 이론은 민족주의를 사회적 행위자들의 의도된 결과라고 전제하고 있다. 이러한 점에서 구성주의적 민족주의는 구조주의와는 서로 대립적 관점을 유지하고 있다. 구성주의적 접근에 따른 이론적 논의들은 대부분 민족주의를 혈통과 전통, 공유된 역사 및 언어 등 객관적 요인에 의해 결정되는 것이 아니라 사회적 조건이 성숙되면, 이에 따라 자연 발생적으로 이뤄진다는 점을 강조한다. 또한 현대사회에서 민족주의는 인위적 가공물이라는 입장이다. 구성주의적 접근은 크게 두 가지 태도로 구분된다. 하나는 사회적 주체로서 개인들이 자발적으로 아래에서 위로 bottom up 구성해 가는 민족주의이다. 이는 시민 민족주의civic nationalism라고 칭해지고 있다. 다른 하나는 국가의 정치엘리트들이 위로부터 만들어 가는top down 민족주의, 즉 국가주의적 민족주의statist nationalism이다.

시민 민족주의civic nationalism의 입장을 대표하는 이론은 앤더슨Benedict Anderson에서 찾을 수 있다. 앤더슨은 민족주의란 과거 단 한 차례도 조우한 경험이 없는 사람들을 하나의 공동체로 스스로 상상하도록 만드는 과정에서 형성되는 가공물이라고 주장하였다. 또한 '상상의 공동체'가 가능할 수 있는 동인은 인쇄 자본주의print capitalism에서 비롯된다고 주장한다. 즉 '상상의 공동체'로서 민족은 교육받은 소수 집단 혹은 한정된 지역을 넘어 광범위한 의사소통 환경을 구축하려는 자본주의(혹은 자본가)적 의도의 산물이며, 인쇄라는 기술적 요인에 의해 가능하다는 것이다. 앤더슨은 토속 언어의 표준화됨으로써 여타의 방언들은 배제되고 표준어가 전국적 범위에서 통용되면, 동일한 언어를 사용한 사람들 사이에는 '깊은 수평적 동료의식deep horizontal comradeship'이 형성될 수밖에 없다고 주장하고 있다.[26] 그런데 이와 같은 동료애는 태생적 조건으로서 서로 다른 피부색, 나이, 성별 등의 차이를 넘어 공동체의 미덕을 가져온다는 것이다. 따라서 공동체 내의 개인들은 개별적 존재로서의 유한성을 넘어 거대한 공동체기 제공하는 영원성을 확보함으로써 통합integration을 이룰 수 있게 된다.

이와 같이 앤더슨은 민족주의를 사회적 행위자들의 의도된 행위의 결과로 인식하고 있다. 실제 이러한 인식의 역사적 근거는 1789년 프랑스혁명에서 발견되고 있다. 프랑스혁명 과정에서 자코뱅파Jacobins의 지배는 자유, 평등, 박애를 기치로 한 인간의 보편적 가치가 프랑스 민족의 정체성을 형성시킨 요인이 되었다. 즉 프랑스혁명은 인간의 존엄성에 대한 보편적 가치를 프랑스의 민족정신으로 정립시키는 과정이었던 것이다. 이러한 조건에서 프랑스 민족의 구성원에 포함되기 위해서는 과거에 지닌 다양한 인종적, 종교적, 지역적 가치를 보편적 가치 내지 '프랑스적 가치'로 바꿔야만 가능하게 된다.[27] 이는 문화적 동화assimilation 과정의 하나로 이해할 수 있다. 이러한 특징적 현상에 대해 구성주의 또한 문화적 동화의 직접적 기제로 교육을 통한 언어와 역사의 표준화와 민족화를 지적하고 있다.[28]

근대적 민족구성원의 정체성을 지니기 위해서는 개인은 전통집단에서 분리된 자율성을 지닌 존재가 되어야 한다. 그리고 자율적 존재로서

---

26 Benedict Anderson, *Imagined Communities: Reflections on the Origin and Spread of Nationalism*, London: Verso, 1983.

27 Anthony Smith, *Nationalism: theory, ideology, history.-2001*, Malden, Mass.: Polity Press, 2000, pp.16~17.

28 김동노, 「민족주의의 다원화와 이념 갈등」, 379쪽.

개인은 자발적 의지와 아울러 시민적 덕목을 공유하는 조건 위에 위치해야 한다. 이러한 점에서 민족주의적 보편적 가치로서 개인의 자율성을 전제로 하는 이념적 도구로서 자유주의liberalism를 상정할 수 있다. 한편 '문화'는 개인들이 아래에서부터 민족주의를 형성해 나가는 데 있어서 핵심적 요인이다. 그런데 문화의 통합성과 지속성을 목표로 하는 민족주의를 의미하거나 강조하는 경우에는 문화적 민족주의cultural nationalism라고 칭해지고 있다.[29] 아무리 정치적 가치를 공유하더라도 공통된 문화를 지니지 않으면 민족은 성립되기 어렵다. 그러나 문화적 민족주의는 개인들이 스스로 문화의 공유를 만들어 간다고 주장하는 점에서 문화의 공유에 있어 국가(그리고 국가가 주도하는 교육)의 역할을 강조하는 다른 이론과는 차별성을 가진다.[30]

지금까지 논의한 구성주의 이론들이 개인의 자발성에 근거해서 민족주의의 성립을 주장한다면, 이와는 대조적으로 국가가 민족주의를 위로부터 만들어 간다는 이론도 있다. 흔히 이를 국가주의적 민족주의라고 부르는데, 현대사회에서 국가의 정치적 중요성이 커지면서 이는 현재 민족주의에 관한 논의에서 중심 위치를 차지하고 있다. 이러한 접근에 있어 가장 기본적인 명제는 '민족이 국가를 만드는 것이 아니라 국가가 민족을 만든다.'이다. 이는 서구 유럽에서 가장 전형적으로 나타났지만 현재는 전 세계적으로 널리 퍼진 보편적 현상이 되었다. 그는 이러한 언어 민족주의의 특성을 제정 러시아의 러시아화Russificiation라는 언어정책으로 예시하였다. 이민족을 정복한 러시아는 언어정책을 통하여 러시

29 Chaim Gans, *The Limits of Nationalism*, Cambridge: Cambridge University Press, 2003.
30 김동노, 「민족주의의 다원화와 이념 갈등」, 380쪽.

아인화를 도모하였고 이것이 소련연방 체제에서도 계승되고 있음을 말하였다. 그는 사회적인 차원의 일상적 언어로서 이루어지는 민족주의를 '일상어 민족주의vernacular nationalism'라 하였고 이것에 대하여 순례로 특징지어지는 국가적 차원의 정책적 언어에서 이루어지는 민족주의를 '공적 민족주의official nationalism'라 하였다. 31

물론 국가가 민족을 만드는데 있어서 정치적 외적 요인 특히 문화가 중요한 요인으로 작용하기도 한다. 그러나 국가주의에서는 문화가 어디까지나 정치적 목적의 달성을 위한 보조적 역할로 인식되고, 극단적인 경우에는 문화와 역사의 공유 없이도 정치적 공동체의 구성원으로서 필요한 정치적 가치와 덕목(이는 흔히 헌법을 통해 표현된다)을 공유하면 민족주의가 성립될 수도 있다. 32 국가주의적 입장에서 보는 민족은 우선적으로 그리고 최종적으로, 정치적 공동체이다.

국가가 민족주의를 정치적 목적으로 사용하는 경우는 다양하며, 어떤 정치적 목적이 개입되는가는 다양한 요인에 의해 결정된다. 이와 관련하여 중요하게 고려해야 할 것은 국가와 민족의 일치 여부이다. 민족과 국가가 일치하는 경우 민족주의가 갈등 요인으로 작용할 수 있는 가능성을 차단할 수 있을 것이다. 개괄적으로 볼 때 이런 경우 국가는 민족주의를 통해 사회적 통합을 추구하게 된다. 이때 통합은 그 자체로서 목적일 수도 있지만 보다 상위의 정치적 목적을 위한 수단이 되기도 한다. 사회적 통합이 민족주의의 최종적 목적인 경우는 정치적 권력을 가진 엘리트

---

31 Benedict Anderson, *Imagined Communities: Reflections on the Origin and Spread of Nationalism*, p.105; 이광규, 『신민족주의의 세기』, 70쪽 재인용.

32 Jurgen Habermas, "Citizenship and National Identity: Some Reflections on the Future of Europe," *Theorizing Citizenship*, Albany: State University of New York Press, 1995, pp.255~281.

집단이 국민들을 효과적으로 통제함으로써 권력을 공고히 하고 이를 정당화하려 할 때이다.[33]

민족주의는 정치적 동원의 수단으로 활용되면서 그 효과를 인정받고 있다. 때로는 민족주의가 경제 발전을 위한 인적 물적 자원의 동원을 위한 수단이 되기도 하고, 때로는 민족주의가 전쟁을 위한 동원의 수단이 되기도 한다. 특히 유럽의 여러 나라들은 계속되는 전쟁을 통해 중앙 집권화된 현대적 국민국가the national state를 만들게 되었고[34] 이 국가가 전쟁의 동원을 위해 민족주의를 만들게 된 것은 역사적 우연이 아니다. 전쟁과 유사하게 대중동원을 위해 민족주의가 활용되는 경우는 혁명에서 찾을 수 있다. 중국에서도 1920년대 후반 이후 공산당은 혁명을 위해 민족주의 담론을 적극 생산하게 되었는데, 이는 당시에 여러 사회 세력들 사이에 관계를 조정하고 통합하기 위해 민족주의를 활용한 국민당과 대비된다.[35]

그러나 이 둘이 일치하지 않으면 민족 내에 서로 다른 국민국가가 형성되고 이들이 경쟁적으로 민족의 정통성을 주장하게 됨에 따라 민족주의가 오히려 갈등의 요인이 될 가능성이 커지게 되어 민족주의는 주로 민족 내의 통일을 지향하게 된다. 모든 분단국가에서 이 형태의 민족주의가 발현되고 있다.

실제로 18세기와 19세기 서구에서 민족주의가 국민국가의 형성과 함께 활성화되었는데, 이는 새롭게 만들어지는 국민국가 속으로 다양한

---

33 김동노, 「민족주의의 다원화와 이념 갈등」, 381쪽.
34 Charles Tilly, Coercion, *Capital and European States*, Oxford: Basil Blackwell, 1990.
35 Jhon Breuilly, *Nationalism and the State*, Chicago: University of Chicago Press, 1993, p.206.

민족을 통합해 새로운 민족의 정체성을 부여함으로써 민족과 국가를 일
치시키려 했던 시도로 이해될 수 있다.[36] 민족과 국가를 일치시키는 이
과정에서 민족주의는 통합의 힘으로 작용했고 혹은 최소한 통일을 정당
화하는 논리로 적극 활용되었다.

　민족주의를 추동하는 정치적 목적과 의도가 때로는 민족이라는 집단
전체를 위한 것일 수도 있지만 때로는 민족구성원 일부의 특정한 집단을
위한 것일 수도 있다. 민족주의가 민족 전체의 이익을 위한 경우에는
민족주의가 계급 혹은 지역을 넘어서는 통합의 힘으로 작용할 것이고,
특정 집단의 이익을 위한 것이 되면 오히려 민족 내부를 가르는 축을
형성시켜 분열과 대립의 힘으로 작용할 수도 있다. 일례로, 서구 자본주
의의 팽창으로 인해 제국주의 국가의 모든 계급이 일정한 정도의 이익을
공유하게 되어 서구의 민족주의는 계급과 계급 사이의 갈등을 넘기는
통합의 힘으로 작용하였다. 제3세계 국가에서도 서구의 침입에 맞서 민
족주의를 통해 민족 정체성을 새롭게 재구성하고 내부의 결속력을 높임
으로써 민족주의가 민족 통합의 요인이 되었다.

1.4. 포스트모더니즘postmodernism적 접근

　현대 사회에서 민족주의는 다양한 요인과 목적으로 여러 주체에 의해
주장 및 전파되며 강력한 사회적 힘으로 작동하고 있다. 이와 같은 다양

---

36 Michael Mann, "A Political Theory of Nationalism and Its Excess," pp.50~51.

성에도 불구하고 지금까지 살펴 본 이론들은 모두 민족과 민족주의를 하나의 실체reality로 인정하고 있다는 공통점이 있다. 이론에서 정의하는 '실체'는 민족의 본원적 요소에서 출발할 수도 있고, 상상의 산물로 만들어질 수도 있으며, 시민이 자발적으로 보편적 가치를 민족의 특수성으로 규정함으로서 만들어질 수도 있고, 또는 국가 엘리트의 정치적 목적에 의해 만들어질 수도 있다. 기존 이론들은 발생의 기원이 무엇이든, 추구하는 목표가 무엇이든 민족은 실체로 존재하며 민족주의도 역시 객관적 사회적 실체로 인식하고 있다.

그러나 최근 포스트모더니즘 이론의 확산으로 민족주의를 새로운 시각에서 접근하려는 시도가 빈번히 이루어지고 있다. 기존 이론과 비교해, 이 접근의 특징은 민족과 민족주의를 주어진 객관적 실체로 보는 것 자체에 대한 문제제기이다. 민족은 진정 하나의 고정된 실체인가? 민족주의는 이 실체에 기반하여 민족의 이념을 발전시키고 있는가? 포스트모더니즘 이론의 연구자들은 이러한 의문점을 제기하며 위 주장에 대해 강력하게 비판하고 있다. 민족은 실재하는 집단이 아닌, 하나의 실천적 범주category of practice이며 민족을 실체로 인정하지 않아도 민족주의를 이해할 수 있으며, 민족과 민족주의는 우연성의 결과로 나타날 수 있음을 주장한다.[37]

그렇다면 민족주의 연구가 던져야 할 질문은 "민족이란 무엇인가?"가 아니라 "민족은 어떻게 정치적 문화적 형태로 제도화되는가? 그리고 민

---

[37] 여기서 말하는 우연성이란 민족주의가 사회구조의 변화나 사회적 집단에 의해 기획된 필연적 결과가 아니라 사회적 행위자의 의도되지 않은 결과로 나타났다는 의미이다. 이에 관해서는 Graham Day and Andrew Thompson, *Theorizing Nationalism*, Houndmills: Palgrave Macmillan, 2004, p.85; 김동노, 「민족주의의 다원화와 이념 갈등」, 373~384쪽.

족은 어떻게 실천적 범주로서, 또한 인식의 틀로서 작용하는가?"이다.[38] 민족이 민족주의를 만드는 것이 아니라 민족주의가 민족을 만든다는 의미이다. 민족은 스스로 존재하는 독립된 실체가 아니라 민족주의의 맥락 속에서만 존재하는 것이다.[39]

이 관점의 민족주의는 가변성과 다원성을 근본 요소로 삼고 있다. 민족이 상상된 실체라고 하더라도 그 민족은 단일한 실체로 상상되는 것이 아니라 지속적으로 다원적으로 상상되며, 심지어 국가주의적 민족주의에서 주장하는 영토성도 가변적인 것으로 여긴다. 한 민족의 울타리도 서로 다르게 상상되어, 이 상상된 경계선이 실제 영토의 경계선보다 좁을 수도 있고 넓을 수도 있다. 민족주의의 다원성과 가변성 때문에 민족 경계선은 끊임없이 도전을 받아 재구성되고, 확정적이지 않을 뿐만 아니라 심지어 우연적 요소도 상당하다.[40] 민족 경계선의 융통성은 민족과 민족주의를 지속적인 분쟁의 영역contested field으로 만든다. 포스트모더니즘에서의 민족주의란, 단일한 민족의 단일한 민족주의가 아니라 민족에 관한 다양한 관점이 충돌하고 협상하는 것을 표상하고 있을 따름이다.[41]

이와 같이, 민족주의에 관한 인식의 변화가 정체성에 대한 개념의 변화도 가져온다. 민족의 일원으로 개인이 가지는 정체성도 공통된 혈통과 문화, 역사 등의 공유를 통해서가 아닌, 이질적 요소가 지속적으로 상호 작용하여 새롭게 재구성되는 것이다. 개인의 정체성은 개인과 개인 사이

---

38 Rogers Brubaker, *Nationalism Reframed: Nationhood and the National Question in the New Europe*, pp.7~16.
39 Craig Calhoun, *Nationalism.*, p.99.
40 Zygmunt Bauman, "Blood, Soil, and Identity," p.677.
41 Prasenjit Duara, "Historicizing National Identity, or Who Imagines What and When," p.152.

에서 공유된 요인에 의해 안정적으로 형성된 것이 아니라 서로 다르게 상상되며 부딪히는 역동적인 것으로 이해해야 한다. 개인의 정체성은 '오래 기간 축적된 결과stock'가 아니라 끊임없이 변화하는 '흐름flow'인 것이다.[42]

42 김동노, 「민족주의의 다원화와 이념 갈등」, 385쪽.

2 한국 민족주의의 발생과 전개

한국의 민족 형성 이후 한국 민족주의는 역사적 전개 과정에서 드러나듯, 민족단위와 독립적 정치단위를 일치시키고자 하였다. 이와 같은 민족주의 이념에 따라 진행된 운동은 아직 미완의 상태이다. 외부 충격에 의한 민족주의의 발생부터 해방과 분단을 거쳐 온 현재까지, 근대적 민족국가 수립에 대한 좌절은 (필연적으로) 그에 따른 저항적 민족주의의 발흥을 낳았다. 또한, 식민지 민족해방노선으로서, 해방 벽두에 '계급에 앞선 민족'을 통해 이념 갈등을 해소하고 통일민족국가 수립론을 주창한 신 민족주의론이 등장하기도 하고, 발전 전략에 접맥된 국가주의적 민족주의, 그리고 민족 변혁의 논리 속에서 전개된 민중 민족주의 등이 존재하였다.

이 절에서 한국 민족주의에 관하여 역사적, 이론적 접근 방법을 이용한 선행 연구를 정리 및 검토하고자 한다.[1]

---

1 민족주의 고찰을 위한 접근 방법은 이론적 방법과 역사적 방법의 두 가지로 크게 나눠

2.1. 한국 민족주의의 연구개황

전 세계 범위에서 민족주의가 막강한 사회적 영향력을 떨쳐 다양한 이론들이 발전되었다. 1960년대 몇몇 선구적 연구들이 제기된 후, 80년대에 서구 민족국가의 기원과 발전을 연구한 대표학자 베네딕트 앤더슨과 에릭 홉스봄의 구성주의 및 구조주의적 민족주의 이론의 영향을 받아 본격적으로 민족주의에 대한 연구가 시작되었고, 많은 이론적 업적이 쌓였다.[2] 1990년대 초반 지식인 사회에 포스트모더니즘이 도입되고 그 영향으로 '탈민족주의론'이 대두한 것이다. 또한 2000년대에 접어들어 지구화가 본격적으로 진행되면서 외국과의 교류가 급증하면서 한국이 지구촌에서 다른 민족과 어울려 살기 위해서는 편협한 민족주의를 버려야 한다는 주장을 불러왔다.[3]

한국 민족주의에 대한 현재까지의 연구는 대체로 정치학적인 논의와 역사적인 논의로 이루어졌다. 역사적 측면에서 민족과 민족주의의 기원, 대외 저항抵抗사 등에 중점을 두는데, 대체로 구한말(1860년대)에 근대적 이념으로서의 민족주의가 형성된 것으로 본다. 정치학의 민족주의 연구는 대체로 서구 견해를 답습하였다.[4]

또 다른 접근은 문학 쪽에서 나온 민족문학론이다. 백낙청을 중심으

진행해 왔다. 이론적 방법은 민족주의 현상을 원리적으로 설명하려는 방법으로, 구성주의적 접근으로 정치사회학적 방법이 그 주가 된 것이다. 구성주의적 접근은 민족주의를 형성시킨 기본 단위가 무엇인가를 파악하려는 연구들이다. 역사적 방법이란 민족주의 현상을 그 생성－발전 및 변질 과정에서 파악하려는 방법으로, 이에는 비교사학적 방법이 포함된다. 상관 설명은 차기벽, 『차기벽저작집 4: 민족주의 원론』 참고.
2 김동노, 「민족주의의 다원화와 이념 갈등」, 371쪽.
3 이선민, 『민족주의, 이제는 버려야 하나』, 14쪽.
4 김동성, 『한국 민족주의 연구』, 69~70쪽.

로 전개된 민족문학론은 한때 한국 문학의 큰 흐름을 형성하였다.[5] 이는 문학의 사회적, 민족적 역할을 강조하여 정치적 민주화에 기여하는 실천의 모습을 보였다. 그러나 이런 논의들은 정치학이 주도한 한국 민족주의론이나 역사적 연구와 유기적으로 연결되지 못했고, 감각적인'자유주의 문학'이 성행하는 지금 활력을 잃었다.[6]

문학이나 사회과학 분야의 포스트모더니즘이 해당 분야의 전문가들에 국한된 논의였던 데 비해 1990년대에 들어 역사학의 포스트모더니즘, 특히 서양사학계에서 시작된'탈민족주의론'이 점차 영향력을 확대하면서 한국 민족주의를 둘러싼 학계의 토론도 치열해졌다.[7] 그 결과 분위기가 변화하여 민족주의의 본거지라고 할 수 있는 국사학계에서조차 점차 탈민족주의론을 주장하는 학자들이 늘었다. 그러나 민족주의의 강력한 영향 아래 학문 활동을 해온 4·19세대 학자들은 특히 이에 대해 비판적이다.[8] 신용하는 민족이 허구적으로 만들어진 '상상의 공동체'라는 앤더슨의 주장을 반박하며 "민족은 공동의 언어·혈연·문화공동체라는 객관적 요소에 민족의식이라는 주관적 요소가 더해져 공고해진 '실재實在의 공동체'"라는 본원주의적 민족주의 관점을 제시하였다.[9]

앞서 한국에서 민족주의에 대한 논의가 정치학적 논의와 역사적 논의로 이루어졌다고 언급하였다. 역사학계의 한국 민족주의 연구는 주로

---

5 백낙청, 『민족문학과 세계문학』.
6 김영명, 『우리 눈으로 본 세계화와 민족주의』, 48~49쪽.
7 포스트모더니즘 역사학의 두드러진 특징 중 하나가 역사 해석의 '탈脫민족주의'다. 역사적으로 근대는 민족국가의 시대다. 따라서 근대를 넘어서려는 역사학은 탈민족주의를 지향하게 된다.
8 이선민, 『민족주의, 이제는 버려야 하나』, 17~19쪽.
9 신용하, 「민족의 사회학적 설명과 '상상의 공동체론' 비판」, 『한국 사회학』 제40집 1호, 2006.

민족주의의 순기능을 강조하며 대외 저항사 등에 중점을 두고, 민족 해방 운동의 논리로 해방 이후 건국과 산업화의 궁극적인 목표로 자리매김해 왔음을 지적한다. 민족주의야말로 한민족이 근대국가 건설과 민주화 및 산업화를 달성하고 세계무대에서 대접 받게 한 공신이었다고 극찬하였다.[10] 그러나 포스트모더니즘적 관점에서 민족주의가 한국 사회에 끼친 여러 폐해들을 지적하면서 민족주의의 해체를 주장하는 글들도 1990년대부터 현재까지 많이 생산되고 있다.[11] 세계와 그것을 떠받치는 (신)자유주의 이데올로기[12]가 지니는 중심적 지주는 시장과 개인이므로 이것이 한국의 지성계에 끼친 영향이 반영된 것으로 보인다.[13] 또한 구성주의와 포스트모더니즘적 민족주의론의 영향을 받아 민족과 국민, 국가, 개인, 사회라는 근대적 개념어를 신문, 잡지, 교과서 등 근대적 인쇄 매체를 통해 분석하는 연구도 나타나기 시작하였다.[14]

반면 정치학계는 한스 콘의 역사적 접근법이 도입되어 한국 민족주의에 대한 논의가 새로이 일었다. 이를 선도한 이용희와 차기벽은 한국

10 박찬승, 「일제 지배하 한국 민족주의의 형성과 분화」, 『한국 독립운동사 연구』 제15집, 2000.
11 임지현, 『우리 안의 파시즘』, 서울: 삼인, 2000; 권력범, 『민족주의와 발전의 환상』, 서울: 솔, 2000; 박노자, 『나를 배반한 역사』, 서울: 인물과 사상사, 2003; 유해동, 『식민지의 회색시대』, 서울: 역사비평사, 2003; 권혁범, 『국민으로부터 탈퇴』, 서울: 삼인, 2004; 탁선산, 『한국의 민족주의를 말한다』, 서울: 웅진닷컴, 2004; 임지현·이성시, 『국사의 신화를 넘어서』, 서울: 휴머니스트, 2004.
12 앤드류 헤이우드 저, 조현수 역, 『정치학: 현대정치의 이론과 실천』, 106쪽.
13 1990년대 말~2000년대 초부터 탈 민족주의적 관점에서 민족주의를 성찰하고 발전론적 모델을 초월하여 민족주의를 연구하려는 시도가 시작되었다. 대표적인 학자는 서양사학자인 임지현(1999), 복거일(2003), 탁선산(2004) 등은 민족주의는 현 시점에서 버려야 한다고 주장하였다. 윤인진, 「한국 민족주의 담론의 전개와 대안적 민족주의 모색」, 『한국 사회』 제8집 1호, 2007, 22쪽.
14 이화여대 한국문화연구원, 『근대 계몽기 지식개념의 수용과 그 변용』, 서울: 소명출판, 2004; 고미숙, 『한국의 근대성, 그 기원을 찾아서』, 서울: 책세상, 2001; 김현숙 외, 「한국 근대 민족의 탄생과 민족주의 담론의 창출」, 『세계화와 동아시아민족주의』, 서울: 책사랑, 2010, 41쪽 재인용.

민족주의의 과제를 근대화, 민주주의, 통일로 보아 달성 방안에 대해 고민하였다.[15] 또 서구 민족주의와는 다른 중요한 측면, 곧 외세 침입에 대한 '저항 민족주의'로서의 성격에 초점을 맞춤으로서 강대국 중심의 시각을 벗어난 관점을 제기하기도 하였다. 그 이후 한국 민족주의의 논의는 이론적 빌전을 보이지 못히였고, 대체로 서구의 이론을 접목시키는 수준을 벗어나지 못하였다. 민족주의 연구 문헌 조사를 한 김동성의 결론을 빌면, 한국 민족주의 연구는 민족이라는 "서구적 개념이 언제, 어디서 발아發芽되어 어떻게 진행되어 왔는가?" 하는 정도의 서술 수준을 벗어나지 못하였다고 비판하기도 한다.[16]

그러나 각 입장의 구체적 주장과 그들 사이의 논쟁을 살펴보면 가치있는 선행 연구도 많다. 김호기는 오늘날 지구적인 지식사회는 우파와 좌파, 민족주의와 세계주의의 이분 구도가 교차해 복잡한 지형을 이루고 있으며, 크게 보아 그것은 우파 민족주의, 우파 세계주의, 좌파 민족주의, 좌파 세계주의로 분류한다. 한국 사회도 이에 상응하여 발전국가론, 신자유주의, 민족해방주의, 글로벌 좌파가 경합하고 있다고 설명하였다.[17] 세계 근대사에서 이들 네 입장은 부침浮沈하면서 때로 협력하고 때로 대립하며 역사를 만들어왔다. 한국의 경우 식민지와 분단을 거치며 오랜 기간 전선戰線이 '민족 대對 외세'로 형성됐기 때문에 좌·우파 민족주의가 전면에 나서서 민족운동의 주도권 경쟁을 벌였다.[18] 그 과정은 2절

---

15 한스 콘 저, 차기벽 역, 『민족주의』, 서울: 삼성문화재단, 1974; 이용희 저, 노재봉 편, 『한국 민족주의』, 서울: 서문당, 1977; 차기벽, 『한국 민족주의의 이념과 실태』, 서울: 까치, 1978; 양호민 외, 『한국 민족주의의 이념』, 서울: 아세아 정책연구원, 1977; 노재봉, 『한국 민족주의와 국제 정치』, 서울: 민음사, 1983.

16 김동성, 『한국 민족주의 연구』, 69~70쪽; 조민, 『한국 민족주의 연구』; 김영명, 『우리 눈으로 본 세계화와 민족주의』, 48~49쪽.

17 김호기, 『말, 권력, 지식인』, 서울: 아르케, 2002, 7쪽.

에서 살펴보기로 한다.

2.2. 한국 민족주의의 전개 과정

하나의 정치 이념 또는 정치 운동으로서의 민족주의에 대한 이해는 민족 단위와 정치 단위의 일치를 지향해 온 민족운동의 역사적 전 과정 속에서 드러나게 된다. 1860년대 이후 형성된 한국 민족주의는 대한제국 시대, 일제강점기 및 분단시대를 거치면서 현재에 이르고 있다. 외세의 공격에 대한 저항적 측면에서 출발한 한국 민족주의는 온전한 민족 보전을 통해 민족적 정통성을 지키는 지도 원리였다. 구한말 개항기(조선시대 말기부터 대한제국까지)[19]와 일제강점기 및 분단 시기에 이르는 전 시기를 3단계로 나누어서 고찰하며 한국 민족주의의 성격과 특징을 저항적, 문화적, 분단형적 등으로 분류하여 살펴볼 것이다.

1860년대부터 1910년대는 한국 민족주의의 1단계이다.[20] 일본제국주

---

18 이선민, 『민족주의, 이제는 버려야 하나』, 58쪽.

19 단일개념으로서의 한 민족의 기원은 고려 초로 소급되나, 그것은 이른바 준민족이지 근대적 민족주의의 담지자인 근대민족은 아니다. 한국에서 근대민족 내지 근대 민족국가의 형성 계기는 개항에서 찾아진다. 한국 사람들은 오랜 옛날부터 통일적 국가를 이루고 있었으며, 따라서 사람들 상호 간에 일찍부터 언어와 풍습, 그리고 성품에 비교적 높은 수준의 공통성이 조성되어 있었다. 그러나 사람들 간의 사회적 분업과 지역과 지역 간의 분업을 촉진하는 자본주의적 요소의 발생이 시기적으로 매우 늦었고, 또 그 발전이 매우 느렸기 때문에 근대적인 민족 형성은 시기적으로 크게 뒤떨어질 수밖에 없었다. 근대민족이 형성되기 전의 그같은 민족을 준민족이라 한다. 차기벽, 『차기벽저작집 4: 민족주의 원론』.

20 1860년 8월 영·불 연합군이 개전 1개월만에 청淸의 수도인 베이징 성北京城을 함락하고, 한국과 국경을 접하고 있는 러시아가 전통적인 외교 정책인 남하 정책을 적극화하여 우수리강 동쪽의 700리의 땅을 청나라로부터 합병하는 상황에 까지 이르게 되었다. 국내에서도 1866년 7월에 제너럴 셔어먼 호 사건과 같은 해 9월 병인양요 사건이 잇달아 발생됨으로써 서양으로부터의 충격은 구체화되기 시작하였다. 그뿐만 아니라 일본

의에 의해 대한제국이 강제병합되었으며, 이 시기를 한국 민족주의의 시발점으로 볼 수 있다.[21] 일제가 조선 침략을 본격화하는 시점에 민족주의가 출현하기 시작하였다. 이를 동학운동東學運動, 위정척사衛正斥邪, 개화파開化派 세 가지 흐름으로 나누어 볼 수 있다.

동학운동은 외세 침략에 따른 전통적인 농민의 민족적 대응이다. 동학을 전통 농민의 대응으로 보는 것은 동학농민군의 의식이 여전히 봉건적인 데에 머물러 있었다는 점과 일제를 제압할 만한 운동적 역량을 보여주지 못하였다는 점 때문이다. 전봉준과 같은 운동 주도층이 농민 봉기를 통해 실제로 목표했던 것은 '일본과 서양침략 세력과 내부의 특권층을 몰아내고 이상적인 왕정王政'을 수립하는 것이었다.

저항적 민족주의의 다른 유형으로는 일제의 침략이 노골화되던 시기에 척사斥邪·척화斥和론에 기반한 유생의 의병 운동을 들 수 있다. 위정척사의 흐름은 외세 침략에 따른 전통 지배 계급의 대응으로 볼 수 있다. 위정척사류의 대응 또한 제국주의가 전 세계를 유린하는 과정에서 일반적으로 나타난 현상인데 이 또한 동학운동과 마찬가지로 전근대와 근대

역시 급변하는 국제 정세에 대응해서 1868년 메이지유신明治維新을 단행해 중앙집권적인 통일 국가 체제를 형성하여 부국강병론을 전개하기에 이르렀다. 일본은 이러한 체제 정비 작업을 완수한 다음 한반도에 대한 억압적인 개항을 강요하여 왕조 지배 체제에 안주하고 있던 한민족에게 새로운 민족의지를 표출케 하는 계기가 되었다. 이러한 근거로 1986년대는 한국 민족주의의 출발점으로 지적하고 있다. (1860년대를 한국 민족주의 전개 과정의 출발점으로 주요 연구는 정경환, 「한국 민족주의 연구: 전개 과정, 성격 및 과제를 중심으로」, 『인문연구논집』 제2집, 1997, 146~147쪽; 김우태, 「한국 민족주의연구」, 부산대학교 박사학위논문, 1984, 95쪽.

21 근대 한국 민족주의의 출발점은 한국 근대사의 기점 문제와 직결되는 문제라 하겠다. 근대사의 기점에 대한 논의는 크게 1860년대와 1870년으로 잡는다. 여기서 1870년대를 근대의 기점으로 잡는 학자들의 주장의 근거로서는 이시기에 비록 일본의 강요에 의한 것이지만 병자수호조약(1876) 즉 개항이 있었다는 사실을 지적하고 있다. 이 설은 주장하는 대표적인 연구는 천관우, 「한국 민족주의의 역사적 구조」, 전덕규 편, 『한국의 민족주의』, 서울: 현대사상사, 1976, 79쪽; 박성수, 『한국근대사의 재인식』, 서울: 동아학연사, 1982, 239쪽; 이상백, 『한국사: 근세전기편』, 서울: 을유문화사, 1962, 23쪽.

의 차이를 넘어설 수 없었다.[22] 위정척사 운동은 서구의 제국주의의 비교 대상으로 성리학적 가치체계를 옹호하면서 서구의 근대문명 그 자체를 비인격적 물신성物神性, Fetishism으로 규정하는 세계관을 보여 주는 운동이다.[23]

위정척사 운동과 더불어 당시 한국 민족주의의 중요한 흐름 중 하나는 개화사상開化思想을 토대로 한 개화운동이다. 개화파, 특히 김옥균 등이 추진한 갑신정변은 일제의 침략이 가속화되는 상황에서 조선 사회를 근대화하려는 신진 세력의 민족적 자각의 산물이다. 한국 연구자들은 보편적으로 개화사상은 일본의 영향에 의한 것이라기보다 내재적인 자기사상 체계의 발로 현상으로, 실학사상을 사상적 원류로 삼고 있다고 여긴다. 실학사상에 현실 변혁의 구체적인 대책의 성격이 전제되어 있으며, 이러한 성격이 신진 지식인들의 사회·국가관의 인식 관점을 새로이 설정함으로써 자연히 그것의 발전적 모형을 서구에서 수용할 수밖에 없었기 때문이다.[24]

근대 한국 민족주의의 최종적인 귀결점은 동학운동에 의해 표출되었다. 개화운동이 진보적 지식인에 의한 위로부터의 개혁이라고 한다면 동학운동은 사회의 구조적인 변화를 열망하는 민중의 아래로부터의 혁명이라고 평가할 수 있기 때문이다.

일제강점기 한국 민족주의의 전개 과정을 파악하기 위해 일본이 한국에 행한 식민통치에 대해서 살펴볼 필요가 있다. 일제 통치의 근본적인

22 민경우, 『민족주의 그리고 우리들의 대한민국』, 서울: 시대의창, 2007, 99~109쪽 요약.
23 정경환, 「한국 민족주의 연구: 전개 과정, 성격 및 과제를 중심으로」, 148쪽.
24 민경우, 『민족주의 그리고 우리들의 대한민국』, 99~109쪽; 정경환, 「한국 민족주의 연구: 전개 과정, 성격 및 과제를 중심으로」, 150쪽.

특징은 한민족 말살정책으로 한민족의 저항심을 무력화시키는 상황을 조성하려 하였다. 구체적으로 황민화 정책을 통한 신사참배, 창씨개명, 황국신민선서 강요 등에서 알 수 있는 것처럼 민족 고유의 전통을 파괴하고 민족문화를 말살하는 동화정책同化政策이다. 일본은 직접통치[25]에다 동화정책을 결합시켜서 철저하고 잔인한 통치를 자행하였다. 더구나 일본은 중국 전선을 확대하기 위해서 한반도에서 인적 및 물적 수탈을 강화하였다. 1944년 8월 '여자정신대근무령'에 따라 약 20만 명의 여성을 강제 징집하여 군수공장에 일하게 하고, 일선지구에 배치시켜 군인을 상대하게 한 이른바 '위안부'역할을 강제하였다. 일제의 대조선경제정책의 특징은 식량·공업원료의 약탈 및 상품판매시장으로서의 식민지적 경제로 재편성함에 있다.[26]

이러한 정치적·경제적·사회적 식민지 예속상태에서 반일민족주의 사상 및 행동은 주체적 역량이 결여된 비조직적 상태에서 1919년 '3·1운동'이 발생하였다. '3·1운동'을 계기로 한국 민족주의는 사상 및 운동의 차원에서 새로운 단계를 맞이하게 되었다.[27] 그러나 '3·1운동'이후 일제치하의 한국 민족주의운동은 사상과 이념의 차이로 분열적 형태를 거듭하였다. 그 후 한국독립운동은 크게 두 갈래로 발전하게 된다. 전 단계의 자강론自强論적 근대화론에 입각하여 한국인의 실력과 민족의식을 양상·축적하려한 점진적 장기계획파와, '3·1운동'의 무저항적·평화적 운동의

25 식민통치의 유형에는 크게 두 가지로 나누어서 고찰할 수 있는데, 본국 정부의 한기구인 총독부 혹은 유사한 관청을 식민지에 두고 통치하는 직접통치와 식민지 원주민의 전통적 통치기구를 그대로 두고 실질적인 지배권만 장악하는 통치 유형인 간접통치가 있다. 영국의 인도 지배가 간접통치의 대표적 경우이고 프랑스의 아프리카 지역과 인도차이나반도에 대한 지배가 전형적인 직접통치의 유형이다.
26 정경환, 「한국 민족주의 연구: 전개 과정, 성격 및 과제를 중심으로」, 148~154쪽 요약.
27 조민, 『한국 민족주의연구』, 75쪽.

실패를 사회주의운동으로 극복하여 독립을 성취하려한 노선으로 나누어졌다.[28]

1945년 8·15해방은 일제식민통치의 질곡 속에서 분단이 각인되는 계기가 되었다. 미국과 소련은 38선에 의한 분할점령分割占領과 신탁 통치信託統治를 취하였다. 8·15해방부터 대한민국 정부 수립까지의 미군정기美軍政期는 분단시대 한국 민족주의를 근본적으로 제약하는 요인을 조성하였다. 분단 이후 시대별 민족주의를 규정하는 가장 현실적인 외압 요소는 바로 이념이다. 이념 간 대결 구도가 첨예하게 대립하고 있는 남북 간의 냉전 체제에서 민족주의는 민족의 발전을 위한 이데올로기가 아니라 현실인식을 방해하는 감상적 도구로 기능하는 배경을 조성하였다. 분단 상황에서 중요한 것은 생존을 위한 이념이지 결코 이상적으로만 통일을 추구하는 민족주의는 아니라는 인식이 광범위하게 형성되고 있었다.

여러 제약으로 인해 분단시대 한국 민족주의는 전 시대보다 역할과 기능을 요구받고 다양한 분야의 과제를 떠안게 되어, 더 어려운 처지에 놓이게 되었다. 즉 정치 민주화, 경제적 자립, 사회정의의 실현, 민족정기의 확립 등이 그것이다. 그러나 냉전시대의 한반도 분단이 민족의 의사와 관계없이 미·소 권력 정치의 부산물로 일어났다는 점에서 민족의 자주적 역량에 의한 통일의 과업이 가장 핵심적 사항으로 평가된다.[29]

이러한 맥락에서 노재봉은 다음과 같이 언급하였다. "한국 정치의 역사적 전통에 입각해 보면 권력 문화적으로 비정치적인 낭만적 민족주의 관념이 강한 것이 사실이다. 문화적 공통성을 가진 단일 민족이란 것에

---

28 ibid.
29 정경환, 「한국 민족주의 연구: 전개 과정, 성격 및 과제를 중심으로」, 157~158쪽.

서 유래하여, 독립운동기의 민족주의의 실천적 주류가 그러했거니와. 또 일제의 강력한 지배양식에 의해 민족주의 운동이 문화운동의 양식을 취하면서 전 정치적 내면성에 역점이 주어졌던 것 등이 모두 그러하다."[30]

그러므로 민족주의 영화의 추세를 살펴보면, 1990년대 말까지 김영삼 정부 히에 한국 사회가 '세계화'에 집중하였다고 볼 수 있는 반면, 김대중 정부하의 한국 사회에서는 1997년의 IMF외환 위기로 '세계화'와 '(신)자유주의'를 반성하는 흐름 속에서 민족주의 영화의 추세 역시 종족적 민족주의가 부상하는 현상으로 나타났다. 민족주의 영화의 수용이 현재까지 이어져 오고 있다고 볼 때, 적어도 한국 사회에 대중의 정념으로서의 문화·종족적 민족주의가 암암리에 강하게 존재하고 있음을 알 수 있다.

이 절에서는 기존 한국 민족주의에 대한 선행 연구의 과제 설정과 연구 성과에 대하여 파악해 보았다. 다시 정리하면, 한국 민족주의는 조선 후기 제국주의의 침략이 시작될 때 발아하여, 민족의 자주독립을 지키기 위하여 힘겨운 싸움을 벌였다. 한국 민족주의의 당면 과제를 시기별로 정리하면 다음과 같다.

우선, 구한말 개항기 민족주의의 이상적인 목표는 외세의 침탈에 맞서 민족의 독립을 지키고 전근대적 왕조를 근대적 민족국가로 변모하는 것이었다. 그리고 나라를 잃은 일본제국 통치하에서 벗어나 독립을 되찾는 것이었다. 해방 이후에는 분단과 외세/미·소의 통치 및 민족 분열을 극복하고 통일 민족 국가를 이루는 것이었으며, 분단이 고착화된 남북한 체제 경쟁의 시기에는 긴장을 완화하고 화해 협력을 통해 통일을 이루는

---

30 노재봉, 「한국 민족주의와 자유주의」, 양호민 외, 『한국 민족주의의 이념』, 서울: 아세아 정책연구원, 1977, 229쪽.

것이다.

또 지나친 대외 의존을 탈피하여 자주 자립적인 경제·군사·정치체제를 다지는 것이다. 탈냉전 시대 한국 민족주의의 가장 큰 과제는 민족 정체성과 국가 주권을 확립하면서 세계화 추세에 맞추어 민족과 국가의 이익을 추구하는 일이다.[31]

2.3. 한국 민족주의의 다원성과 독특성

"민족주의는 원래 민족의 단위와 국가의 단위를 일치시키려는 정치원리"이거니[32]와, 역사적 산물인 민족과 국가는 생성 과정이 다양하다. 게다가 민족주의에 대한 인지가 사람에 따라 다르므로, 민족주의의 개념은 자연 다의적일 수밖에 없다. 다의적일 수밖에 없는 민족주의란 용어를 여기서는 "민족국가의 형성과 발전을 꾀하려는 이데올로기와 운동"을 총칭하는 뜻으로 사용하기로 한다. 민족주의란 용어를 이 같은 뜻으로 사용한다는 의미를 주변국이자 분단국가인 한국에 적용하면 이 민족주의는 "민족은 있으되 민족국가는 없는" 민족주의이다.[33] 한반도의 민족주의는 근대 민족국가를 건설해 보기도 전에 주권을 상실했고, 민족은 있으나 국가는 없는 식민지 상태에서 민족주의 의식은 크게 고양되었다. 그러나 해방 후 국토분단으로 단일 민족주의를 이룩하지 못하고 있는

---

31 김영명, 『우리 눈으로 본 세계화와 민족주의』, 50~51쪽.
32 Ernest Gellner, *Nations and Nationalism*, p.1.
33 차기벽, 『차기벽저작집 4: 민족주의 원론』.

독특한 상황이 형성되었다.

한국 현대사에 나타난 민족주의의 특징은 역사적 우연성의 결과로 이해하는 것이 마땅할 것이다. 이 우연성은 인종과 민족, 그리고 국가의 불일치에서 출발한다.[34] 자력에 의한 것이 아닌 미·소 연합군에 의한 일본의 항복으로 식민지배의 해방과 동시에 분단 체제가 구축되면서 이들 사이에 균열이 나타나기 시작하였다. 분단 체제 속에서 민족주의와 반공주의의 결합은 민족주의의 논리 속에 필연적인 결합이 아니라 역사적으로 형성된 우연한 조합이다.[35] 민족주의가 반공주의와 결합되면서 지배담론으로서의 민족주의는 국가주의의 형태로 나타났다.

한국의 현대사에서 나타난 민족주의를 분석하기 위해서는 유형화가 필요한데, 민족주의를 만드는 주체의 관점에서 한국 민족주의를 대표하는 세 가지를 찾을 수 있다. 첫째, 민족주의는 개인이 타고난 본원적 요소에 의해 자연스럽게 만들어진다는 인종적 민족주의가 있고, 둘째로 민족주의는 국가의 엘리트가 정치적 목적을 위해 위에서 인위적으로 만든다는 국가주의적 민족주의가 있으며, 마지막으로 일반 시민 혹은 민중

---

34 흔히 '우리' 민족은 단일한 인종으로 단일한 민족을 구성하고 하고 있으며, 현대사의 분단을 제외하면 통일신라 이후 계속 단일한 국가를 지속해 온 것으로 믿어졌다. 한국 민족 모두가 단군의 자손이건 북방 기마민족의 자손이건 하나의 혈통을 가진 것으로 신화화되었다. 그러나 실제로 '우리'민족은 호명하는 주체에 따라 한민족, 조선인, 고려인 등으로 다양하게 불리고 있으며, 이들은 단순히 이름이 다른 것이 아니라 스스로의 정체성을 서로 다르게 규정하고 있다. 식민지 이후 민족 구성원의 일부가 국가 밖으로 이동하면서 한인 이주민diaspora이 만들어졌고, 각 지역에 존재하는 이들이 스스로를 규정하는 방식은 시간과 공간에 따라 서로 다르다.

35 해방 이후 남과 북에서 서로 다른 체제의 두 국민국가the national state가 형성되면서 문제는 한층 더 복잡하게 되었다. 인종과 민족의 불일치를 넘어 민족과 국가 사이의 불일치가 일어나고 남과 북 사이에 적대적 관계가 형성됨에 따라 민족주의는 각 체제를 정당화하는 수단이 되었다. 이런 상황으로 인해 민족주의 특히 국가를 주도하는 지배계급의 민족주의는 민족 내의 분열과 배타성을 조장하고 수시로 폭력과 억압을 수반하게 된다.

이 아래로부터 자발적으로 만드는 시민 민족주의가 있다. 첫 번째 민족주의는 본원주의적 민족주의에 속하고 나머지 두 가지는 구성주의적으로 접근한 민족주의로 볼 수 있다. 한국 민족주의는 세 가지 민족주의가 상호작용하며 전체적 지형을 그려온 것으로 볼 수 있다. 즉 이와 같이 본원주의와 구성주의적 접근을 통해 밝힌 연구 성과는 한국 민족주의를 이해할 때 꼭 필요한 부분이다.

다시 말해 한국 민족주의는 아시아-아프리카 민족주의처럼 '민족 없는' 민족주의가 아니라 유럽 민족주의처럼 '민족 있는' 민족주의이다.[36] 또한 한국 민족주의는 유럽 민족주의와 달리 자기의 힘에 의해서 일어난 '자생적' 민족주의가 아니라 아시아—아프리카 민족주의처럼 외부의 힘에 자극받아 생겨난 '외생적'민족주의이다. 또한 한국 민족주의 전개 과정을 한민족의 자기발전 과정으로 파악하며 다원성이 나타나고 있다. 즉 반제운동에 못지않게 반봉건=근대화운동을 중시하지만, 그것이 중시하는 반봉건=근대화운동은 정치적으로는 군주국(준민족)에서 국민주권 국가(근대민족)로, 경제적으로는 봉건경제에서 국민경제로의 발전 과정으로 파악한다.[37]

36 유럽에서는 민족이 먼저 형성되고 그것을 바탕으로 하여 민족주의가 발생했으나, 아시아—아프리카 신생국에서는 거꾸로 민족주의가 먼저 일어나 민족을 형성하고 있는 것이다.
37 차기벽, 『차기벽저작집 4: 민족주의 원론』.

3 한국의 정치 전략으로 민족주의 담론

민족을 최고의 충성 대상으로 삼을 것을 추구하며 민족의 자주적 독립과 발전을 다른 모든 가치에 우선시하는 정치이데올로기가 민족주의이다.[1] 한국에서의 민족주의는 다른 어떤 이데올로기보다 민족국가 건설과 지배 세력의 정치 활동의 적법성, 정당성이 원천이 되어왔다.[2] 특히 정치적 지도자의 지배이데올로기로서 이승만 정부 시기의 '국민국가 재건', 박정희 정부 시기의 '경제 발전' 및 김대중 정부 시기의 '남북통일'을 민족주의의 주요 담론discourse[3]으로 부각시키고 추동하였다. 대중문화

1 양동안, 「해방공간의 한국정치사상」, 정영훈 외, 『근현대 한국정치사상사 연구』, 성남 : 한국학중앙연구원, 2006, 203쪽.
2 김수자, 「민주화 이후 한국 민족주의 담론의 전개: 6월항쟁-김대중 정권」, 『社會科學硏究』 제14권 2호, 2006, 45쪽.
3 담론이란 아주 간단하게 말하면, 어떤 의미나 관념을 언술로 바꾸는 행위를 말한다. 여기에는 말하는 사람과 듣는 사람이 가정되었기 때문에 담론은 사회 기호학적이다. 한편 담론이 이야기체나 텍스트를 상세히 설명하는 데 그치는 것이 아니라, 어떤 힘의 행사를 은연중에 행사하는 이데올로기적 과정이라고 보는 견해도 있다. 유영옥, 『상징과 기호의 사회과학』, 서울: 홍익재, 2007, 149~201쪽; 유영옥, 「이승만의 업적에 대한 기호학적 해석: 긍정적 평가를 중심으로」, 『한국동북아논총』 제63권, 2012, 262쪽.

에 재현된 민족주의가 정치적 민족주의 담론의 이해관계를 밝히기 위해 우선 이 세 시기에 초점을 맞춰 이승만, 박정희와 김대중 정부의 민족주의 정치 전략을 살펴보고자 한다. 즉, 시기별로 그들의 민족주의 담론은 어떤 차별점이 있으며, 차이를 가져온 요인이 무엇인가에 대해 다루려고 한다. 담론의 실천으로서의 영화 정책에 대한 분석과 대항 세력의 영화 정책과 투쟁의 과정은 다음 장에 이어서 고찰하겠다.

3.1. 이승만의 국가 재건과 국민 통합을 위한 민족주의

일제 식민통치에서 해방된 한반도에서 자주적 국가 건설의 문제는 가장 큰 현안이었다. 그러나 국가 건설이 독립된 정부 수립만으로 완성되는 것은 아니었다.[4] 36년간의 일본 제국주의의 식민지 수탈과 한국전쟁을 통해 국토의 80%가 파괴되었고, 문맹률이 80%이상이나 되던 최악의 국가 상태이었다.[5]

곧 20세기 초 이래 많은 한국인들은 대한제국의 식민지로의 전락이 고리타분한 유교사상에 기인한 것이라 생각했기 때문에 전통사상을 배척했던 반면, 서구 문명을 통해 근대화에 성공한 일본의 사례를 보면서 서구사상에 대한 동경을 갖게 되었다. 그중에서 자유민주주의와 사회주

---

4 그 과정에서 중요한 계기가 된 것은 신탁 통치를 둘러싼 좌우익의 대립이었다. 1945년 12월 모스코바 3상회의에서 한국에 대한 신탁 통치 결의가 있었고, 이에 대해 좌익과 우익은 서로 다른 입장으로 대립하게 된다. 우익은 일관되게 반탁의 입장을 보인 반면 좌익은 내부적 변화를 거쳐 최종적으로 찬탁의 입장을 표명하게 된다. 신탁 통치에 대해 서로 대립되는 입장을 이들은 공통적으로 자신의 입장을 민족주의의 담론으로 정당화하였다. 김동노, 「한국의 국가 통치전략으로서의 민족주의」, 206~208쪽.
5 유영옥, 「이승만의 업적에 대한 기호학적 해석: 긍정적 평가를 중심으로」, 258쪽.

의는 식민지 조선인들에게 가장 매력적인 사상이었다. 또한 해방 이후 한반도는 양극인 미국과 소련의 절대적인 영향력 아래 놓이게 되었다.[6]

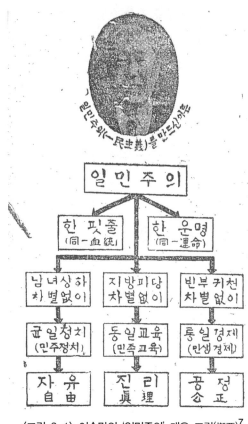

〈그림 2-1〉 이승만의 '일민주의' 개요 그림(概要)[7]

이승만은 해방된 조국에 통합적 민주주의체제를 도입하려고 하였다. 이승만은 통합적 민주주의사상을 일민주의一民主義라고 칭하였다.[8] 〈그림

6 전재호,「권위주의 시기의 한국정치사상」, 정영훈 외,『근현대 한국정치사상사 연구』, 성남: 한국학중앙연구원, 2006, 245쪽.
7 이승만,『일민주의 개술』, 서울: 일민주의 보급 및 회총본부, 檀紀 4287년, 2쪽.

2-1〉에서 보여준 것처럼 '민족은 하나다'라는 의미의 '일민주의'에 대하여 이승만은 "우리는 민족도 하나이며, 국가도 하나요, 국민성도 정치도 문화도 하나"라고 강조하였고, 일민주의의 주요 주창자였던 안호상安浩相은 "국가는 민족의 집이다. 민족은 어떠한 개인과 계급보다 더 귀중하여, 국가는 어떤 단체나 정당보다 더 크다. 민족과 국가를 가장 높게 또 귀중히 여김은 인생의 본성이요, 한 백성 일민의 임무"[9]라고 주장하였다.[10] 여기서 국가가 없이는 국민의 자유도 보장될 수 없다는 이승만의 민족주의 이념이 드러난다.

각기 다른 방식으로 국민국가를 건설하고 근대화 경쟁에 돌입한 남북한 정부는 국가 주도적으로 국민와 인민을 동원하면서 서로의 체제를 견제·경쟁·배제하는 전략을 통해 국가의 정체성을 수립하고자 하였다.[11] 게다가 한국전쟁이라는 북한의 극단적인 통일 정책은 남쪽과 북쪽 모두에서 통일보다 반공反共과 반미反美를 가장 핵심적인 민족주의 담론으로 부상시켰다.[12]

1948년 남북한 정부의 수립은 해방 후 미국과 소련의 분할 점령으로부터 잉태된 분단이 실제화, 현실화되었음을 명확하게 보여 주는 것이었다. 이승만 정부가 당면했던 가장 위급한 문제는 안보 위협과 심각한 치안불안 상태이었다. 1948년 말 소련군이 북한에서 철수할 당시 북한

---

8 양동안, 「해방공간의 한국정치사상」, 203쪽.
9 박찬승, 「20세기 한국 국가주의의 기원」, 『한국사 연구』 117호, 2002.
10 전재호, 「권위주의 시기의 한국정치사상」, 265쪽.
11 김성보, 「남북 국가 수립기 인민과 국민 개념의 분화」, 『한국사연구』, 한국사연구회, 2009, 144쪽; 이하나, 「1950년대 민족문화 재건 담론과'우수영화'」, 『역사비평』 94호, 2011, 391쪽 재인용.
12 전재호, 「박정희 체제의 민족주의: 담론의 변화와 그 원인」, 『한국정치학회보』 32집 4호, 1999, 92쪽.

군대는 남한 군대에 비교할 수 없을 만큼 압도적으로 우세하였다. 이제 한반도에는 두 개의 근대국가가 탄생되었지만 서로를 독립된 국가로 인정하지 않고 서로를 미·소의 사주를 받는 '괴뢰'[13]로 규정함으로서 강한 민족주의와 국가의 정체성 사이에 혼돈과 괴리를 발생시켰다. 더욱이 대한민국 헌법 제3조에 명시된 "대한민국의 영토는 한반도와 그 부속도서로 한다."는 조항과 달리 실제로 대한민국은 38선 이남 지역에서만 승인된 합법정부에 불과하였다는 현실은 이상과 실제 사이의 간극을 어떻게 국민에게 설득해 내느냐는 중요한 문제를 발생시켰다.[14]

민족을 하나의 거대한 공동체로 인식하는 이승만의 생각은 일민주의 一民主義로 표현되었다. 개인의 계급은 물론, 빈부와 남녀를 넘어 "한 동족으로 4천 여 년간 유전하여 온 통일정신을 발휘하여 한 마음 한뜻으로 국가 민족의 행복을 도모"[15]하기 위해서 모두 하나가 되어야 한다는 그의 생각은 민족적 통합을 웅변적으로 보여준다.

이승만은 한국전쟁 발발 일주년 추념사에서 "모든 한인들이 다시 한번 유일한 독립정부 밑에서 한 백성이 되어 자유롭게 살게 될 때까지 이 전쟁을 쉬지 않을 것"[16]이라고 전쟁의 목표를 밝혔다. 그는 "남과 북이 협의해서 통일하면 이는 공산당이 되고 마는 것이므로 이것을 우리가 절대 싸워서 이겨냄으로써 민족이 다시 하나 될 수 있다"고 믿었다.[17] 또 하나 주목해야 할 점은 이승만의 반일운동인데, 이는 정권을 강화시

---

13 Shin, Gi-Wook, *Ethnic Nationalism in Korea*, Stanford: Stanford University Press, 2006.
14 이하나, 「1950~60년대 재건 담론의 의미와 지향」, 『동방학지』 제151권, 2010, 295~296쪽.
15 김광섭, 『李大統領 訓話錄』, 서울: 중앙문화협회, 1950, 135쪽.
16 공보처, "6·25사변 제일주년에 제하여", 1953:56; 김동노, 「한국의 국가 통치전략으로서의 민족주의」, 209쪽 재인용.
17 공보실, 『李大統領 訓話錄』 第2輯, 서울: 公報室, 1956, 13쪽.

키는데 중요한 역할을 하였다. 뿐만 아니라 민중들이 지니고 있는 강렬한 반일감정을 반공운동과 결합시켰다. 논산훈련소에서 "일본과 화동和同하여 국가의 독립과 자유를 발전케 하겠다든가 또한 공산당과 싸우지 않고 평화적으로 통일을 하겠다든가 하는 것은 다시 국권을 일본에게 빼앗겨도 좋다는 것이나, 또 소련을 조국이라고 하는 류(유)의 언동이다"[18]고 연설을 한 바가 있다.

'재건'이라는 단어에는 제2차 세계대전 후 수립된 한반도 남쪽의 신생 독립국가인 대한민국이 스스로의 정책성을 확립해 나가는 과정에서 어떠한 고민을 하였는지가 고스란히 담겨있다.[19] 이 때문에 '재건' 담론의 내용은 정체성을 구성하는 네 가지 키워드- '민족', '반공', '자본주의 근대화', '국민'의 상호 연관성에 따라 시기별로 강조하는 바가 달라졌다. 정부 수립시기 에는 상대적으로 '민족'과 '국민'이 강조되었고, 전쟁시기에는 '국민'과 '반공'이, 전후에는 '자본주의 근대화' 논의가 두드러졌다.[20] 또한 이것이 박정희 체제까지 이어지며 1960년대 전반기에는 '반공'과 '자본주의 근대화', 후반기에는 '국민'이 다시 강조되었다.

대한민국 초대 대통령으로서 이승만 대통령은 민족주의 담론으로 한국전쟁으로 인해 최악의 국가 상태에 빠진 대한민국의 '건설'을 성공적

---

18 조선일보, 1956년 5월 4일자, 조간; 서중석, 「이승만대통령의 반일운동과 한국 민족주의」, 『인문과학』 제30집, 2000, 316쪽 재인용.
19 1950년대까지는 '재건'에 대한 고민이 정부뿐만 아니라 지식인들 사이에서도 폭넓게 논의되었던 것이다. 그러므로 이승만 정부 시기 민족주의의 강조는 국가건설 과정에서 필연적 요인에 따른 것으로 해석된다. 하나는, 조선의 패망과 이어진 일제 통치 기간 이후 자유 민주국가 건설 과정에서 민족적 정체성의 회복이 요구되었기 때문이다. 다른 하나는, 민족국가nation state 건설 과정에서 '민족적 각성'의 요구는 필수불가결한 것이었다. 이러한 점에서 이승만 정권은 '민족주의' 강화에 기반한 이러한 이승만의 배타적 민족주의 강조는 이후 한국인의 민족주의 정체성 형성에 기여를 하게 되었다.
20 이하나, 「1950~60년대 재건 담론의 의미와 지향」, 387쪽.

으로 성취하였다고 볼 수 있다.

우선 '일제 치하'나 '미군정 치하'와 다른 '해방'과 '건국'이 성취되었다. 남한 지역의 많은 사람들에게 '대한민국'은 분단국가였음에도 불구하고 역시 '조국'이었으며 '민족 자율성'이 증진된 결과였다. 그리하여 분단국가 수립을 반대했던 민족주의 엘리트 중 상당수가 기정사실이 된 '대한민국'에 대해 통일 국가 건설의 좌절로만 받아들이기보다는, "평화적 통일론자들이 통일을 위해 활동할 수 있는 공간"이란 적극적 의미를 부여하였다.[21] '대한민국'은 일반 대중에게도 수용되었다. 이는 단독선거에 대한 태도에서 알 수 있는데, 공식집계에 의하면 전체 유권자의 98.3%가 선거인 등록을 하였고 전체 유권자의 85.6%가 투표를 하였다.

그리고 한국전쟁과 냉전은 사회기층 수준에 이르기까지, 전쟁 상황의 직접적 경험은 물론 '국민개병제도'와 '의무교육제도' 등을 통해 '국민'이라는 개념을 확산시키는 중대한 작용을 하였다.[22] 그리하여 '일민족 일국가'란 민족주의의 기존 의제는 대중에게 과거보다 내재화되었고, 기존 의제와 상관없이도 대중은 국민의 삶과 직결된 '대한민국'의 내적 논제가 우선이었다. 비록 대중이 이승만 정부에 대한 불만을 토로할지언정 '대한민국'을 비판하는 경우는 흔치 않았고, 재벌을 욕할지라도 자본주의 자체를 문제 삼는 경우는 극히 드물었다. 즉 종전의 '민족'이란 정체성 외에 '국민'이란 새로운 정체성이 형성·정착되기 시작한 것이다. 양자는 서로를 배제하기보다 양립·중첩되면서 공존하였다. 다만, 후자의 출

---

21 한상구, 「1948~1950년 평화적 통일론의 구조」, 역사문제연구소 편, 『분단 50년과 통일 시대의 과제』, 서울: 사비평사, 1995, 257~259쪽.
22 강인철, 「국전쟁과 사회의식 및 문화의 변화」, 국정신문화연구원 편, 『한국전쟁과 사회구조의 변화』, 서울: 백산서당, 1999, 203~219쪽.

현이 전자의 일정한 약화를 초래한 면이 있으나, '반봉건反封建'의 과제를 상당 부분 진전시킨 과정이었다는 점에서 '반민족적인 것'으로 단순화될 수 없다.[23]

이승만에 대한 평가와 해석은 국가정체성의 확립과 국민 통합이라는 점이 가장 중요한 부분이다. 그가 1904년 옥중에서 집필한 『독립정신』에 드러난 민주국가 건설 구상은 결국 1948년 대통령 중심제의 민주공화국인 대한민국의 탄생으로 나타났다. 이승만이 청년시절부터 추구했던 자유, 평등, 민주주의, 법치주의, 인도주의, 교육을 통한 국민계몽 등의 정치적 이념들이 1948년 대한민국 건국 당시 통치이념과 정책에 충실히 반영되어 오늘날 대한민국의 근간이 되었다.[24]

그러나 이승만의 민족주의는 공산주의를 배제하여 이것을 민주국가의 이념으로 전환하였고, 결국 국가주의적 민족주의가 분단국가의 정치적 이념으로 자리 잡게 되었다. 또한 1950년대 농촌의 피폐는 도시로의 인구 이동을 가속화시켰고, 이로 인해 도시 빈민이 증대하였다. 이러한 농촌의 침체, 도시 인구의 증가, 교육 수혜 계층의 증가에 따라 미국식 자유민주주의의 확산, 1958년 이후 미국의 원조 축소로 인한 한국 경제의 침체 등은 1960년 이승만 정부의 부정선거를 계기로 국민들이 정부 투쟁에 나서도록 만든 사회경제적 배경이 있었다.

---

23 김보현, 「朴正熙 政權基 經濟開發: 民族主義와 發展, 그리고 矛盾」, 성균관대학교 박사학위논문, 2005, 119~123쪽.
24 유영옥, 「이승만의 업적에 대한 기호학적 해석: 긍정적 평가를 중심으로」, 『한국동북아논총』 63권, 2012, 280쪽.

3.2. 박정희의 경제 발전과 '승공통일'을 위한 민족주의

'해방 8년사(1945~1953)' 이후 그 과정이 낳은 결과들은 다음과 같다. 정치적 독립, 봉건적 사회관계의 함몰, '분단국가' 형성, 내전을 동반한 냉전의 심화, '국민' 정체성의 형성 등으로 인하여 일제침략기 이후 존립해 온 여러 민족주의와는 다른 형태의 민족주의가 생성되어 활성화될 수 있는 상황에 다다랐다. '새로운 민족주의'의 구체화와 관련하여, 4·19 혁명 전후의 최대 문제가 대중적 빈곤 문제였던 상황 속에서 자유당, 민주당 등 제도권 정당과 저항엘리트들이 이를 해결하기 위해 선택한 전략과 5·16군사쿠데타의 주역들이 취한 선택을 비교해 본다. 당시 '빈곤 탈출'이라는 강렬한 열망에 가장 적극적이며 인상적으로 대응한 그룹은 다른 누구도 아닌 정치화된 군부였다. 그들의 등장은 대중들에게 일견 두려운 한 편, '희망'의 징후였다. 경제개발이 자본축적의 산업적 측면을 확대하면서 빠른 속도로 '일자리'를 창출하였기 때문이다. 그것은 종전까지 빈곤과 빈곤이 가져온 고통 및 속박에 시달린 대중들이 환영할 수밖에 없는 상황의 진전이었다. 박정희 정부 성립 이후 본격화된 경제개발의 귀결로서 임노동賃勞動 기회의 증가 추세는 '모범근로자'와 같은 유형으로 나타나, 당시 권력블록의 프로젝트를 존립케 한 지지기반이었다.[25]

1950년대 말 이래 국내의 경제 침체와 미국의 원조 축소 및 경제 자립 요구에 따라 한국에서는 제2공화국 자유당 정권 말기부터 경제 발전에

25 김보현, 「朴正熙 政權基 經濟開發: 民族主義와 發展, 그리고 矛盾」, 6~7쪽.

대한 관심이 높아졌다. 민주당 정권기의 '경제제일주의'와 박정희 정부의 '조국근대화', '민족중흥'이라는 슬로건은 그들이 경제 발전을 당대의 가장 주요한 국가목표로 설정하였음을 보여 준다.[26]

박정희도 이승만과 유사하게 민족의 통합을 언급하면서 그 기반은 민족의 영원성에 있다고 주장한다. 박정희는 "민족이라는 것은 영원한 생명체"라고 강조하고, 이어 "민족의 안태安泰와 번영을 위해서는 그 민족의 후견인으로서 국가가 반드시 있어야" 하며 "국가 없는 민족의 번영과 발전이라는 것은 있을 수 없는 것"이라고 하여 민족과 국가를 동일시하였다.[27] 또한 이승만과 마찬가지로 박정희의 집권 초기 '재건'을 중심으로 '민주정치재건'과 '경제재건'을 과제로 제시하고 정책 목표를 설정하였다.

박정희 시대에 민족주의가 경제개발이라는 정치적 목적을 위한 동원의 수단이 된 것은 한국만의 고유한 현상은 아니며, 독일과 일본에서 선례를 찾을 수 있다. 박정희식 개발주의에서 앞선 모범적 사례를 추종하려고 한 흔적이 보인다.[28] 그의 사상에서 경제 발전은 자립경제와 경제적 풍요의 달성은 물론, 국력과 승공勝共통일을 위한 필수적 전제 조건임과 동시에 민족의 독립과 번영 및 통일이라는 민족주의의 다양한 과제를 충족시키는 요소였다. 경제 발전을 실천하는 과정에서 국가는 다양한 방법으로 개인을 산업화 현장에 동원했는데, 그중 가장 효과적인 것은 민족의 이름으로 부르는 것이었다.[29]

26 전재호, 「권위주의 시기의 한국정치사상」, 274쪽.
27 박정희, 『民族中興의 길』, 서울: 광명출판사, 1978, 98~99쪽.
28 김세중, 「5.16-산업화 민족주의 혁명」, 정성화 편, 『박정희시대 연구의 쟁점과 과제』, 서울: 선인, 2005, 91~93쪽.
29 김동노, 「한국의 국가 통치전략으로서의 민족주의」, 현상과 인식제34권 제3호 통권111

개인의 동원에 민족주의가 효과적인 중요한 이유는, 민족주의가 민족이라는 거대한 공동체에 개인을 유기적으로 통합시켜 자기 자신을 버리고 전체를 위해 봉사할 수 있게 하기 때문이다. 박정희는 "개인의 이익만을 생각하는 옹졸한 개인주의"를 버리고 "한국인은 자기의 삶을 공동체 속의 한 부분으로 융합시키면서" 살아야 한다고 역설하였다.[30] "전체의 이익"과 "개인의 이익"이 대립할 때, 개인은 민족의 일원으로서 자기희생과 통제를 통해 합치점을 발견해야 한다고 본 것이다. 개인이 스스로의 선택에 의해 자율성을 지닌 채 민족으로 통합되는 것이 아니라, 자기를 버림으로 민족의 일원이 되는 통합은 개인을 내면으로부터 효과적으로 동원하는 방법이 되었다.

흔히 박정희는 한국의 전통에 기반 하여 민족이라는 유기체적 공동체를 구축하려한 것으로 이해된다.[31] 그는 민족의 저력이 "오천 년의 유구한 전통 속에서" 나오며 전통 중 특히 충효忠孝 사상은 "나와 국가가 사랑의 유대를 통해 둘이 아니라 하나가 되는 일체감"을 줄 수 있는 역사적으로 귀중한 민족의 자산이라고 언급하였다.[32] 이는 서구 민족주의 형성에서 중요한 요인으로 지적된 전근대적 공동체 에스니ethnie를 현대적으로 되살려 국민 통합이라는 민족주의의 목표를 달성시키려는 시도로 볼 수 있다.[33] 민족주의가 국가주의로 전환되며 개인을 국가로 통합시키기 위한 노력이 이와 같은 생각에서 구현되었던 것이다.

박정희가 재래의 전통적 윤리 규범을 부정한 후, 새롭게 찾은 돌파구

호, 2010, 212~213쪽.

30 박정희, 『民族中興의 길』, 19~20쪽.

31 Shin, Gi-Wook, *Ethnic Nationalism in Korea*, pp.103~108.

32 박정희, 『民族中興의 길』, 1~22쪽.

33 Anthony Smith, *The Ethnic Origins of Nations*, p.32.

가 서구적 근대화는 아니었다.[34] 그는 처음부터 근대화가 곧 서구화나 일본화를 의미하지 않음을 분명히 하였다. 오히려 근대화와 더불어 '미국적인 것', '일본적인 것'이라는 수식어가 등장하는데 분노를 느낀다고 하며, 한국이라는 특수한 상황에 맞는 민족적 근대화를 구상하고 있었다.[35] 식민지 경험을 공유한 다른 비서구 국가들과는 달리 한국은 그토록 염원했던 민족 해방의 실현 직후, 민족 분단과 동족상잔의 한국전쟁을 경험한다. 그리하여 민족주의가 다른 어떤 정치이념보다 크고 무거우며 상징성을 내포한 이념이 되었다. 더불어 모든 정치이념의 공통분모이자 모든 정치 세력의 정통성을 평가하는 원천적 언어로 정립되었다. 근대화의 과제와 함께 분단으로 인한 북한과의 체제경쟁 속에서 민족사의 정통성을 확보하고 승공통일을 성취하기 위해서는 사활을 걸고 자본주의적 근대화를 맹렬히 추진할 수밖에 없었다.[36] 이 과정에서 민족주의는 더욱 강렬한 색채를 띠게 되었고, 강력하게 신성화되었다. 민족의 통일과 산업화, 민주화 등 다차원적인 과제를 동시에 수행할 수 있는 여건과 능력이 미흡한 상태에서 민족주의는 불안과 모순을 해소하고자 노력하는 가운데 '채용된' 이데올로기였다.

당시 권력블록power block이 생산한 개발담론의 핵심은 모든 사고방식 및 행동 준거를 '국민적 생산력 향상'에 두어야 한다는 명령적 요구였다. 권력블록의 개발주의가 냉전 상황 그리고 '일민족 일국가'라는 민족주의의 원칙과 접합된 것이 이른바 '승공통일론'이다. '승공통일론'은 통일의

---

34 김동노, 「박정희 시대 전통의 재창조와 통치체제의 확립」, 329쪽 재인용.
35 박정희, 『박정희 대통령 선집 6권·위대한 조상』, 지문각, 1969, 270~271쪽.
36 강정인, 「박정희 대통령의 민족주의 담론」, 『사회과학연구』 제20권 2호, 서강대학교 사회과학연구소, 2012, 41쪽.

사전작업으로서 무엇보다 경제개발을 통한 국력 배양을 강조하였다. '승공통일론'이 하나의 억압 담론으로도 기능하였음은 분명하지만, 그렇다고 일부 연구자의 주장처럼 반민족주의의 징표였다고 해석될 수는 없다. '승공통일론'은 그 타당성 여부와 별개로, 1990년대 이후 실현 가능성이 높아진 '흡수통일론'의 원형原型을 읽어낼 수 있다.[37]

주지하다시피 박정희 정부는 체제의 정당성, 안정, 공고화를 위해 '위로부터의 민족주의'를 추진하였다. 전재호에 따르면, 박정희는 국가 재건기(1961~1963년), 조국근대화기(1964~1971년), 국민총화기(1972~1979년)의 시기별로 정치적 목적에 의해 민족주의 담론의 틀을 새롭게 만들었고 변화를 시도하였다.[38] 그러나 '경제 발전'은 그의 집권기의 변하지 않은 모티브와 키워드였다. 박정희 체제의 민족주의를 구성하는 담론과 구호의 변화는 다음과 같이 정리할 수 있다.

〈표 2-1〉 박정희 체제의 민족주의 담론과 구호

담론	국가 재건기 (1961~1963년)	조국근대화기 (1964~1971년)		국민총화기 (1972~1979년)
경제 발전	경제건설 자립경제	자립경제 수출제일주의, 수출입국		자립경제, 국력배양, 고도성장과 안정, 중화학공업화
반공	멸(승)공통일/선건설후통일		자주국방 선평화, 후통일	총력안보, 국민총화 선평화, 후통일
군사주의			자주국방	총력안보, 국민총화
국가주의	국민 인지도 확립			국민총화, 총력안보, 한국적 민주주의
민주주의	민족적 민주주의	민족적 민주주의		

출처: 전재호, 「박정희 체제의 민족주의: 담론의 변화와 그 원인」.

37 김보현, 「朴正熙 政權基 經濟開發: 民族主義와 發展, 그리고 矛盾」, 5쪽.
38 전재호, 「박정희 체제의 민족주의: 담론의 변화와 그 원인」, 98쪽.

〈표 2-1〉에서 보여 준 듯이 박정희 정부가 반공을 강조한 것은 4·19 이후 등장한 혁신세력 및 학생세력의 통일 운동이 반공 체제를 이완시킴으로써 북한 공산주의자들의 침략에 유리한 환경을 조성시키고 있다는 생각 때문이었다. 박정희는 1961년 5·16군사쿠데타를 주도한 직후 발표한 혁명 공약에서 "반공을 국시國是의 제일주의로 삼음, 반공태세 재정비 강화"까지 격상시켜 강조하였다. 이에 따라 박정희 정부는 '오천 년 이어받은 조국애와 민족혼'을 살려 '조국중흥의 새 역사를 창조'하고 '반공의 정신무장'을 해야 한다고 주장하였다.[39] 이러한 반공이데올로기를 뒷받침하는 기존의 냉전 체제가 변화의 조짐을 보이는 계기는 1971년 미국의 닉슨 대통령은 중국을 방문하고 국교를 수립하였을 뿐 아니라 일본도 중국과 국교를 수립하였다. 또한 1968년 괌 독트린에서 비롯된 주한 미군의 일부 철수가 실현되었다. 게다가 1970년 남북적십자 회담에서 시작된 남북 교류는 1972년 7·4남북공동성명을 이끌어냈다.[40] 이러한 국제정치적 사건들은 박정희 정부 반공이데올로기의 약화를 촉진하였다.

또한 민족주의를 '국민이념으로 생활화'해야 한다고 주장하며 교육을 통해 민족의식을 고취시켜 국민을 민족의 일원으로 만들고, 동원의 효과성을 증명하였다. 1968년 11월 국회에서 만장일치로 통과되고 12월 5일 대통령령으로 선포된 '국민교육헌장'은 민족주의를 국민의식의 제고로 표출시켰다. 국민교육헌장의 첫 구절은 "우리는 민족중흥의 역사적 사명을 띠고 이 땅에 태어났다"라고 규정하여 온 국민에게 전통과 역사가 얼마나 아름답고 영광스러운지를 가르치게 되었다. 나아가 대통령의 지

---

39 대통령비서실, 「1962.11.23. 반공학생의 날 기념사」, 『박정희대통령연설문집2: 제5대 편』, 1973b, 326쪽; 전재호, 「권위주의 시기의 한국정치사상」, 276~277쪽, 재인용.
40 전재호, 「권위주의 시기의 한국정치사상」, 257쪽.

시로 한국역사를 표준화하고 민족화nationalize하는 작업이 진행되었다. 한
국사 과목을 교과과목에서 필수과목으로 지정하고 교과서를 국정교과
서로 만들어 "주관적 학설을 지양하여 민족사관의 통일과 객관화"를 추
구하였던 것이다.[41]

　그러나 박정희 정부는 반공 및 국민의식 양성은 그 자제가 목적이라
기보다는 상위의 목표나 가치를 달성하기 위한 수단의 성격을 띤다. 이
것이 아래와 같이 박정희 대통령의 연설문으로 침작할 수 있다.

> "혁명정부가 반공을 국시의 제일주의로 삼고 양단된 국토 통일의 실력
> 배양에 매진하고 있는 것은 실로 조국 재건의 사명감과 애국 청년 학도의
> 피를 헛되지 않게 하기 위한 신념의 행동인 것입니다.……우리 전 국민
> 은 오천 년 이어받은 조국애와 민족혼을 각자의 가슴 속에 새겨서 당면한
> 모든 국내문제를 해결하고 조국중흥의 새 역사를 창조하는 저력으로서
> 다시금 반공의 정신무장을 새로이 하여야겠습니다."[42]

즉 반공의 목적은 '국토통일', 자유민주주의에 기초한 통일이다. 박정
희는 혁명공약에서 "민족의 숙원인 국토통일을 위하여 공산주의와 대결
할 수 있는 실력의 배양에 전력을 집중할 것"[43]을 주장하여 '선건설 후통
일론'을 제시한 것처럼 박정희 정부의 민족주의 담론의 궁극적인 정책목
표는 사실상 '실력배양', 즉 경제 발전이다. 박정희 정부가 실력배양을
위해 '자주경제재건', '자립경제', '수출제일주의', '수출입국' 등으로 표현

---

41 장영민, 「국사교육의 강화와 국가주의」, 공제욱 편, 『국가와 일상』, 서울: 한울아카데
　미, 2008, 415~417쪽.
42 대통령비서실, 『박정희대통령연설문집 2: 제5대편』, 1973, 21쪽; 전재호, 「권위주의 시
　기의 한국정치사상」, 278쪽, 재인용.
43 한국군사혁명사편찬위원회, 『한국군사혁명사』, 제1편 하, 서울: 동아출판사, 1964, 7쪽.

되는 경제 발전을 강조하였다.[44] 이에 따라 박정희 정부는 1962년부터 '제1차 경제개발 5개년계획'을 시작하였고, 집권 기간 내내 경제 발전 계획을 지속적으로 추진하였다.

그러므로 박정희 정부는 1960년대 후반부터 그동안 별개로 강조하였던 국토통일 수단인 반공과 실력배양의 방법인 경제 발전을 결합시켰다. 곧 박정희 정부는 1967년까지 정책 목표로 발전주의를 표현하는 '증산, 수출, 건설'을 제시한 반면, 1968년에는 정책 목표로 '경제건설에 전 국력 집중'과 함께 반북反北을 표현하는 '국방력 강화'를, 구호로 '일면국방, 일면 건설', '싸우면서 건설하자'를 제시하였고 1969년에도 정책목표로 '국방, 치안 태세의 공고화'와 '경제건설'을 제시하였다.[45] 1968년을 기점으로 한 이러한 변화는 1968년 1월의 청와대 기습사건, 미 푸에블로 호 나포사건, 10월 울진·삼척 지역 공비침투사건, 그리고 미국 닉슨 대통령의 미군 철수 주장과 같은 한반도의 상황에 기인한 것이다. 즉 박정희 정부는 남북 간의 체제 경쟁에서 승리하기 위해서는 군사력뿐 아니라 경제력에서 대북 우위를 달성해야 한다는 논리를 늘 강조해 왔다. 또한 경제 정책이 일정 정도 성공을 거두면서 남한의 국민들은 대북 우위의 가능성을 인지하고 정부의 논리를 받아들이게 되었다.[46]

이처럼 박정희 정부의 경제개발은 한국 근대사 전체에서 매우 중요한 전환국면이 되었다. '자본주의'라는 특수한 사회관계는 현재 우리에게 자연스럽게 느껴지지만, 사실상 한국 사회에 급속히 확산되고 일반화되

44 전재호, 「권위주의 시기의 한국정치사상」, 279쪽.
45 전재호, 「박정희 체제의 민족주의 연구: 담론과 정책을 중심으로」, 서강대학교 박사학위논문, 1997, 56쪽.
46 전재호, 「권위주의 시기의 한국정치사상」, 281쪽.

기 시작한 시기는 박정희 정권기이다. 이 시기 국민경제의 발전과 자립
화에 대한 의도는 물론 촉진시켰다는 점에서도 민족주의의 구체적 사례
로 간주될 수 있다. 자본주의가 갑자기 민족주의로 그러므로 박정희 정
권기는 반민족주의가 아니라 '민족주의의 시대'였던 것이며, 그 시대의
소산 다수가 바로 민족주의의 결과물이었다.[47]

그러므로 박정희 정부의 계몽적 민족주의 경향은 경제개발을 통한 능
동적 정책으로 나타났다. 김보현에 따르면, 박정희 시기 민족주의 담론
은 세 가지 민족과 개인의 동일화에 기초한 '민족중흥론', 정신혁명을
통한 생산성의 근대화를 목표로 한 '생산적 국민' 만들기, 냉전주의와
접합된 민족주의로서 '승공통일론'으로 집약된다.[48] 이와 같은 민족주의
적 특징은 중상주의적 공업화와 성장드라이브에 기초한 경제정책으로
수렴되었으며, 이로 인한 경제개발의 성과로 드러나게 되었다.

〈표 2-2〉 박정희 정부 시기(1960년~1980년) 제조업 성장률

개발도상국 평균(a)	한국(b)	b/a
6.6%	20.3%	307%

출처: World Bank, World Statistics, 1983, Third Edition.

대표적으로 박정희는 1973년 기자회견에서 10년 안에 "100억 달러 수
출, 1,000달러 국민소득, '마이카'시대"를 달성하겠다는 약속을 제시하는
동시에 중화학공업을 발전시키기 위한 계획을 발표하였다. 이에 따라
박정희 정부는 중화학공업화를 위한 6개의 전략산업을 선정하고 국가보

---

47 김보현, 「朴正熙 政權基 經濟開發: 民族主義와 發展, 그리고 矛盾」, 1~2쪽.
48 김보현, 『박정희 정권기 경제개발: 민족주의와 발전』, 서울: 갈무리, 2006.

조를 받는 정책자금을 이들 산업 부문에 집중 투자하였다. 결과는 1970~1980년 사이에 한국경제는 연평균 7.8%의 경제성장을 이룩하였고, 제조업 부문의 성장은 14.8%에 달하였다. 1인당 GNP도 1971년 289달러에서 1980년 1,592달러로 급증하였다.[49]

3.3. 김대중의 대북 포용과 세계화에 대응을 위한 민족주의

대북 포용 정책을 펼친 김대중 정부의 햇볕정책과 김대중의 민족주의를 이해하기 위해 그동안 국제정세의 변화 및 '통일지상주의', '민족공동체'와 '민족 화해' 등 상관 논의를 우선적으로 알아볼 필요가 있다.

한국전쟁 이후 남북한 최초의 대화였던 '7·4공동성명'의 감격과 흥분 속에서 민족주의자 장준하張俊河는 통일이야말로 민족의 지상명령임을 역설하며 "모든 통일은 좋은가?"라는 자문에 그렇다고 스스로 확신하면서 통일지상주의를 갈파하였다. 통일지상주의에 연원을 둔 반외세 논리는 반외세=반미를 최대의 통일전략으로 삼는 좌파 민족주의적 정서 속에 계승되었다고 할 수 있다. 통일 문제는 그 후 정부의 독점적 사안으로 민간 부문에서의 통일 문제에 대한 접근은 원천적으로 봉쇄되었으며, 정부의 통일 정책에 대한 맹목적 수용과 지지 입장만이 의사 표명의 자유를 향유할 수 있었다. 그러나 1987년 민주화 이후 수십 년 동안 억눌렸던 통일에 대한 열정이 봇물처럼 터치면서 1990년대 들어와 동서독 통합

---

49 구해근 저, 신광영 역, 『한국 노동계급의 형성』, 파주: 청작과 비평사, 2003, 57~58쪽; 전재호, 「권위주의 시기의 한국정치사상」, 258쪽 재인용.

의 충격, 노태우 제6공화국 정부의 구소련과 중국과의 국교수립과 북방
정책, 남북한 기본합의서 체결 등의 세계적 냉전 체제의 해체와 한반도
의 정세 변화 그리고 남북한 관계의 급진전 등에 고무되어 마치 한반도
의 통일이 가시권에 들어온 것처럼 통일에의 기대가 한층 고조되는 시기
를 맞이하였다.[50] 6월 항쟁 이후 한국 민족주의 담론 중 가장 많이 논의
되는 것은 통일민족주의이다. 통일민족주의는 특히 '아래로부터'라는 자
발적 성격을 지니며 전개된 대표적인 민족주의로, 주장하는 내용도 민족
통일이었다.[51]

'민족공동체'이념은 1989년 9월에 제시된 「한민족공동체 통일방안」에
그대로 반영되었으며 남과 북이 과거에 공유한 문화와 전통을 회복하고
민족 의 번영을 도모하는, 궁극적으로는 통일국가의 건설방향으로의 인
식의 전환을 요구하는 논리로 제시되었다. 민족공동체 논의와 관련하여
한국 민족주의의 성격과 역할에 대한 관심이 고조되었다. 한국에서 민족
및 민족주의는 국민국가 중심의 국제질서가 존속하는 현실에서 여전히
중요한 이념이며 민족 및 국가의 틀과 개념을 포기하고 역사를 서술하기
는 곤란하다. 더욱이 한국은 아직도 민족 내부의 분열과 외세에 의해
강요된 분단을 극복하지 못한 상태라는 점에서도 민족, 민족주의, 민족
공동체 담론은 여전히 호소력을 잃지 않고 있다. 민족공동체는 '민족복
리'의 구현 영역이라 할 수 있다. 민족복리는 민족의 평화적 통합을 완성

---

50 조민, 「전환기 한국정치사상: 민주화 이후의 한국정치사상」, 정영훈 외, 『근현대 한국
　　정치사상사 연구』, 성남: 한국학중앙연구원, 2006, 330~331쪽.
51 6월 항쟁 이후 '아래로부터' 전개된 통일 민족주의 담론은 재야세력으로 의해 실천으
　　로 옮겨 나갔다. 1988년 전국 대학생 대표자 협의회는 남북청년학생회담 및 8·15 남북
　　통일 축적을 실시했으며, 1989년 4월 문익환 목사의 방북, 6월 임수정이 전대협 대표
　　로 평양 축전에 참석을 위한 방북 등이 대표적인 것이다. 김수자, 「민주화 이후 한국
　　민족주의 담론의 전개: 6월 항쟁-김대중 정권」, 55~59쪽.

시키는 기조 정신으로, 한민족 전체의 삶이 향상되고 복지가 증대되어 민족구성원 모두가 골고루 잘살게 되는 상태를 뜻한다. 그런데 이 민족복리의 기조는 잘못된 민족주의와 구별된다. 때때로 정통성이 부족한 정권은 기득권 수호를 위한 방패로 민족주의라는 상징을 활용하며 강대국이 약소국을 침탈하기 위해 이론적 무기로 민족주의를 악용하는 경우도 있다. 민족복리가 통일된 민족국가에서 자유·복지·인권이 구현되는 상태를 말한다면, 민족복리는 '열린 민족주의' 또는 '민주적 민족주의'가 추구하는 핵심적 가치라 하겠다.[52] 이런 점에서 사회구성원 한 사람 한 사람의 '수평적인 동료의식' 속에서 동질적이고 정서적인 민족적 감정이 보장될 때 비로소 민족공동체와 열린 민족주의의 조화를 기대할 수 있을 것이다.[53]

'민족 화해'는 남한 정부의 대북 정책의 일관된 기조였는데, 김대중 정부의 대북 포용 정책을 통해 크게 부각되었다. 대북 포용 정책은 서독의 신동방 정책의 '접근을 통한 변화' 명제에서 발상의 모티브를 찾았으며, 남북한 평화공존의 실현과 함께 남북 간 화해·협력을 통한 남북 관계 개선을 대북 정책의 목표로 삼아 '선평화 후통일' 정책을 추진하였다. 대북 포용 정책은 점진적 현상타파, 선민족통일 후국가통일 그리고 작은 걸음마 정책 등 신동방 정책의 기본발상을 차용한 형태로 나타났다. 대북 포용 정책은 화해협력 정책과 한반도 평화공존 정책의 두 차원에서 추진되었다. 이에 김대중 정부는 한반도의 평화와 안정을 위해 한반도 냉전 구조 해체를 목표로 삼았으며, 다른 한편 남북한 화해협력은 보다

---

52 통일원, 『김영삼 정부의 3단계 3기조의 통일정책』, 서울: 통일원, 1993, 26~27쪽.
53 조민, 『한국 민족주의 연구』, 159쪽.

많은 접촉·대화·협력을 통한 교류 협력의 증진으로 북한의 개방을 유도하고 궁극적으로 사실상의 통일 상황을 달성하고자 하였다. 그러나 이러한 화해협력을 통한 대북 포용 정책은 북한의 개방과 변화를 유도하는데 한계를 노정하게 되었는데, 이는 서독의 신동방 정책의 기조가 남북 관계에 그대로 적용되기 어려운 한반도 상황의 특수성을 간과할 수 없다.[54]

국가주의적 민족주의가 지배계급의 담론이 되는 동안 민족 통합을 주장하는 민족적 민족주의는 저항계급의 담론이 되었다. 독재 체제에 지항했던 정치적 주체들은 독재와 분단의 떼려야 뗄 수 없는 관계를 인식하고 정치체제의 민주화를 위해 분단 체제의 극복을 요청하였다. 이런 식으로 이들은 통일을 강조하는 민족적 민주주의를 주장하게 되었다. 독재에 저항하는 시기 김대중이 보여 준 논리도 이와 크게 다르지 않았다. 그는 통일의 당위성을 강조하며 민족 구성원을 이념에 상관없이 통합하는 민족공동체의 수립을 주장하였다. 김대중의 민족주의적 입장의 밑바탕에는 민족에 대한 본원주의적 개념이 존재한다. 그는 한민족이 오랫동안 독자성을 지켜 온 문화적 인종적 공동체임을 주장한다. 단일민족으로 오랫동안 통일국가를 유지하며 축적해 온 문화적·역사적 유산은 통일을 위한 자산인 동시에 필연적으로 통일을 이루어야 하는 기반이다.[55]

이러한 생각에 근거하여 그는 통일은 곧 독재정권의 기반을 와해시킬

---

54 조민, 「전환기 한국정치사상: 민주화 이후의 한국정치사상」, 330~331쪽 참고.
55 김대중은 민족의 정통을 인식함에 있어 친일 세력과 냉전 체제의 반공주의를 연결시키고 있다. 단독 정부 수립 이후 이승만은 친일세력을 적극 동용시킴으로써 정통성을 좌절시켰으며, 반공만 하면 어떤 행위도 정당화되는 냉전 체제의 구축과 함께 친일파가 오히려 정당성을 회복하는 역사의 모순을 가져왔다고 그는 지적하였다. 김동노, 「한국의 국가 통치전략으로서의 민족주의」, 현상과 인식제34권 제3호 통권111호, 2010, 217쪽.

수 있을 것으로 믿었다. 그런 점에서 그는 "민족 정통성이 서지 않는 곳에서는 민주 정통성이 설 수 없음"을 주장하였다.[56] 또한 "민주체제의 확립 없이는 통일은 절대 이루어질 수 없다"는 입장을 보여 주었다. 그에게 있어 민주와 통일은 독립적인 관계가 아니라 서로를 필요로 하는 상호 수단과 목적의 관계였다. 김대중의 민족주의에 내포된 통일논리는 민주적 정치 제도의 수립을 위한 도구적 측면이 강하다. 통일의 필요성을 설명하는 주요 논리는 통일이 아닌 상황에서 남북한이 공통으로 가진 부담, 특히 경제적 부담에 근거한다. 통일이 가져오는 효과 중 가장 확실한 군비의 감소와 병력의 감축은 남북한 모두에게 해당되는 경제적 실리이며, 역으로 통일되지 않은 상태가 지속된다면 양측에게 엄청난 타격과 재난으로 작용한다는 것이다.[57]

이런 방식으로 김대중의 민족주의는 점차 실용성을 강조하면서 본원주의적 요소가 약화되었고 세계화에 적응해가는 형태로 변화하였다. 이는 또 다른 형태의 민족주의의 탄생을 의미하지만 전통적 민족적 민족주의자의 입장에서는 민족주의에 대한 왜곡이나 변절로 보이게 되었다. 실제로 IMF 경제 위기 상황에서 실용적 민족주의는 자본의 세계화 흐름을 강화하여 외국 자본을 적극적으로 도입하는 이념적 자원으로 활용되었다. 이에 따라 상당한 규모의 외국 자본이 유입되었고 지나치게 무리한 요구 조건마저 수용하면서 외국 자본의 국내 기업 합병을 지원한 경우도 있다. 이는 본원적 요소가 중요한 민족적 민족주의자에게 상당히

---

56 김대중, 「해방 50주년과 민족통일」, 1995년 1월 20일 강릉대학교 총동창회 초청강연, 서울: 김대중도서관자료, 1995.
57 김대중, 「남북통일과 일본의 역할」, 1995년 4월 15일 공개강연회, 서울: 김대중도서관자료, 1995.

불편한 상황이었으며 일부 전통적 민족주의자는 김대중의 민족주의를 민족주의의 배신으로 규정하였다. 이들은 미국의 부시 정권과 결탁하여 국내 기업과 금융기관을 외국자본에게 판매하였다고 하며 김대중을 민족적 반역자로 비난하였다.[58]

　다른 한편 남북 문제에 대해 김대중 정부는 과거와는 차별화된 태도를 취하였다. 김대중 정부는 남북 문제에 있어 기본합의서의 기조를 그대로 계승한다는 전략으로 햇볕정책에 정당성을 부여하였으며, 점차 국민들의 경직된 대북관을 완화시키려 하였다. 1999년 연평도 부근의 북방한계선에서 남북한 마찰이 있는 등 긴장 속에서도 민간인의 북한 방문을 활발히 전개하며 지속적인 대북 포용 정책을 실시하였다.[59] 이로 인해 햇볕정책이 대북 정책을 통괄하는 유일한 정책으로는 한국 국내 진보 세력과 보수 세력이 정책에 대한 극단적 견해의 분열 현상을 초래하였다.

　김대중 정부는 북한은 더 이상 위협적인 존재로 여기지 않았으며 한반도의 평화적 통일을 목표로 대북한 정치·경제·문화적 관계를 확대해 갔다. 긍정적 측면으로는 경제협력으로 남북교역의 증가(2007년 말 17억 9,000만 달러)와 더불어 개성공단 사업의 본격화, 남북 왕래 인원 증가(약 16만 명), 남북 관계 발전에 관한 법률 및 남북 관계 발전 기본 계획 시행 등이 있다. 장기간 대립과 반목으로 계속되어 온 남북 관계를 협력의 분위기로 바꾸기도 하였다. 그러나 김대중 정부의 대북 포용 정책은 정치적 수사修辭로서 의미는 있지만 현실과 괴리가 있는 측면이 많다. 엄청난 지원, 투자에 비해 이룩한 성과는 상당히 미흡하였고, 김정일

58 백기완,『백기완의 통일이야기』, 서울: 청년사, 2003.
59 김수자,「민주화 이후 한국 민족주의 담론의 전개: 6월 항쟁-김대중 정권」, 59쪽.

정권의 유지 비용을 제공한 수준이었다. 또한 군사 안보문제들에 대한 상호성을 결여함으로써 북한의 핵보유를 방조하였고, 지나친 이상주의와 감상적 자주논리, 그리고 그릇된 역사인식에 빠져 지나치게 북한을 감싸고돌았다는 비판도 받고 있다.[60]

"김대중의 마음 속 깊은 곳에 대한민국의 건국이념을 지키겠다는 생각이 있는 것인지, 아니면 그것을 훼손하더라도 김정일과 거래하겠다는 것인지 헷갈린다. DJ는 대한민국의 체제보다 통일 그 자체에 비중을 두고 있는 것 같다. 왜 그렇게 북한을 감싸는 지 이해할 수 없다."[61]

김대중 정부에서 남북 관계와 통일 문제는 한민족이 스스로 주도권을 가지고 나아가야 할 문제이며, '통일 3대원칙'으로 자주, 평화, 민주의 원칙을 제시하였다.[62] 당시 외환 위기를 극복하여 경제를 회생시켜야 했으며, 남북 관계 안정과 한반도에서 긴장완화를 이끌어내야 하는 현실적인 필요성이 있었기 때문에 북한과 '대결·배제'가 아닌 '화해·공존'을 통해 문제해결과 통일의 길을 선택하게 되었다. 그리고 2000년 6월 남북 정상회담 개최와 6·15공동선언의 채택은 김대중 정부의 '민족주의'적 정체성을 보여 주었다.[63] 그러나 대북 포용정책은 '대북 퍼주기식 지원'

60 우정, 「이명박 정부의 대북 정책과 남북 관계의 발전 방향」, 『북한학보』 제33집 1호, 2008, 145~147쪽.
61 유승민, 「국가와 시장의 갈등, 표류하는 DJ」, 『신동아』, 2001. 9, 104쪽; 남궁영, 「김대중 정부의 대북 정책에 대한 비판적 해석: 남남갈등의 쟁점을 중심으로」, 『국제정치연구』 제7집 2호, 2004 재인용.
62 아태평화재단, 『김대중의 3단계 통일론: 남북연합을 중심으로』, 서울: 한울, 1995, 34~35쪽.
63 백학순, 「김대중정부와 노무현정부의 대북 정책 비교」, 『세종정책연구』 제5권 1호, 2009, 283쪽.

논란 속에서 대북 정책을 둘러싼 '남남갈등'을 초래함으로써 남한 사회 내에서 심각한 국론 분열을 초래하고 말았다.[64]

---

64 남궁영, 『분단 한반도의 정치경제: 남한·북한·미국의 삼각퍼즐』, 서울: 오름, 2010, 23~28쪽.

| 제3장 |

한국 정치사회의 변동과
영화의 전개 과정

1. 국가 형성 과정에서의 영화의 전개
2. 유신체제와 영화의 정치적 기제화
3. 민중문화운동과 영화 시장의 개방

이 장에서는 영화를 처음으로 한국에 도입한 일제강점기부터 현재까지 한국 영화의 변화와 발전, 그리고 어떤 동향과 양상으로 전개되어 왔는지를 전반적으로 살펴볼 것이다. 특히 한국 영화를 둘러싼 정치·사회적 맥락을 해석하여 민족주의 영화를 설명하려 한다. 이는 한국 영화에서 보여준 민족주의를 파악하는데 도움을 준다. 이는 민족주의 성격의 변화가 사회·정치·문화적 상황에서 어떻게 재생산되었는지 분석하는 일과 관련된다.

주지하는 바와 같이 한국 영화 정책의 및 영화계 인력의 유동은 정치 사회의 변동과 연관되어왔다. 더불어 구조주의와 구성주의적 접근으로 봤을 때 민족주의는 '국민국가 건설, 산업화, 민주화'의 산물이기도 하다. 실제로 한국 영화 정책은 일제강점기, 해방기, 건국시대와 한국전쟁, 유신시대, 그리고 87민주화 운동 시기 때마다 큰 변동을 겪었다. 그러므로 본 장에서 "건국, 근대화, 민주화"라는 민족주의적 계기와 한국정치사회적 맥락에 따라 정치·사회와 영화계의 이해관계를 살펴보고 설명하고자 한다.

1

국가 형성 과정에서의 영화의 전개

1.1. 일제강점기 영화의 도입

영화가 최초로 한반도에 상륙한 시기는 조선왕조의 말기였다. 바로 이때 일본이 조선왕조의 정치와 무역을 간섭하는 방식으로 한반도에 침입하기 시작하였다. 이러한 시기상의 부합으로 인해 바로 일제강점기 (1910~1945)에 최초로 한국 영화의 제작과 정부정책이 형성되고 전개되었다. 최초의 식민정책은 식민본국의 영화 정책을 그대로 적용했지만, 1920년대의 영화 정책은 제작과 상영단계부터 검열 및 규제를 시도하였다. 그 후 일제는 점차 영화가 지닌 선전의 힘을 간파하고 이를 보다 적극적으로 활용하기 시작하였다. 만주 침략과 중일전쟁 발발 이후 태평양전쟁을 거쳐 제2차 세계대전에 본격적으로 개입하면서, 일제는 전쟁의 명분을 선전하는 동시에 조선인의 참여마저 독려하는 내용을 담은 일련의 영화제작을 유도하기도 하였다.[1]

1 호현찬, 『한국 영화 100년』, 서울: 문학사상사, 2000, 41쪽.

1910년 한일합방 이후 1945년 해방까지 일제 통치하 36년간 한국은 문화 예술의 다방면에서 일본에 의해 잠식당하였다고 해도 과언이 아니다. 영화는 시선을 끌기 좋은 시각적인 영상 예술이자 재미와 감동, 체험을 동시에 제공한다는 면에서 대중에게 가장 환영받는 문화 예술의 한 영역이다. 1910년 무렵부터 영화는 더 이상 대중들에게 신기한 요술이 아니었다. 경성을 비롯하여 전국 주요 도시에 극장들이 속속 들어섰고, 영화는 오락적인 매체로 자리 잡게 된다.[2] 이것이 조선총독부가 영화를 일본 동화를 위한 선전 매체로 인식하여 적극적으로 이용하게 한 원인이 되었다.[3]

당시의 조선 영화인들은 영화를 한 예술형식으로 탐색할 뿐만 아니라 영화를 통해서 '민족 해방'의 열망들을 표출하였다. '탈식민'을 위한 노력이 민족주의 운동의 일환으로 전개되는 과정은 일제강점기 영화를 통해서 확인할 수 있다. 그러나 일제강점기에 이러한 탈식민을 향한 가열찬 노력들은 점점 가속화되는 일본제국주의자들의 억압과 수탈에 의해 지속적으로 좌절될 수밖에 없었다. 한국 영화가 황국 신민화 정책의 가장 효과적인 선전·계몽의 수단으로 이용될 수밖에 없는 것에는 이러한 일련의 배경이 존재한다.

식민지 지배에 저항하여 전 민족이 일어난 항일독립운동인 3·1운동과 같은 해 1919년, 경성에서 김도선이 일종의 활동사진(=영화의 옛 호칭) 연쇄극Kino Drama[4] 형태의 ≪의리적 구투≫가 제작되었다. 이는 조선

2 *ibid,* 22쪽.
3 한영현, 「해방기 한국 영화의 형성과 전개 양상 연구」, 성신여자대학교 박사학위논문, 2010, 18쪽.
4 연극 공연 중에 영화를 상영하는 극. 연극 무대에서는 표현하기 힘든 정경과 장소를 미리 촬영한 후 필요한 순간에 무대의 불이 꺼지고 스크린이 내려오면 이를 영사하여

인이 처음으로 투자하고 제작한 한국 영화로 간주되고 있다. 당시 조선 민중들은 할리우드 영화를 위주로 관람했는데 이 영화에 대해 지대한 관심과 보편적인 호평을 주었다. 1919년 10월 26일자 '매일신보每日申報'에 는 이 영화의 내용이 통속적이며 배경장면이 서구영화와 비교해도 손색 이 없다는 평론을 내주었다. 3·1운동 이후 일본 징부가 한반노에 대한 식민 정책을 조정하였다. '문화통치'를 대폭적으로 실행하여 한글신문의 발행을 허가하고 공공교육을 발전시켰다. 그러나 이러한 '문화 정책'들 은 일본 정부가 세계 여론의 비평에 대한 대책에 불과하였다. 사실상 신문 내용에 대한 심사 정치운동을 억압한 정책은 근본적인 변화가 없었 다고 볼 수 있다.

이러한 정치적인 변화는 1920년대의 한국 무성영화의 제작 과정에서 보여 주었다. 1923년에 만들어진 영화 ≪월하의 맹서≫는 한국 무성영 화 시대의 막을 열게 되었다. 이 영화는 조선 총독주의 재정으로 제작하 여 정부의 선전영화로, 민중들이 은행에 저축하고자 한다. 한국 내부에 서 만들어진 최초의 극영화라는 것, 각본, 감독, 출연 모두가 한국인의 손으로 되었다는 것은 획기적인 하나의 이정표가 되었다.[5] ≪월하의 맹 서≫도 관객들의 일치한 호평을 받았다. 같은 시기 일본의 영화제작사 와 한국의 극장 소유주가 '동아문화협회Dong-A Cultural Association'를 성립하 였고, 1923년에 하야가와 고슈早川孤舟에 의하여 조선시대부터 즐겨 얘기 하던 '춘향전'을 영화로 만들어냈다. 영화 ≪춘향전≫의 흥행도 대성공 이었다.

연극의 줄거리가 영화 장면으로 연결되는 방식이다.
5 이영일, 『한국영화전사』, 서울: 소도, 2004, 74쪽.

조선인과 함께 제작한 한국 영화의 흥행이 가속화되자 영화제작사도 속속히 등장하여 이 시기에 총 7개 영화제작사가 성립되었다. 그중 1924년에는 한반도에 설립된 최초의 영화제작사인 '조선 키네마 주식회사 Chosum Kinema Co., Ltdo'가 등장하게 된다. 이 영화사는 부산에 거주하는 일본인 실업가들이 설립한 것으로 사장은 나테 오도이치였다. (이외에 요도 도라조가 설립한 '조선 키네마 프로덕션' 등이 있었다.)

대다수의 일본제작사는 조선 관객들의 취향을 맞추려는 소재를 선정하여 영화를 제작하였다. 심지어 당시 한반도에서 만든 영화들을 일본에 수출하고 개봉하기도 하였다. 그러나 대부분 일본인이 만든 영화들은 조선 신문매체의 날카로운 비평만 받았다. 1925년 1월 1일자 '매일신보'에서는 일본인들이 제작한 영화는 조선의 이야기를 흉내 내는 수준에도 달하지 못하는 영화라고 비평하였다. 이러한 비평이 있는 반면에 조선 대중들은 일본인들이 만들었지만 영화 속에서 보여 준 친숙한 한국 지리, 인정과 풍속을 공급하는 영상들의 매력에 빠져 근대적 서구 문물을 소개하는 할리우드 영화보다 더 많은 관심을 보내 주었다.

한편 1920년대 중후반 영화 산업기술을 독식하는 일본제작사와 조선 영화인들 간의 갈등이 점차 심화되어 조선 영화인들이 자신의 독립제작사를 만들기 시작하였다. 1925년 1월 조선 키네마 주식회사에서 몸담고 있던 윤백남이 회사에서 독립하고, 조선인의 손으로 만든 첫 번째 영화제작회사 '윤백남 프로덕션'을 창립하였다. 같은 해 윤백남의 성공으로 격려를 받아 만든 '고려영화제작소Koryo Kinema'와 이필우가 만든 '반도 제작사Bando Kinema'가 있었다. 그러나 1920년대 영화사의 성립과 함께 나타난 영화의 주제를 살펴볼 때, 대체적으로 '신파적'[6] 요소를 가진 경우가 많다. 일본 자본과 기술을 토대로 하여 시대상과 거리가 먼, 사랑 이야기 등에 국한된 신파 통속극이 제작되었다. 일본인들이 의도적으로 사랑 이야기 같은 통속적인 멜로물을 만든 것은 조선의 식민지 현실과 사회적 모순에 눈을 감고 저항을 무력화시키는 방법 중 하나였다. 조선인에게 재미를 주고 생활의 위안이 되었던 영화는 일세의 조선 통치를 도와주는 중요한 수단으로 인식되었다.[7]

1919년 3·1운동의 여파로 인한 문화통치가 이루어지면서 문화 예술 전반에 대한 체계적인 제도가 마련되었다. 문화 부문에 대한 억압이 더 심해지고 사실상 좌익 운동과 민족 운동에 대한 검열이 시행되었다. 1924년부터 수입영화의 내용에 대한 검열을 시작하면서 특히 서구의 자유주의 사상을 내포하는 영화의 수입을 경계하고 차단하도록 하였다. 조선인이 일본의 식민통치에 반항하는 이데올로기를 조성할 수 있기 때문이다. 1926년에는 '활동사진 필름 검열규칙'을 통해 검열을 일원화시키고 조선인의 문화 예술 활동전반에 대한 통제를 좀 더 강력하게 시행하기에 이른다. 1928년과 1934년에 재정된 '활동사진 영화 취재 규칙'은 진일보하게 수정되어 '공공안전을 방해'할 수 있는 정부에 대한 반항사상 혹은 '공공도덕을 위해'할 수 있는 애정묘사 등의 소재를 제작과 수입이 다름이 없이 모두 금지 규정에 취하였다.

비록 1920년대 말부터 1930년대 초에 이르는 기간 동안 일본 정부의 조선에 대한 문화 억압이 갈수록 심해졌지만, 한국 영화의 생산량이 오

---

6 '신파극'이란 말은 일본에서 전래된 예술용어로서, 메이지明治 중기에 나타난 말이다. 일본의 전통 연희인 구극舊劇, 가부키에 대항해서 나타난 것으로, 대체로 가정비극과 화류비련극花柳悲戀劇의 로맨스, 인성물 등 단순한 줄거리로 관객의 값싼 감상을 유도하여 눈물을 짜내게 하는 이야기들이었다. 호현찬,『한국 영화 100년』, 23쪽.
7 한영현,「해방기 한국 영화의 형성과 전개 양상 연구」, 22쪽.

히려 늘어났다. 그뿐만 아니라 이 시기는 한국 민족주의를 표현하는 영화의 시발 시기였다. 그 특성은 검열을 피하기 위해 민족주의 정서를 시적인 현실주의 수법으로 이용하여 전달되었다. 이때부터 조선 영화인들이 영화를 더 이상 오락상품으로만 보지 않고 이데올로기를 표현하는 수단으로 삼게 되었다.

나운규가 제작한 1926년 ≪아리랑≫, 1928년의 ≪사랑을 찾아서≫와 이규환이 제작한 1932년의 ≪임자 없는 나룻배≫는 일제에 대한 민족적 울분과 항거를 표현하였다는 점에서 경향파 영화[8]로서 의미가 있다. 이러한 경향성이 강한 영화가 출현할 수 있었던 것은 당시 사회주의 민족 운동이 조선에서 대두하기 시작하던 시기였기 때문이다. 일제의 식민지 지배 정책은 한국에서 사회주의와 사회 운동이 급속히 확장되는 밑바탕이 되었다. 3·1운동이 가져온 일제에 대한 민족적 항거의 정신이 문화정치를 가능하게 한 원인이 되었다면, 사회주의는 문화통치 아래에서 어느 정도 사상적인 자유로움을 맛보다 민족적 저항을 모색하게 된 것이다.[9] ≪아리랑≫ 등 영화의 출현은 분명 당대의 사회적 분위기와 연동되어 있었다.

1937년 중일전쟁 발발 후, 일본 식민정부가 조선의 민족문화를 말살하는 정책을 실행하기 시작하였다. 예컨대 조선인이 일본 이름을 쓰도록 강요하고, 강박적으로 징병제를 실시하거나, '동아일보東亞日報'와 '조선일보朝鮮日報' 등 한국어를 사용한 신문을 폐간하고 언론의 자유를 구속하였다. 1938년부터 영화에 한국어를 사용하는 것을 금지하며 독립한 조선

---

8 1920년대 말에는 자본주의적 생산 양식과 착취적인 취득 방식의 모순을 해결한다는 명분 아래 계급의식의 고취를 내세운 카프그룹, 곧 경향파傾向派가 모습을 드러냈다.
9 서중석, 『한국현대민족운동연구』, 서울: 역사비평사, 2002, 87~89쪽.

영화제작사를 일본영화제작사와의 자본 병합을 강박하였다. 더불어 수입 영화의 양은 원래의 1/3로 감소시키고 2차 세계대전 기간에 정부의 선전영화의 상영을 강화하였다. 간접적으로 조선 영화인이 수입 영화의 개봉을 통해 얻은 이익으로 영화를 제작할 수 있게 하는 자본을 차단함으로 영화는 완전히 자유를 잃있다.

1920년대 후반에는 강력한 민족주의와 투쟁 정신을 드러내는 영화를 제작함과 달리, 1930년대 초에는 조국을 상실한 국민을 민족주의 사상으로 인도 및 계몽하기 위하여 정신이상자, 실패자, 노숙자, 범죄자 등의 인물을 구성하였다. 거기에 '지식이 힘이다'라는 슬로건에 초점을 맞추어 민족의 단결을 강조하고 민족 해방의 열망을 간접적으로 표현하였다.

1940년 〈조선 영화령〉이 발표되면서 조선 영화계는 거의 절망 상태에 빠지게 된다. 〈조선 영화령〉은 일본의 영화령을 그대로 가져와서 조선에 적용한 것으로, 일제의 정책에 찬동하지 않는 영화는 전혀 제작할 수 없다는 것을 명확히 하였다. 영화계에서는 '조선 영화주식회사'[10]를 발족하여 일본 군국주의 파시즘을 위한 국책 영화를 제작하기 시작하였다. 태평양 전쟁기에 친일영화는 다양한 성격을 가지고 있었는데, 당시 영화는 일본 정책을 우회적으로 옹호하고 계몽을 하는 식으로 조선 사회의 현실과 모순을 드러내고 일본이 조선에 비해 우월함을 비교하였다. 나아가 조선인의 '내선일체內鮮一體'를 강조하고 '황국신민皇國臣民'이 될 것을 적극적으로 옹호하기도 하였다.[11] 예를 들어 1943년 박기채의 영화

10 '조선 영화주식회사'는 총독부가 관할하는 영화사로서 조선 내의 영화사 10개를 폐쇄하고 조선 영화인협회까지 흡수, 해산하였다. 사단법인 조선 영화주식회사는 총독부의 관할하에 전쟁 수행의 선전 기관으로서 이용 영화를 제작하였다. 한영현, 「해방기 한국 영화의 형성과 전개 양상 연구」, 22쪽.
11 구견서, 「일본 식민지의 영화와 시대성」, 『일본학보』 제65집, 한국일본학회, 2005, 628쪽.

≪조선해협≫이 있었다.

단언컨대 일제의 식민 통치하 조선 영화의 생산은 정상적이고 산업적인 기반 없이 일본 정부의 엄격한 검열과 억압을 경험하면서 조성되었다. 즉 한국 영화를 제작하는 자금은 주로 일본인이 가진 극장의 박스오피스의 이익에서 제공이 되었다. 일제강점기 동안 한반도에는 총 70개의 영화제작사가 존재하였다. 모두 157편의 영화가 제작 되었는데, 그중 영화 한 편만 제작한 회사가 50개 정도였다. 이 157편의 영화 중 3/4 정도는 통속적인 극영화였다. 그리고 해방기 직전 전국에서 140개 정도의 극장이 성업하였다.

일제강점기의 영화 정책은 식민 논리를 정당화하고 조선의 민족주의 및 사회주의운동을 억제하는 데 총력을 기울였다. 영화 정책을 결정한 것은 조선 내의 영화 산업이 아니라 조선과 일본을 둘러싼 여러 정치 상황이었다. 예컨대 3·1운동, 만주사변, 제2차 세계대전 등의 사건과 일본의 대응이 영화 정책에 직·간접적으로 영향을 끼쳤다. 이것은 정책의 최종적 결과물인 법규를 통해 나타났는데,[12] 이런 통제 중심의 영화 정책은 결국 오랫동안 한국에 영향을 미쳤다.

---

12 조준형, 「일제강점기 영화 정책」, 김동호 외, 『한국영화 정책사』, 서울: 나남출판, 2005, 45~46쪽.

1.2. 해방과 건국 시대 영화계의 재건

1945년 일본의 8·15항복으로 태평양 전쟁의 마침표를 찍으면서 한반도의 해방이 명시화되었다. 그러나 해방 직후 38선을 기준으로 남과 북을 나누어 소련과 미국의 신탁 통치를 받게 되자 한민족의 독립국가 탄생은 미완의 과제로 남아있었다.[13] 해방기는 탈식민 문제에 있어 그 어느 시기보다 좌·우익의 극심한 진영론으로 나뉘고, 갈등이 심화되었다. 이는 미국과 소련의 신탁 통치에서 시작된 해방기의 역사적 성격에서 기인한다. 해방 직후부터 좌익과 우익은 서로 다른 민족 국가의 모델을 구상하고 있었다. 민족국가에 대한 이상은 서로에 대한 비판과 비난, 그리고 갈등과 대립 속에서 형성되는 것처럼 보였다. 해방기 한국 영화는 좌우익 진영논리가 각축을 벌이는 상황에서 단체를 결성하고 영화를 제작·상영하였다.[14] 그러므로 해방기 영화에서 나타난 민족주의를 살펴보려면 좌·우익 진영[15]의 논리와 함께 영화 단체 형성에 관여한 사람 및 단체의 성립과 그 특징을 파악해야 한다.

한국인은 해방 후에도 주권을 쟁취하지 못하였고, 일본군이 미군에게 정권을 이양하는 모습을 보고 있을 수밖에 없었다. 지속적인 외세의 개입으로 민족의 내부 역량을 펼칠 기회가 없었다. 해방이 되었다고 해도 총독부에 태극기가 게양된 적은 하루도 없었고, 일장기가 내려진 후에는 성조기가 올라갔다. 이는 해방을 전취戰取하지 못한 한국인이 겪어야만

---

13 한영현, 「해방기 한국 영화의 형성과 전개 양상 연구」, 52쪽.
14 *ibid*, 50~51쪽.
15 해방기의 좌·우익의 민족운동은 좌익 측의 여운형과 박헌영, 우익 측의 김구와 이승만으로 대표되는 인물 중심으로 편성되었지만 각 진영의 내부에도 이념과 헤게모니 문제로 인한 층위가 존재하였다.

했던 시련이었다.[16] 한국의 실정에 대해 몰랐던 미군정 사령관 하지
Hodge 중장을 비롯한 지휘관들은 기존 일본 관리들을 계속 채용하여 쉽
게 해방 후 한국의 혼란을 수습하려고 하였다. 이러한 역사적 사실로부
터 친일파 및 일제 잔재의 청산은 이미 시작부터 순조로운 진행은 불가
능한 상황적 한계를 지녔다고 할 수 있다.

미 국무부의 중립적인 정책 표방과는 달리, 미군은 한국 진주 후부터
우익을 지원하고 좌익을 견제하는 정책을 구사하였다.[17] 미소공동위원
회의 신탁 통치에 대한 엇갈린 의견과 대립, 그리고 10월 항쟁 등으로
인해 좌익과 우익의 이념적 간극은 점점 벌어졌다. 그리고 좌익은 남한
에서 세를 잃었고, 결국 미국을 등에 업은 우익 세력의 남한 단독정부
수립이라는 결과를 가져온다.[18] 1945년 8월 19일에 서둘러 미군정청은
조선관계보도부에 '조선 영화건설본부Chosun Film Construction Headquarters'를
설치하였다. 이와는 별도로 11월 15일에 '조선프롤레타리아영화동맹'이
결성되었는데, 이 두 조직은 1945년 12월 16일 '조선영화동맹'으로 통합
되었다. 그리고 일제강점 말기에 상하이 등 곳곳에 망명한 조선 영화인
들이 다시 한반도 땅에 돌아와서 일본조선 영화협회주식회사의 기계와
스튜디오를 접수하였다. 그리하여 새로운 조선 영화계를 만들어냈다.

'조선영화동맹'은 일제 잔재의 청산을 위해 일제강점기 동안 일본을
위해 영화 활동을 했던 자들의 비판을 촉구하였다. 나아가 그들은 철저
한 자기비판을 통해서만 새로운 영화 동맹이 가능하다는 점을 강조하였

---

16 이완범, 「해방 직후 국내 정치 세력과 미국의 관계, 1945-1948」, 박지향 외, 『해방직후
   사의 재인식2』, 서울: 책세상, 2006, 70쪽.
17 이완범, 「해방 직후 국내 정치 세력과 미국의 관계, 1945-1948」, 82쪽.
18 1948년이 남한 단독정부 수립은 좌익이 남한에서 완전하게 철수하는 계기를 마련하였
   다. 더 이상 좌우의 합일된 통일 민족 국가 성립의 가능성은 사라지게 되었던 것이다.

다. 친일 영화인들에 대한 철저한 배제보다는, 비록 실천되지는 못했지만 자기비판과 반성을 통한 '조선영화동맹'의 정치적 성격을 보여 준다. 그러므로 영화를 통한 민중의 계몽 목적은 바로 일제의 잔재 청산과 봉건성의 탈피, 그리고 민주주의 질서의 확립에 있다고 본 것이다. 좌익 진영이 내세운 이러한 이념적 원칙을 반영한 영화제작과 그것을 통한 대중 홍보와 선전, 계몽을 주목적으로 하게 된다.[19]

그러나 조선영화동맹을 중심으로 한 좌익 진영의 대중 계몽 운동은 미군정이 시행한 영화 검열 정책으로 인해 어려운 상황에 처한다. "1946년 4월 12일부터 법령 제68호를 발동하여 일정 시대에 경무국 소관이던 검열사무를 공보국 영화과로 이관하는 동시에 새로 만드는 영화이고 그 전 영화이고 간에 영문으로 영화 대본 세 통을 만들어 제출하라는 것"[20]은 조선 영화를 말살했던 일제의 검열 정책의 연장선상으로 느낄 수밖에 없었다.[21]

이러한 상황은 1946년 10월 18일부터 공포 실시된 미군청정 법령 제115호를 통해서 한층 강화된다.[22] 이 제도는 본격적으로 영화동맹 등 좌익의 문화 예술을 억압하려한 것이다. 미처 영화관에 걸리지 못한 영화를 소규모 집단을 대상으로 상영할 수 있는 기회를 차단하고, 영화

---

19 추민, 「영화 운동의 노선2」, 『중앙신문』, 1946년 2월 26일자.
20 「영화검열 파문/조선 영화계 중대 난관에 봉착」, 『자유신문』, 1946년 5월 5일자.
21 한영현, 「해방기 한국 영화의 형성과 전개 양상 연구」, 77쪽.
22 1946년 10월 8일 제정된 재조선미국육군사령부 군정청 법령 제 115호 제3조 영화의 허가 부문의 내용을 살펴보면 다음과 같다. (가)영화 관람-조선정부 공보부는 영화공연 전 그 적부를 조사하여 공보부 정㤠 표준에 해당한 영화 허가를 할 권리와 의무가 있음. (나)불허가 영화의 금지 - 자연인, 법인을 막론하고 자신 또는 타인을 통하여 전항의 규정에 의하여 허가되지 않는 영화를 공연의 목적으로 배급 또는 공연함을 금함, 본 령에 위반하여 배급 또는 영사한 영화는 몰수함. 본 령은 미군부 또는 그 대행기관이 상영하는 영화에는 적용치 아니함. (다)공연의 정의 - 본 령이 공연이라 함은 입장료의 유무를 막론하고 15명 이상이 집회한 장소에서 영화를 영사함을 지칭함.

자체를 사전에 검열하는 법규였다. 민중계몽을 목적으로 한 좌익 진영의 활동 자체를 근본적으로 막았던 것이다.

우익 문화 예술 단체는 좌익만큼 해방 직후 조직적으로 대응하지 못하였다. 좌익은 공산당의 지령과 이론이 확고하여 따르면 되었던 것에 반해, 우익 진영은 그런 면에서 덜 조직적이었기 때문이다. 1945년 9월에 '조선문예협회'와 '대한문예협회'가 결성되었으나 특별한 활동이 있지는 않았다. 그런데 1946년 3월 결성된 '전조선문필가협회'는 해방기의 대표적인 친일파 지주 세력이 대거 의원으로 포진했던 한민당의 비호 아래 있었다. 한민당의 재정적 후원과 정치적 역량이 모인 단체가 바로 '전조선문필가협회'라고 할 수 있다. 비로소 우익 단체도 정치력과 조직력을 갖추게 된 것이다.[23]

한국 영화의 우익 단체로는 우선 '영화감독구락부'를 들 수 있다. 1946년 3월 1일에 결성되었고, '영화감독구락부'는 감독들 사이의 친목도모와 민족문화 구상을 위한 모임임을 밝혔다. 이 모임은 정부 수립 후 '대한영화협의회'를 만든다. 또한 '전조선문필가협회'의 회원이 대거 가입한 조직이 1946년 11월 4일 만들어진 '조선영화극작가협회'이다.[24] 우익 영화단체들이 강조하는 것은 '민족'을 전면에 내세우는 영화이다. 민족의 마음과 생활, 감정을 잘 파악하여 기획해야 하였던 것이다. 한국 영화의 나아갈 방향은 민족의 이름으로 통일성을 강조하고 체제에 부응하는 것이다. 이러한 주장은 정신적인 통일을 통해 단일한 민족주의를 구현하려 했던 이승만 정부의 이데올로기와 맞아 떨어졌다.

---

23 *ibid*, 85쪽.
24 「영화작가협회발족」, 『자유신문』, 1946년 11월 10일자.

미군정은 자신들의 본부 요원에게 영화제작 촬영특권을 부여하고 〈활동사진 취재령〉을 공포하였다. 영화계는 식민지 시대에 엄격했던 〈영화제작촬영령〉의 사슬에서는 벗어났지만, 활동사진 상영허가제나 검열제도는 군정기에도 여전히 잔존하였다.[25] 이 시기 영화인들은 미군정의 요구로 뉴스 및 다큐멘터리 영화, 또한 '해방영화'와 '광복영화'를 제작하였다. 〈활동사진의 취체에 관한 포고령〉을 발표하여 좌익의 활동의 규제, 친일영화 상영의 묵과, 친미적 인물들에게 적산 극장을 불하함으로서 남한의 영화인들의 반발을 샀다. 이러한 국면에서 조선영화동맹은 민족이 주체가 되는 영화 재건에 관한 운동을 벌이게 된다.[26] 그런데 이들의 운동을 살펴보았을 때 흥미로운 사실을 발견할 수 있는데, 재건의 핵심이 '국영제'의 도입에 있다는 점이다. 영화 산업이 국영화 되면 제작 자본의 충당의 측면에서는 효율적이지만 국가가 절대 선의를 가지고 있지 않는 한, 여러 파시즘 국가의 영화 선전물의 예에서 보이듯이 영화가 국가의 기구화가 될 수 있다는 위험성을 내포하고 있기 때문이다.[27]

해방기는 식민지 세월을 벗어나 새로운 민족국가 형성을 향해 가는 '전환기'로서의 의미를 지니고 있었다. 그러나 식민지 해방이 곧 독립으로 이어지지 못하였다. 한국전쟁 이전까지 문화예술 영역, 특히 영화계는 일제강점기의 문제를 해결하는가 싶었는데, 상황이 따라주지 않았다.

---

25 호현찬, 『한국 영화 100년』, 83쪽.
26 조선 영화 동맹의 미군정기 활동에 관해서는 이효인, 「해방 직후 한국 영화계와 영화운동」, 한국영상자료원 편 『한국 영화의 풍경(1945~1959)』, 서울: 문화사상사, 2003; 金晴江, 「현대 한국의 영화 재건논리와 코미디 영화의 정치적 함의(1945-60)」, 『진단학보』 제112호, 2011, 29쪽 재인용.
27 金晴江, 「현대 한국의 영화 재건논리와 코미디 영화의 정치적 함의(1945-60)」, 29쪽.

'해방'을 진정한 '해방'이 되지 못했던 이유는 바로 좌우익의 대립과 이를 뒤에서 지원하던 미국과 소련의 힘겨루기 때문이었다. 미군정과 미국, 각각의 이해관계와 정부 수립 초기 반공을 강조하는 남한의 입장이 만나면서 독특한 화학작용이 일어났다. 우선, 미국은 제2차 세계대전 이후 자신을 중심으로 하는 세계질서 재편을 위해 남한 사회의 기본적인 질서의 유지가 필요하였다. 그러므로 통일이나 단일한 민족국가 형성 등 한국의 근본적인 염원에는 관심을 두지 않았고, 자칫하면 냉전 질서에 걸림돌이 될 가능성이 있는 국내 좌익세력을 견제하고 제거하려고 하였다. 더불어 미국의 영화 산업 소비지라는 경제적 이해관계로 인해 미군정은 자국의 영화 산업을 위한 정책을 펼쳤다. 아울러 남한 민중의 계몽을 목표로 미국적 시각을 이식하려는 미공보원USIS의 활동이 활발하게 진행되었다.[28]

좌우익 문화 예술 단체가 남긴 영화의 특성은 해방기 한국 영화에 나타난 민족주의를 분석함에 있어서 필수적이다. 그런데 현재 남아 있는 한국 영화의 대부분은 우익 진영의 논리를 표현한 것이다. 해방기에 제작 및 상영된 영화는 총 64편으로 알려져 있으나 이 중 필름으로 남아 있는 것은 겨우 10편 정도이다.[29] 이 시기에 '해방영화'와 '광복영화'는 식민 통치에서 벗어나는 해방의 감격과 민족주의 성향을 표현하는 애국적인 소재로 만든 영화들이 대부분이었다. 실화를 바탕으로 혹은 픽션한

---

28 미국을 중심으로 한 서구 문명의 보호와 확산, 그리고 미국의 이익 극대화에 관심을 두고 있던 2차 대전 이후 미국의 대외문화 정책을 반영하고 있었다. 심지어 미군정 당국은 미공보원USIS과 같은 기관을 동원해 미국의 관점과 입장에서 제약한 일련의 문화영화들을 제작 상영함으로써 그러한 관점을 남한 사회에 다시 부과하는 활동을 펼치기도 하였다.

29 필름으로 확인할 수 있는 영화는 ≪자유만세≫, ≪독립전야≫, ≪검사와 여선생≫, ≪마음의 고향≫, ≪무궁화≫, ≪해방뉴스 특보≫ 1호~4호이다.

시나리오로 민족의 해방을 위해 투쟁하는 애국자와 영웅을 묘사하였다. 식민 통치의 고통과 절망을 보여 주는 이 시기의 대표작은 최은희의 ≪자유만세≫(1946), 신경균의 ≪새로운 맹서≫(1947), 전창근의 ≪해방된 내 고향≫(1947), 김영순의 ≪불멸의 밀사≫(1947) 등이 있다.

정부가 수립됐으나 오래되지 않아 한국전쟁이 발발하였고, 영화 관련 법령을 정비할 여유는 없었다. 일제와 미군정기의 관련 법령이 그대로 준용되었다. 전쟁이 발발하자 영화인들은 군 소속으로 종군 활동을 하면서 이후 시기 영화제작을 위한 인적 토대를 다시 갖출 수 있었다.[30] 대부분의 영화인들이 진해·부산·대구의 군부대에서 종군 다큐멘터리 제작에 참여하였다. 전쟁 상황과 국군 및 UN군의 승전소식을 전해 국민들의 지지를 확보해야 했으므로 전시 상황을 촬영하였고(종군 다큐멘터리), 전쟁의 기억을 환기해 체제와 전쟁의 정당성을 알리려 하였다(극영화). 국방부 정훈국 촬영대(≪국방뉴스≫), 미군 제502부대와 미공보원(≪전진대한보≫와 이를 1953년 5월 1일 개칭한 ≪리버티뉴스≫), 공군 정훈감실 촬영대(≪공군영화≫), 해군 촬영대 그리고 협동영화제작소 등이 주축이 되어 종군 다큐멘터리를 제작하였다.[31]

전쟁 발발 후, 1950년 7월 4일에 국방부 촬영대가 발족된다. 1952년 1월에 국방부 안에 '국군영화제작소'가 발족되었고, 1953년 7월에는 국군영화제작소가 국방부 정훈국 영화과로 이름이 바뀌었다. 이후 1960년 1월 다시 국군영화제작소로 독립·운영되다가 다시 정훈국 영화과로 귀속되었고, 마침내 1963년에 국군영화제작소로 독립 승격되었다. 이 기

---

30 조준형, 「한국반공영화의 진화와 그 조건」.
31 정종화, 『(자료로 본)한국 영화사』, 서울: 열화당, 1997, 138~145쪽; 한국영상자료원 편, 『한국 영화의 풍경: 1945-1959』, 서울: 문학사상사, 2003, 93~107쪽.

구는 1981년 11월 군신문, 군방송과 함께 국군홍보관리소 영화부로 통합되었다.[32]

한국전쟁을 경험하면서 사회에 같은 정체성을 지닌 '민족' 공동체를 구축하는 작업이 진행되었다. 이 과정에 '민족의 수난서사'를 활용하여 한국전쟁을 기념하고 되살리며 극적으로 기억하는 방법이 동원되었다. 당시 영화인들은 자신들이 매우 중요한 임무를 맡고 있음을 이미 자각하였다.

일제강점기 때부터 활동하였던 영화감독 이규환은 1954년의 예술원 회원선거에서 '25인의 예술인'으로 선정된 직후 한국 국산영화를 생산하여 해외로 진출시킴으로써 외국인들에게 진정한 한국관觀과 한국인의 참다운 모습을 보여주겠다는 포부를 밝혔다. 이규환과 같은 영화인들은 국산영화, 곧 한국 영화가 '한국인의 참다운 모습'을 드러내고 '문화민족' 육성에 전력한다는 시대와 국가의 요구를 내면화해야 한다고 주장하였다.[33] 영화인들은 '문화의 선봉'으로서 영화의 위상을 이해하고 있었고, 한국 영화의 발전을 자신들의 당면 '과제'로 생각하여 해결을 위해 전념할 것을 다짐하였다.

한국전쟁 이후 문화예술인들이 시대와 국가의 부름에 '응답'할 것을 강조한 태도가 구체적인 형태로 나타나기 시작한다. 한 민족이 적이 된 내부적 상황과 냉전이라는 국제질서가 부과하는 외부적 압력은 전후 국가의 재건을 위한 여러 노력 가운데 '문화재건'이라는 형태로 등장한다.

---

32 2000년에는 국군홍보관리소가 국방홍보원으로 명칭이 바뀌면서 국방일보, 월간 국방 저널, 연간 국방화보 등의 활자매체를 발행하는 신문부와 국군방송TV 및 국군방송FM 등의 방송 및 영상 매체를 담당하는 방송부를 주요 부서로 두었다. 국방홍보원 홈페이지 http://www.dream.mil.kr, 2014년 11월 검색.

33 「우리는 이렇게 실천하련다/ 예술원 회원들의 포부」, 『서울신문』, 1954년 4월 22일자.

이와 같은 논의는 세 가지 방향으로 전개되었다. 그 내용은 1)북한과 구별되고 북한에 대적할 수 있는 남한만의 문화를 이룩해야 한다. 이 입장은 강력한 반공주의를 드러냈다.[34] 2)외래문화의 수용과 고유문화의 관계에서 '바람직한' 문화재건의 방향을 설정해야 한다. 3)세계문화에 기여하는 한국문화를 강조하면서, 이를 위해서는 한국문화의 근대화가 시급하다.[35] 그리고 북한을 이기기 위해서는 남한이 "무력뿐만 아니라 일체의 생활의 근본이 되는 문화에서도 적을 항복시켜야 한다."거나 "문화상의 임전태세를 앙양"시켜야 한다는 주장으로 이어졌다. 나아가 "대對 공산투쟁에서 직접적인 희생을 겪지 않은 민주 우방의 계몽을 위해 한국 영화가 일익을 담당해야 한다."면서 직접적으로 영화를 거론하고 '문화의 선봉'으로서의 역할을 강조하였다. 그러므로 한국전쟁으로 인한 민족수난서사는 영화에서 동원되는 중요한 소재였다. 대중의 기억은 이승만 정부의 안정화를 목적으로 한 반공주의 강화에 소환되었다.[36]

한국전쟁 이후에는 종전이 아닌 휴전이라는 위기 상황에 있던 한국 사회에서 영화는 냉전 분위기를 만드는 것에 큰 역할을 하였다. 이후 한국 영화의 이른바 '황금기'에 이르기까지 유사전시와 같은 상황이었기 때문에, 북한을 적으로 한 반공적 분위기를 형성하는 것에 영화의 국가적 역할이 더욱 강조되었다.[37] 때마침 1950년대 중반에 시작된 '국산영

---

34 이런 주장은 공산주의를 반대하는 '소극적인' 태도인 반공에서 한발 더 나아가 싸워 이겨야 한다는 '승공勝共'과 같은 태도로 확대되었다.

35 이하나, 「1950년대 민족문화 재건 담론과 '우수영화'」, 397~398쪽.

36 김권호, 「한국전쟁영화의 포획과정에 관한 연구: 1954~1969」, 48~50쪽.

37 1950년대 영화의 냉전문화 형성을 정전화 담론 형성 과정을 통해 파악한 연구로는 염찬희, 「1950년대 냉전 국면의 영화 작동 방식과 냉전문화 형성의 관계 - 한국과 중국의 경우」, 『냉전 아시아의 문화풍경1: 11940-1950년대』, 서울: 현실문화, 2008; 金晴江, 「현대 한국의 영화 재건논리와 코미디 영화의 정치적 함의(1945-60)」, 29쪽 재인용.

화 입장세 면체조치'는 국산 영화 산업의 성장을 돕고, 개인이 영화를 접할 수 있는 기회를 넓히려는 정부의 노력이었고, 상업 영화의 보급을 통한 간접적 국가이데올로기 전파의 통로를 마련하는 기초가 되었다. 또한, 전쟁을 거치면서 대부분의 극장은 정부와 개인적 친분이 있는 이들에게 불하완료되고, 원조경제 체제하에서 병종丙種에 속해 있어서 대출이 어려웠던 영화기업 중에서 친정부적 기업에게는 쉽게 대출이 허락되었다. 1950년대 후반에 대규모 스튜디오가 등장하는 등 한국 영화 산업이 기업적 면모를 갖출 수 있었던 것은 이러한 배경 아래에서 이루어졌다. 그런데 이 과정에 있어 한 가지 중요한 사실은 국가의 지원을 통한 자본의 문제를 해결한 영화사들이 1950년대 중반부터는 상업적으로 성공하기 시작하였는데, 군사, 반공, 계몽이 주를 이루었던 극영화가 멜로, 액션, 스릴러, 코미디 등 대중의 사랑을 받았던 본격적 상업 영화 장르로 분화되었다는 점이다. 그럼에도 불구하고 영화인들은 여전히 영화가 국가를 통합하는 기능을 수행할 뿐만 아니라 수출을 통하여 국가 경제 발전에도 이바지할 수 있다는 발전주의적 담론을 형성하면서 계속적인 국가의 지원을 받았다.[38]

한편 1950년대의 한국은 전쟁이 막 끝난 후라 사회는 심리적 혼란과 경제적 빈곤에 동시에 부딪혔다. 당시의 한국 사회는 '근대적'이면서도 '전통적'인 면이 뒤섞인 상태였다. 한국전쟁으로 말미암아 미군이 한국에 주둔하게 되면서 새로운 근대적 문화가, '미국'이 한국 사회를 장악한다.[39] 다른 나라에서처럼 전쟁은 한국 여성을 가정에서 사회로 끌어냈

---

38 金晴江, 「현대 한국의 영화 재건논리와 코미디 영화의 정치적 함의(1945-60)」, 29~30쪽.
39 한국인에게 근대란 일본적 근대였고, 이러한 이유 때문에 근대에 대한 거부감이 자리 잡고 있었다. 일본적 근대에 대한 거부감이 오히려 미국을 통한 미국식 근대에 대한

다. 모든 전쟁이 그렇듯 한국전쟁은 가장이라는 남성이 차출되고, 여성
들은 남편을 대신해 한 가정의 생존을 책임졌다.[40] 1956년 내무부인구조
사에 의하면 여성은 전인구대비 38%의 취업률을 보였다.[41] 미국 문화의
영향, 전쟁이 남긴 물질만능주의와 소비 풍조의 만연은 1950년대에 들어
결국 '돈'과 '성'[42]이 한국 사회의 가장 중요한 모티브로 등장하게 하였다.
1950년대는 전쟁 후 한국 영화가 다시 시작하는 시기이며 멜로드라마의
전성기였다. 『한국영화자료편람』에 따르면 1950년대 검열 기준으로
394편이 제작되었으며, 그중 멜로는 164편(67%)으로 분류돼 있다.[43]

당시 주 관객층은 20~40대 여성들이었는데, 타깃 관객을 위해서라도
멜로드라마는 많이 만들어질 수밖에 없었다. 50년대 한국 사회는 개인
의 욕망과 제도적 윤리가 충돌하는 과도기였으므로 당시 한국 멜로드라
마에도 그 특징이 그대로 반영되어 있다. 멜로드라마 중 '양공주'라는
여성 캐릭터는 일제강점기와 전쟁에 의해 훼손된 민족의 자존심을 성별
(젠더)화한다. 민족의 자존심을 남성적인 것에 대입하고 여성은 민족의
순수성으로 비유하여 일종의 희생양이 되는 서사가 만들어진다. 즉 민족
의 수난과 위기를 여성의 성적 순수성의 상실에 비유하는 것이다. '민족
의 치욕'이라는 담론이 여성의 성과 몸의 학대를 '민족의 유린'으로 치환
하고, 자기 민족의 여성이 미국의 남성에게 유린당하였다는 '사실'은 한

거부감을 상쇄시키는 효과를 가져왔다. 김경일, 「근대적 일상과 전통의 변용: 1950년
　대의 경우」, 『한국의 근대성과 전통의 변용』, 한국정신문화연구원, 1999, 152쪽.
40　정미경, 「남성 팬터지의 산물, 『자유부인』의 성 정치학」, 『20세기 여성사건사: 근대
　여성 교육의 시작에서 사이버 페미니즘까지』, 서울: 여성신문사, 2001.
41　동아일보, 「특집 해방 30년」, 『동아연감』, 동아일보사, 1975, 41쪽.
42　여기서 '성性'은 생물학적 성sex과 사회화된 성Gender이 혼용된 개념이다.
43　「영화진흥공사 1977」, 『한국 영화자료편람: 1971년-1981년』, 서울: 映畵振興公社, 1982,
　46~47쪽.

국 남성에게는 참을 수 없는 치욕이 된다.[44] 이영일은 1958년 이후 한국 영화에서 멜로드라마, 특히 신파의 비중이 증대한 것에 대해서 주목하며 이 영화들이 대중들의 좌절감을 드러내고 있다고 진단한다. 이 영화들은 "남녀 주인공들의 불행이 다름이 아닌 사회에 책임이 있다고 암시"함으로써 리얼리즘이 된다.[45]

1960년대에 진입하면서 국민국가의 정립이란 문제를 중심으로 했을 때 역시 관심을 기울이게 되는 시기는 1960년~1963년이다. 4·19혁명과 5·16군사쿠테타를 기점으로 1공화국의 붕괴, 2공화국의 성립과 붕괴, 군사정부, 3공화국의 성립 등과 같은 정치적 사건이 발발했던 시기이기 때문이다. 국민/시민의 강력한 주권을 형상화하는 액션영화가 만들어지기 시작했던 것은 1960년의 일이다. 5·16의 자장 속에 있는 영화들이 빈농, 도시빈민 등과 같은 프롤레타리아를 정치적 주체로 호명하면서, 그들의 역능을 포획하려 하였다. 이때, 그들에게 부여된 정치적 이름은 국민이었다. 이 장르에서 그들은 국민/시민적 폭력 주체가 되었다. 그리고 대중관객은 여기에 호응하였다. 1963년 대통령 선거에서 민주당과 윤보선은 부르주아를 대표하는 것으로 여겨졌다면, 박정희는 농민의 아들임이 강조되었다. 박정희는 유세장에서 다음과 같이 말하기도 하였다. "바로 여기 앞에서 앉아 있는 구두닦이 소년이 나중에 대통령이 되는 그런 세상이 되어야 합니다. 이제 서민의 사정을 전혀 모르는 귀족이 대통령이 되는 시대를 끝내야 합니다."[46] 1960년대 전반기의 액션영화[47]

---

44 박진호, 「1950년대 한국 멜로드라마 분석」, 중앙대학교 석사학위논문, 2003.
45 이영일, 『한국영화전사』, 266~299쪽.
46 조희연, 「박정희와 개발독재시대」, 『역사비평사』, 2007, 51쪽.
47 이 시기의 액션영화들은 대륙물, 전쟁물, 범죄물, 시대물, 간첩물 등으로 분류해 볼 수 있다. 특히 간첩물은 1950년대부터 영화에 자주 등장해 왔다. 하지만 1960년대 초

는 강력한 주권 권력의 성립과, 주권자로서의 국민·시민의 대두라는 당시의 실제 상황이 스크린으로 옮겨진 것이었다. 4·19 직후의 영화들은 시민의 폭력만을 그렸지만, 5·16 이후에는 국민과 시민의 폭력이 모두 등장하기 시작하였다. 이는 점차 주권이 안정 및 강화되고 있었던 상황을 반영하는 것이다. 전쟁물, 대륙물은 외부의 적에 대한 폭력을, 간첩물과 범죄물은 내부의 적에 대한 폭력을 중심으로 하였다.[48]

에 간첩은 더욱 잔인하고, 강력해졌다.

48 이호걸, 「1960년대 전반기 한국 영화에서의 폭력과 정치」, 『서강인문논총』 제38집, 2013.

2

유신체제와 영화의 정치적 기제화

    1960년대와 1970년대 박정희 정부는 국가발전을 역사적 소명으로 여기는 개발독재의 시기로, 경제개발을 최우선으로 채택하고 정치적으로는 한국적 민주주의라는 이름을 내세워 권위주의체제를 확립한 시기였다.[1] 정치권력은 위로부터 기획된 국가발전의 모델을 추진하기 위해 민족이라는 공동체의 운명을 위해 개인의 희생을 자연스럽게 강요하는 집단성에 근거한 정체성을 주장하였다. 이와 같은 상황에서 문화 정책은 정권이 추구하는 정치적 의제의 효율적 실행을 위해 대중의 동의를 끌어내는 역할을 부여받았다. 당시 문화 정책의 핵심은 권력이 추구한 국가주의와 민족문화담론을 적극적으로 교육시키고 홍보하는 역할이었으며, 연극과 음악 등의 공연예술뿐만 아니라 텔레비전과 영화와 같은 대중매체가 이를 위해 동원되었다. 국가주의는 민족이라는 원초적 정서를 불러일으키는 담론을 통해 개인이 서로 공동운명체로 묶여 있음을 각인시켰

---

1 이병천, 『개발독재와 박정희시대』, 서울: 창비, 2003.

으며, 국가는 무엇이 민족적인 것인지에 대한 성격과 내용을 규정하는 주도적인 입장을 차지하고자 하였다. 국민총회의 의식을 요구하는 국가주의와 민족문화담론은 교육현장과 문화 정책에 깊숙이 내재화되었으며, 이들을 통해 동원의 주체인 국가는 대중의 능동적인 참여를 유도하고자 하였다.[2] 60년대와 70년대 문화 정책은 국가주의와 민족담론을 지배 이데올로기로 자리 잡게 하기 위해서 국가가 문화 영역에 적극적으로 개입하는 수단이었다는 사실이다.

문화 정책의 목표는 전통적인 문화예술을 계승하고 새로운 문화를 창조하여 민족문화의 중흥에 기여함에 있었다. 1970년대 문화 정책의 이념의 근거가 되는 문화 정책 5개년 계획의 중점 목표를 살펴보면, 첫째, 올바른 민족사관의 정립과 새로운 민족예술의 개발, 둘째, 퇴폐사조의 일소 및 국민의 문화 수준 향상, 셋째는 문화한국의 국위를 해외에 선양하는 것 등의 세 가지로 집약된다.[3] 문화 정책의 중앙집권적 운용으로 인해 예술진흥계획에 나타난 음악, 연극, 무용 및 영화 등의 분야별 사업에 대한 방향 제시는 사업의 차별화될 수 있었음에도 불구하고 거의 동일하였다. 모든 영역이 '위대한 역사를 창조해 온 민족의 저력', '국난극복의 경험을 통한 민족의식 고취', '새마을운동을 필두로 한 오늘의 새로운 한국 인상'을 공통적인 내용으로 담고 있다.[4] 대중문화의 바탕이 되는 방송과 영화 등에 적용된 정책지침 또한 유사한 방향으로, '퇴폐적

---

2 박승현, 「대중매체의 정치적 기제화 한국 영화와 건전성 고양(1966~1979)」, 『언론과 사회』 제13집 1호, 2005, 47쪽.
3 문화공보부, 『문화공보 30년』, 1979, 450쪽; 정재완, 「한국의 문화 정책」, 김정환 외, 『문화운동론 2』, 서울: 공동체, 1986, 295쪽.
4 한국문화예술진흥원 편, 『한국문화예술진흥원 15년사』, 서울: 한국문화진흥원, 1988, 24~30쪽.

이고 향락적인 외세문화의 청산과 '건전한 정신함양을 위한 정신개조'의
목적을 수행하도록 요구되었다. 영화시책의 내용을 살펴보면 문화 정책
의 방향성이 국가와 민족의 발전을 위한 국민 정신 계몽에 있음이 파악
된다.[5]

1960~1970년대 문화 정책의 방향성에 따라 영화 정책은, 정치권력이
요구하는 국민총화와 민족문화의 수립에 부합하는 국난극복의 역사적
경험을 통한 민족의식 고취, 그리고 솔선수범의 정신 개조를 강조하는
새로운 한국인의 모습 및 전통문화의 보존 등을 영화제작의 지침으로
전달하였다. 이와 같은 의제에 부합하여 제작된 당시의 정책 영화들은
'유익하고 건전한' 영화의 육성을 통해 국민의 자발적인 각성을 유도하
고자 하였다. 이 '건전한 영화'라는 표현은 정치권력이 중요하게 생각하
는 정치적 의제를 영화 주제로 하여 제작된 작품을 가리킨다. 1970년대
우수영화 선정방침으로 제시된 18개의 지침을 보면, 우수영화 선정방침
이 국가를 위해 헌신하는 건전한 인간상의 수립에 있음을 알 수 있다.[6]

박정희 정부는 영화 정책을 통제의 용이성과 정교함을 높이고자 1962
년 처음으로 〈영화법〉을 제정한 이후, 1973년까지 네 차례나 개정할 정
도로 자주 변경하였다. 처음 제정된 〈영화법〉은 전문 22조 부칙 3개항으
로 되었는데 "영화사업의 유성발전을 촉진하고 영화문화의 질적 향상을
도모하며 민족예술의 진흥에 기여한다."라는 제1조의 목적을 가지고 있
다. 아울러 우수영화제작의 장려에 대한 제19조에 규정을 제외하면 전

---

5 이옥경, 「70년대 대중문화의 성격」, 한국기독교사회문제연구원 편, 『한국 사회변동연
    구 I』, 서울: 민중사, 1984; 김흥동, 「영화법규와 시책으로 본 정책의 흐름」, 『한국 영화
    정책의 흐름과 새로운 전망』, 서울: 집문당, 1994, 143~212쪽.
6 정재완, 「한국의 문화 정책」, 297~298쪽.

문이 규제조항으로 일관된 것이기에, 영화 정책의 방향이 어디에 중점을 두고 있는지를 알게 한다. 〈영화법〉은 총독부의 조선 영화령을 자꾸만 수정하고 거의 그대로 받아들였다는 평가를 받는다.[7] 제작사의 등록 요건 또한 답습하여 영화사를 설립하려면 전용 스튜디오를 갖추고 전속배우 및 기술자, 촬영 및 조명 기사새 등을 보유하도록 하였고 1년에 15편 이상을 의무적으로 제작하게 하였다. 1960년대 초반 한국 영화제작사들은 실제로 1년에 두 편도 만들기 힘든 실정이었고, 신필름 같은 대형영화사 또한 4편 이상을 제작하기 어려운 여건이었음을 감안하면,[8] 등록제의 도입은 실제로 영화제작의 참여를 봉쇄하는 조치나 다름없다. 결과적으로 70여 개의 영화사들 중 50개 이상의 회사가 영화 시장에서 퇴출되었고, 독립 프로덕션의 활동은 근본적으로 불법이 되었다. 이로 인해 영화 사업은 허가받은 사람만이 할 수 있는 특혜성 사업이 되어 버렸다.[9] 한국 영화에 대한 이러한 정치적 관여의 제도화는 유신정책의 선포 이후 보다 더 노골적으로 이루어지게 된다. 1973년 4차 〈영화법〉을 통해 영화제작과 수입을 총괄하는 비즈니스 업무와 관련된 등록제를 폐지하고 면허제가 도입되면서 12개의 회사만이 영화제작 및 수입 업무를 할 수 있도록 허가를 받았다.[10]

7 이영일,『한국영화전사』, 84쪽.
8 ibid, 85쪽.
9 그 이후 허가받은 영화사를 제외하고 영화제작을 하고 싶으면 등록된 영화사의 이름을 빌려 대신 작업을 할 수밖에 없게 되었다. 이러한 불법화된 '대명제작'의 관행은 1985년 제작자유화 조치가 일어날 때까지 존속하였다. 1960년대부터 20년 이상 지속된 대명제작의 관행은 한국 영화 정책의 규제적 특성을 보여주는 하나의 사례라고 할 수 있다.
10 면허를 가진 제작회사의 수는 이듬해 하나 더 증가하였고 점차 증가일로에 놓이면서 1979년에는 최대 20개에 이르기까지 되었다. 20개의 영화사는 1985년 제작자유화조치 일어날 때까지 영화 시장을 과점 상태로 운영하였다. 박승현,「대중매체의 정치적 기제화 한국 영화와 건전성 고양(1966~1979)」, 53~54쪽.

소수의 인원에게 제작과 수입 업무를 관장하도록 면허를 주면서 본격적으로 외화수입은 황금알을 낳는 사업으로 각광받게 되었다. 외화쿼터제는 한국 영화 4편을 제작하면 외화쿼터 하나를 제공하는 방식이었다. 이는 곧 한국 영화로는 수익창출이 전혀 없더라도 외화 수입을 통해 경제적 이익을 누릴 수 있게 보장해 주는 장치임을 알 수 있다. 이를 위해 정책당국은 매년 상영되는 외화가 한국 영화의 3분의 1 수준을 넘지 않게 조정하여 한국 영화는 대략 85편 내외, 외국영화는 30편 미만으로 연간 상영 편수를 채우게 하였다. 박정희 집권기 동안 원래 한국 영화제작 활성화를 위해 도입된 외화쿼터제는 역설적으로 한국 영화제작 자체가 외화 수입을 위한 도구로 전락시키는 아이러니컬한 상황을 야기하였다.

정치권력은 영화 자체를 동시대의 현실적 이미지를 그대로 드러내는 것보다는 미래의 밝은 전망을 창출하는 미디어로 간주하였다. 영화라는 매체는 맑고 밝은 영상이어야 하고 건전한 인생과 희망을 담아 미래에 대한 희망의 비전을 담기를 요구받았으며, 한국의 자주성이나 건전한 국민정서를 위해할 여지가 있는 이질적이고 퇴폐적인 내용은 지양되어야 할 사항으로 지적받았다.[11] 정치권력의 입장에서 볼 때, 사회의 안정과 국가의 안보에 해롭고 바람직하지 않은 내용이나 이미지들은 한국 사회에서 존재할 당위성이 주어지지 않았기에 검열이 정당화되었다.

1970년대 주류를 이루었던 한국 영화는 크게 세 유형으로 나뉜다. 멜로드라마, 액션, 그리고 국책영화이다. 작품 수와 흥행 순위에서 단연 우위를 차지하는 것은 멜로드라마였다. 근대 신파극 이후 이어져온 멜로드라마의 전통은 1950년대 후반 영화에서 힘을 발휘하기 시작하여 1970

11 이덕선, 「政府에 바란다」, 『마케팅』 제12권 5호, 1978, 53~54쪽.

년대까지 지속되었다. 〈표 3-1〉는 1966년부터 1979년까지 장르별 제작 편수를 정리한 것이다. 국책영화로 표시된 것은 당시 정부 정책에 부응하는 영화들로, '국책영화'를 비롯해 '우수영화', '추천영화'도 포함한다. 시기에 따라 다소 다르지만, 국책영화는 크게 문예, 반공, 계몽 부문으로 나뉜다. 반공에 '군사'를, 계몽에 '전기'를 더한 것은 한국전쟁 이후를 다룬 군사물일 경우 반공영화에 해당하고, 식민지시기를 다룬 군사물일 경우 계몽영화와 겹치기 때문이다. 또한 전기물의 경우에도 주로 위인을 다룬다는 면에서 계몽 부문과 겹치기 때문이다.

〈표 3-1〉 1966~1979년 장르별 영화의 제작 편수[12]

연도	제작 편수	멜로드라마	액션	국책[문예, 반공+공사, 계몽+전기]
1966	172	86(50%)	26(15.1%)	26(15.1%)[2, 10+11, 3+4]
1967	185	89(48.1%)	29(15.7%)	30(16.2%)[14, 5+7, 4+1]
1968	212	96(45.2%)	26(12.2%)	27(12.7%)[2, 22+3, 4+0]
1969	229	106(46.3%)	55(24.0%)	23(10.0%)[9, 11+3, 0+2]
1970	231	95(41.1%)	73(31.6%)	18(7.8%)[4, 11+2, 1+1]
1971	202	85(42.0%)	48(23.8%)	17(8.4%)[2, 2+3, 10+0]
1972	122	43(35.2%)	22(18%)	31(25.4%)[4, 5+1, 21+0]
1973	125	58(46.4%)	26(20.8%)	12(9.6%)[1, 6+0, 5+0]
1974	141	54(38.2%)	27(19.1%)	38(27.0%)[18, 10+4, 6+0]
1975	94	38(40.4%)	24(25.5%)	24(25.5%)[11, 10+0, 3+0]
1976	100	52(52.0%)	23(23.0%)	14(14.0%)[2, 7+2, 3+0]
1977	102	50(49.0%)	33(32.3%)	21(20.6%)[12, 3+4, 2]
1978	117	48(41.0%)	37(31.6%)	25(21.4%)[12, 12+1, 2]
1979	96	43(44.8%)	15(15.6%)	20(20.8%)[14, 5+1, 0]

12 장르 구분과 편수는 영화진흥공사, 『한국 영화자료편람(초창기~1976년)』을 따랐다.

1972년을 기점으로 영화제작 편수는 거의 절반으로 줄어든 뒤, 이후 계속 비슷한 수준을 유지하다가 1979년 이후에는 100편 이하로 떨어진다. 그 와중에 극영화 시장은 멜로드라마와 액션 장르가 양분한다. 그 이유는 멜로드라마의 경우 계속 인기가 있는 데다 저예산으로 제작할 수 있는 장르이고, 액션물도 지방 극장이나 재개봉관에서 인기를 유지하는 데다 저예산 영화로 합작 및 수출도 가능한 장르였기 때문이다. 다만 멜로드라마 제작 편수가 비교적 고르게 유지되는 데 비해, 액션물에 기복이 나타나는 것은 검열과 관계있는 것으로 보인다. 액션물은 기본적으로 폭력성을 보여주는 장르이기 때문에 검열에서 문제시 될 소지가 많았는데, 1970년대 중반에 국책으로 '건전한 영화'를 강조하면서 액션물에 대한 검열을 강화한다. 이후에 제작 편수 면에서 퇴조하지는 않는다. 그러나 '건전한 영화'를 강조하는 영화 통제 속에서 한국 액션물은 '저질 영화'로 분류되며 중앙 극장가 흥행 순위에서 점차 밀려난다.

한편 1970년대에 전체 영화제작 편수가 감소하고 영화에 대한 투자가 줄어들었음에도 국책영화제작 지원은 계속 이루어졌다. 편수 면에서 볼 때 1970년대에도 1960년대와 비슷한 수준으로 국책영화가 제작되었다는 것은 국책영화의 비중이 컸음을 말해 준다.[13] 이에 4장에서 국책영화에서 권장했던 감성을 살펴보는 것으로 논의하고자 한다.

---

13 박유희, 「박정희 정권기 영화 검열과 감성 재현의 역학」, 『역사비평』 99호, 2012, 59~61쪽.

3 민중문화운동과 영화 시장의 개방

3.1. 영화 운동과 민족주의 영화 전승시대의 전개

한국은 1987년 6월 민주항쟁 이후 '예외국가'에서 '정상국가'로의 이행이 진행되었지만 이러한 변화가 한순간에 이루어진 것은 아니고 기득권 유지를 시도하는 세력과 이에 대항하는 도전세력의 대결이 지속적으로 이루어지며 정치, 경제, 문화적 변화가 끊임없이 진행되었음을 말한다. 이는 이른바 '87년 체제론'을 통해 이후 발생하게 되는 정권교체와 민주사회로의 이행이 단순히 정치체제에서의 변화만을 의미하는 것이 아니라는 것을 말한다. 하지만 최근의 한국 사회의 분석에는 '97체제'라는 새로운 분석이 등장하고 있다. 김호기는 97년 이후의 한국 사회는 성장동력으로 역할을 상실한 민주화라는 지향점이 아니라 '지속가능한 세계화sustainable globalization'라는 새로운 지향점을 가진 사회라고 말한다. 이는 1997년 IMF 사태 이후 급격하게 경제 담론 중심의 사회체제의 이행에 따른 논의로써 이른바 세계화 체제 아래의 '우리(한국 민족)'의 모습에 대한 고민의 흔적으로, 한 시대의 문화적 소산이라 할 수 있는 '시대정신'의 등장을 말한다.[1]

1980년대의 중요한 특징은 민중문화운동의 촉발과 확산이다. 당시 전두환 정부는 5·18광주민주화운동에 대한 유혈 탄압으로 인하여 정당성을 인정받지 못하였고, 당시 신군부 세력의 광주 진압을 지원했던 미국에 대해 책임을 물어 반미 운동이 거세게 일어났다.[2] 그뿐만 아니라 정부 주도의 문화 정책(전통문화 혹은 고급문화 중심)이나 관제형 축제(국풍81 등)에 반발하여 민중문화운동이나 일상적인 생활에서 노동자 운동 등이 전국적으로 확산되었다. 이러한 민중문화운동이 단일한 목표를 지니고 진행되지는 않았으나, 정부 주도형 문화 정책에 반대하는 입장이라는 공통점이 있었다. 처음에는 대학교의 하위문화에 기반을 두고 일어나던 민중문화운동은 이후 문화예술 분야로 확대되어 정치적인 사안에 대해 민감하게 반응하였다.[3] 영화 운동 또한 대중문화운동이 지닌 정치적 참여라는 연장선상에서 분석할 수 있다. 신진 영화인들은 1980년대 후반부터 이전의 충무로 시스템과 직접, 간접적으로 연관을 가지면서 영화계에 진출한다. 신진 영화인들은 상업적인 시스템과의 단절을 시도하였다.

한편 미국 영화계에서 카르텔[4]을 형성하고 있는 미국 영화수출협회MPEAA는 1970년대 말부터 한국의 영화 시장 개방을 요구해 왔다. 이들

---

1 김호기, 「87년 체제인가, 97년 체제인가」, 김종엽 편, 『87년 체제론』, 서울: 창비, 2009; 이옥경, 「70년대 대중문화의 성격」, 134~135쪽.
2 김창남, 「한국의 사회변동과 대중문화」, 『진보평론』 제32호 여름, 2007, 62~84쪽.
3 김정환, 「1980년대 영화의 정당화 과정으로서의 기회구조 분석」, 『한국콘텐츠학회논문지』 제13집 4호, 2013, 128쪽.
4 동일 업종의 기업이 경쟁의 제한 또는 완화를 목적으로 가격, 생산량, 판로 따위에 대하여 협정을 맺는 것으로 형성하는 독점 형태. 또는 그 협정.

은 결국 1985년 6월 21일 16개항에 걸친 불공정 교역행위 시정을 미 무역대표부USTR에 청원하게 된다.[5] 한국에 영화 시장 개방을 요구하였던 미국의 영화계는 제1차, 제2차 한미 영화 협상을 통해 가시적으로 드러났다. 정부는 미국이 요구하였던 대부분의 사항(외국영화 수입가격 상한 철폐, 미국 영화 배급사 국내 지사 설치, 등록예탁금 대폭 삭감, 국산 영화진흥자금 철폐, 스크린 쿼터제 폐지, 외화수입 관세인하, 수입쿼터제 철폐 등)을 한미 영화 협상에서 합의하였고, 제6차 〈영화법〉 개정 (1986년 12월 31일)에 반영하였다. 미국직배사인 U.I.P United International Pictures사는 1988년 ≪위험한 정사≫를 통해 한국 시장에 진출하였고, 당시 한국의 영화인들은 직배영화관에 뱀과 화염병, 최루탄을 투입하는 등 사회 문제로 비화되기도 하였다. 구체적으로 영화감독 정지영과 정희철이 구속되고 영화협회 이사장 유동훈과 영화감독 김현명이 수배되는 등 영화인들의 격렬한 저항이 있었다.[6] 많은 영화인들의 반발에도 1988년 U.I.P를 시작으로 93년까지 20세기 폭스코리아, 워너 브라더스, 월트 디즈니컴퍼니 코리아의 다섯 개 직배사가 한국에 진출하였다.[7]

한국 영화는 미국 영화의 공세 속에 살아남지 못해, 입장료 수입은 1995년까지 한국 영화가 400억 원 가량 되는 반면에 외화의 경우 1500억 원 남짓 되는 금액으로 약 4배 정도의 수익 차가 났다.[8] 한국 영화인들은 미국의 직배사를 저지하기 위한 운동을 진행하였는데, "영화감독위원회", "청년영화인협의회"가 중심이 되었다. 이 단체들을 중심으로 시나

---

5 정이담, 「문화운동론」, 『문화운동론』, 서울: 공동체, 1985.
6 「미 UIP사 영화직배 파문 확산」, 『경향신문』, 1989년 9월 6일자.
7 김정환, 「1980년대 영화의 정당화 과정으로서의 기회구조 분석」, 131쪽.
8 문화관광부, 『통계로 보는 문화산업』, 서울: 문화체육관광부, 1999.

리오 분과위원회를 만들었고, 직배저지 투쟁을 이끌었다.[9] 이후 한국 영

화 상영의무 일수를 지키는 '스크린 쿼터 감시단'이 발족되었고, 정지영

감독을 중심으로 전국의 극장에서 스크린 쿼터 지키기 운동을 자율적으

로 실천하기도 하였다. 또한 천리안, 유니텔 등 4대 컴퓨터 통신의 영화

동호회에서 '직배영화 바로 알기 운동'을 시작하였으며, 1998년 IMF 체

제하에서는 《타이타닉》(1998) 불매 운동을 벌기도 하였다.[10]

〈표 3-2〉 영화 운동 시기 연도별 한국 영화, 외국영화 점유율

	1990	1991	1992	1993	1994	1995
한국 영화 점유율	20.2	21.2	18.5	15.9	20.5	20.9
외국영화 점유율	79.8	78.8	81.5	84.1	79.5	79.1
	1996	1997	1998	1999	2000	2001
한국 영화 점유율	23.1	25.5	25.1	39.7	35.1	50.1
외국영화 점유율	76.9	74.5	74.9	60.3	64.9	49.9
	2002	2003	2004	2005	2006	2007
한국 영화 점유율	48.3	53.5	59.3	58.7	63.8	50.0
외국영화 점유율	51.7	46.5	40.7	41.3	36.2	50.0

1980년대 초까지 영화제작자들은 최소한의 영화제작만 하고, 막대한

이익을 남기는 외화 수입에 초점이 맞추어져 있었다. 국내영화는 외화수

입쿼터를 따내기 위해 제작되는 부차적인 산물이라 영화제작 역시 기능

적인 차원에서 이루어졌다. 하지만 영화를 통한 수익을 얻어야 하는 상

황에 직면하자 영화제작자들의 태도가 변화하였다. 단순히 영화제작에

있어 기능적인 측면만 담당하였던 영화감독은 영화작가로서의 개인적

9 염찬희, 「시장개방이후 한국 영화의 변화과정과 특성에 대한 체계분석적 연구」, 서울
  대학교 박사학위논문, 2004.
10 김정환, 「1980년대 영화의 정당화 과정으로서의 기회구조 분석」, 131쪽.

인 영화미학을 표출하거나 산업적 수요에 기민한 대중성을 충족시켜야
만 하였다. 1988년 영화 시장이 개방되기 전과 5년 이후의 서울 개봉영
화 흥행 순위를 살펴보면, 시장 개방 이전과 비교하여 멜로/애로 영화의
비중은 줄어들고, 20대 위주의 영화 관객을 위한 영화들이 흥행하고 있
음을 알 수 있다. 또한 정지영 감독의 경우 1987년과 비교하여 1992년
베트남 전쟁의 트라우마라는 민감한 주제를 다룬 ≪하얀 전쟁≫은 대중
적으로 흥행하였고, 국제영화제(아시아 태평양, 동경 국제 영화제) 등에
서 수상하였다.

1990년대 이후 제도권 영화계의 가장 큰 변화는 정치권력에서의 상대
적 자율성을 확보한 것이다. 여전히 정치권력은 영화 검열과 공적 지원
에 따른 종속성의 문제가 따라다니지만, 적어도 1990년대를 지나면서
정치권력의 눈치만 살피지는 않았다. 이는 영화제작의 수익원을 외화
수입권에 의존하던 시기를 벗어나 영화 시장에서의 경쟁력을 가지게 되
었기 때문이다. 더불어 영화제작에 있어서 합리적인 기획과 마케팅은
외부(대기업, 창투사 등)의 투자를 받기에 이른다.[11]

젊은 예비 영화인들은 1980년대 후반 민주화 바람을 타고 한국 영화
를 새로운 삶을 담보한 문화적인 장으로 인식하기 시작했고, 대기업은
1988년 서울올림픽 이후 호황에 접어들었던 경제 부흥기에 한국 영화를
하나의 산업적인 기회의 땅으로 삼았다. 1993년, 한국에 '문화산업'이라
는 개념이 등장한다. 이 개념의 등장에는 할리우드 블록버스터 ≪쥬라
기 공원The Jurassic Park≫(1993)의 경제 효과를 한국의 대표적인 수출 주력
상품이라 할 수 있었던 현대 소나타 자동차의 경제효과와 언술이 비교된

11 *ibid.*

136

다. 1996년 이후 한국 영화 제도와 환경은 오랜 군부 독재정권 시대를 마감하고 문민정부가 들어서면서 급격하게 변화한다. 영화 사전심의 위헌 판결, 문민정부의 세계화 전략, 대기업 자본의 영화 산업 진출, 다양한 영화제 개최 등은 영화제작과 수용에서 한국 영화를 이전과는 다른 틀에서 사고해야만 하는 조건과 맥락들이라고 할 수 있다. 이러한 조건과 맥락에서 민족, 민중영화는 국가와 민중, 민족 간의 대립에서 초국가와 일국의 대립이라는 패러다임의 전환 속에서 바라봐야 한다.[12]

1987년 이후 한국 사회 민주화가 진전되면서 1993년 김영삼 정부[13]는 3당 합당으로 선거에서 승리하여 새로운 정부를 구성하게 된다. 김영삼 정부가 과거 정부와 다른 점은 김영삼 정부의 성격이 군사정부가 아니라 민간정부라는 것이었다. 1993년 7월에 발표한 신경제 5개년 계획 중 '산업발전 전략부문'에 영상산업을 '제조업 관련 지식서비스산업'으로 명시하여 제조업 수준의 금융·세제 지원을 위한 근거를 마련하였다. 또한 비슷한 시기에 발표한 문화체육부의 문화진흥장기계획에서도 영상 산업을 국가전략 산업으로 중점 육성하겠다는 의지를 표명하였다.[14] 김영삼 정부는 영화 산업 육성이라는 국가적 목표하에 '탈규제'와 '지원'이라는 이중 전략을 취하였다. 그중 영화 산업에 큰 변화를 가져온 것이 대기

12 김미현, 『한국 영화사: 開化期에서 開花期까지』, 서울: 커뮤니케이션북스, 2006, 327~359쪽.
13 1990년대 김영삼 정부는 문화산업의 육성이라는 측면에서 경제정책의 일환으로 영화 정책을 추진하였다. 1993년 대통령 연례보고에서 할리우드 영화 ≪쥬라기 공원≫이 벌어들인 수익이 자동차 150만 대 판매수익에 맞먹는다는 내용이 보고되었다. 이 보고는 이후 문화산업의 신화를 만들어내며 김영삼 정부가 초기부터 내세웠던 '세계화' 담론과 함께 이 정부의 영화 정책에 결정적으로 영향을 미치게 된다. 소련과 동국의 공산권이 종식과 같이 더욱 가속화되기 시작한 전 지구화는 정치, 경제, 사회의 광범위한 영역에 걸친 변화에 따라 김영삼 정부의 정책은 신자유주의적 탈규제 정책을 추진하였다.
14 김동호 외, 『한국영화 정책사』, 306쪽.

업의 영화 산업 참여 허용, 영화제작업의 제조업 인정, 영화프린트벌수
제한 폐지 등의 탈규제 정책이다. 이러한 탈규제 정책들은 취약한 국내
영화제작 자본에 새로운 자본을 유인하고, 극장 시장에 변화를 가져왔다
는 점에서 한국 영화의 '산업화'를 위한 일정한 토대를 마련한 것으로
평가된다. 또한 1995년에 〈영화진흥법〉, 〈영상물진흥법〉이 제정되면서
영화진흥금고, 세제혜택 등을 통한 직접지원을 본격화하였다. 이 시기의
영화 정책은 본격적으로 규제 정책에서 지원 정책으로 전환되는 시기라
할 수 있다.[15]

　김대중 정부는 IMF 관리 체제라는 국가적 위기상황에서 출발했기 때
문에 영화 정책에도 신자유주의 원리를 그대로 적용시키고 탈규제화,
투명화, 개방화 등의 이념을 따랐다. '국민의 정부'를 지향하는 김대중
정부는 문화 분야의 개혁을 핵심적으로 내세우면서 "지원은 하되 간섭은
하지 않는" 문화 정책을 추진하였다. 김대중 정부의 문화 정책은 1998년
에 발표된 '새문화관광정책'에 나타나 있는데, 여기서는 '문화의 힘'으로
제2의 건국을 이루고 '문화가 중심가치가 되는' 지식 정보 사회를 추구하
며 문화주의를 통한 '성숙한 민족공동체'를 형성하고 문화정체성과 보편
성의 조화로 '열린 문화'를 구현하겠다는 새로운 지향점을 주요 사업 방
향으로 제시하였다.[16]

　1993년 10월, 단성사에서 임권택 감독의 ≪서편제≫가 개봉하여 104
만 명의 관객을 동원한 것은 하나의 역사적 사건이었다. 외화가 극장가
를 점령한 1993년, ≪서편제≫는 '우리 것을 찾자'는 민족적 자존심을

15 한승준, 「영화지원정책의 이데올로기 경향성 연구」, 『서울행정학회 학술대회 발표논
　 문집』, 2010.4., 316쪽.
16 김동호 외, 『한국영화 정책사』, 325~326쪽.

일으키며 사회적 신드롬으로 확산되었다. 현재와 달리, 이 시기 영화관
객 수가 서울에서 개봉한 곳의 수치라는 점을 감안하면 ≪서편제≫의
전국 관객 수는 220만 명으로 추산된다. '한恨'이 한국 영화를 국제적으로
이해하는 데 주요한 감정 구조가 된 것도 이 영화에서 기인한다고 평가
된다. ≪서편제≫의 주목할 만한 특징은 두 가지이다. 첫 번째는 이 영
화가 국가-민족을 수직적인 희생 공동체이자 보호가 필요한 집단으로
본 당시의 민족성을 보여 준다는 점이다. 이는 IMF와 2000년대 이후
가속화되고 있는 블록버스터 영화의 '한류' 공세 민족성과는 대조를 이
룬다. 두 번째는 한국 영화가 집단적인 과거의 기억을 통해서 민족 정체
성을 형성하는 데 결정적 역할을 할 수 있는 가능성이 ≪서편제≫에서
드러났다는 것이다. 이러한 집단적 민족 스펙터클은 이후 한국 영화에서
국가의 위기 때마다 향수 또는 과거라는 이름의 상품으로 반복적으로
귀환하는 유행 상품이 되었다.[17] 그러므로 한국 영화에 있어서 1990년대
초반은 벤야민Walter Benjamin이 말하는 '동질적이며 텅 빈 시간'을 채웠던
영화가 등장했던 시기이라고 평가를 받기도 한다.

'한국형 블록버스터'는 할리우드 블록버스터에서 차용된 말이다. 진정
한 한국형 블록버스터의 등장이라고 평가되는 영화는 1999년에 개봉한
강제규의 ≪쉬리≫이다. ≪쉬리≫는 개봉 21일 만에 ≪서편제≫의 한
국 영화 최고 흥행기록을 돌파했고, 결국 전국관객 620만 명을 동원하는
성공을 이루어냈다. ≪쉬리≫의 엄청난 성공에는 IMF 외환 위기 이후
한국 사회의 분위기를 반영한 '신드롬'이 일정 부문 작용을 하였다. 당시
최고 흥행작이었던 할리우드 블록버스터 ≪타이타닉≫을 뛰어넘은 한

17 김미현, 『한국 영화사: 開化期에서 開花期까지』, 327~329쪽.

국 영화의 흥행은 올림픽에서의 금메달이나 월드컵에서의 승리처럼 대리만족의 효과를 가져왔다. 한국 영화 한 편을 보는 행위는 애국이 되고, 한국 영화의 성공이 경제위기의 상처를 치유하는 처방전이 된 것이다. ≪쉬리≫의 성공과 함께 '한국형 블록버스터'는 유행어로 회자되었다.[18]

이데올로기와 밀접하게 연관된 영화 정책의 영향력은 1990년대 신자유주의 이데올로기가 영화 정책에 영향을 주기 전까지 계속되었다.[19] 결국 전문성과 자율성을 강조한 영화진흥 기구에 대한 영화계의 주장은 신자유주의 원칙하에 공공기관의 민영화를 추진하던 김대중 정부의 정책 기조와 만나 1999년 2월의 〈영화진흥법〉 개정을 통한 영화진흥위원회 설립으로 현실화되었다. 현재 영화진흥위원회는 〈영화진흥법〉에 의거해 영화진흥 기본계획 수립에 관한 의견 제시 및 영화발전기금의 관리·운동 등 정부의 영화 정책에 관한 주요 사업들을 담당하고 있다.[20] 그러나 신자유주의 이데올로기가 영화 정책에 영향을 준 이후에도 영화 정책의 이데올로기 논쟁은 또 다른 양상으로 전개되었다.[21] 정부의 영화 산업 정책에 대한 지원은 대기업의 참여를 묵인하는 탈규제와 산업적인 지원 정책으로 특징된다. 3공화국 이후 박정희 정부의 영화 정책에서

---

18 *ibid*, 369쪽.
19 1980년대 대학생과 아마추어 영화인들이 주축이 되어 제도권의 영화를 거부하고, 상징적인 가치를 위하여 영화를 만든 집단들이 생기기 시작하였다. 이들은 이전에 정치적인 권력이나 산업에 의존하여 만들어진 충무로 시스템과는 차별성을 보여 준다. 한편으로는 독일과 프랑스 문화원을 중심으로 영화 감상과 비평, 연구를 진행하는 신진 영화인들이 있었다. 이들은 서구의 영화이론이나 작가들을 연구하여 한국에 소개하였으며, 한국 영화를 비판적으로 수용하여 90년대 중반부터 대중적인 영화담론을 생산하였다. 양경미, 「한국의 영화 정책과 이데올로기」, 한양대학교 석사학위논문, 2004, 60~69쪽.
20 한승준, 「영화지원정책의 이데올로기 경향성 연구: 영화진흥위원회를 중심으로」, 『행정논촌』 제48집 2호, 2010, 318쪽.
21 *ibid*, 317쪽.

영화 산업의 대기업화 정책을 추진했으나 실제로 이는 부실한 중소기업을 정리하는 데는 도움이 되었지만 대기업이 영화 산업에 참여하도록 하지는 못하였다. 그러나 김영삼 정부의 영화 정책은 대기업이 직접 영화 산업에 참여하게 하였다.

1997년 한국의 경제·사회·정치적 환경은 크게 변화한다. 1997년 12월 외환 위기를 겪게 되기 때문인데, 외환 위기는 한국 국민의 사고에 큰 영향을 미쳤다. 그동안 신자유주의에 의하여 경제성장을 이루었으며 영화 산업도 발달하였으나 외환 위기라는 부작용이 나타나면서 신자유주의에 대한 부정적 견해가 지배적 담론이 된 것이다. 세계화에 대한 부정적 반응이 나타나면서 과거 보수와 기업 위기의 사고에서 진보와 노동자 위주의 사고가 반작용으로 나타나게 되었다.

이는 1995년에 〈영화진흥법〉, 〈영상물진흥법〉이 제정되면서 영화진흥금고, 세제 혜택 등을 통한 직접 지원을 본격화하였다. 1990년대 중반부터는 정부정책의 변화로 창업투자사와 같은 금융자본도 영화 산업에 진출해 한국 영화 산업의 제작자본이 대기업 자본·금융자본·충무로 자본으로 다각화하였다. 자본의 다각화뿐 아니라 제작사도 기획전문 영화사가 등장하면서 합리적인 제작 관행을 정착시켜 제작 구조를 변화시켰다. 이는 1984년 영화사에 대한 자율화 조치가 실질적인 효과를 발휘하는 것으로 기획전문 영화사와 대기업·금융자본의 결합이 한국 영화의 경쟁력을 상승시켰다. 1988년 한미영화협정 시 합의한 1994년의 프린트 벌수 제한 폐지는 할리우드 직배사에게 더욱 힘을 실어주었고, 이를 계기로 흥행에서 전국 동시 개봉 전략을 추진하였다. 또한 국가의 묵인하에 영화 산업에 참여한 대기업 자본이 흥행업에도 진출하면서 흥행 구조의 변화를 가져왔다. 그리고 1990년대 후반 외환 위기 이후에는 사회적 변화와 정치적 변화에 의하여 신자유주의 이데올로기를 규제하는 대신 민족주의 이데올로기를 간접적으로 지원하는 영화 정책이 수립되었다.[22]

1990년대와 2000년대 초반에 이데올로기와 연관된 규제는 많지 않았으나 지원은 이루어졌다. 먼저 신자유주의와 연관된 지원은 영화 시장의 자유화를 통해 한국 영화의 경쟁력을 향상시키기 위한 지원으로 그 내용은 〈영화진흥법〉에서 찾을 수 있다. 특히 1990년대부터 정부는 별도의 영화시책을 발표하지 않고 영화법규에 따라 기본적인 정책의 골격을 유지하였으며 영화진흥공사를 통하여 영화진흥 사업을 추진하였다. 영화 정책에 대한 지원과 국제진출을 대폭 늘렸다. 신자유주의 이데올로기의 확산을 위한 지원정책에 있어서는 벤처기업지원을 통해 자금의 모집을 용이하게 하였고 대기업의 영화제작 및 배급에의 참여를 위해 금융과 세제지원에도 적극적으로 나섰다. 대기업과 금융자본의 영화 산업 참여 허용은 신흥 기획 전문 영화사의 등장과 맞물리면서 제작 구조의 변화에 영향을 미쳤다.[23]

---

22 양경미, 「한국의 영화 정책과 이데올로기」, 58~60쪽.
23 대기업의 영화 산업 진출은 국가의 무기인 하에 새로운 제작자본이 필요했던 영화계의 필요성과 비디오 판권 확보를 위해 영상산업에 진출하고자 했던 대기업의 전략적 입장이 적절히 시기적으로 맞아떨어진 결과이다. 영화 시장 개방 이후 한국 영화제작 자본의 토대였던 토착 충무로 자본이 고갈되고 기획과 아이디어를 갖춘 신흥 기획 전문 영화사가 대기업 자본을 끌어 들이면서 삼성, 대우, 현대, LG, SKC 등 5대 재벌을 포함해서 국내 30대 대기업들이 영화 산업에 진출하기 시작하였다. 특히 삼성과 대우는 각각 계열사의 영상 사업을 통합시킨 영상 사업단을 만들어 영화제작뿐 아니라 배급, 흥행업에도 적극적으로 진출하였다. 이들 대기업 자본의 영화제작업에 대한 진출 형태는 직접적인 자본 참여의 변화과정에 따라 비디오 판권 사전 구매, 공동 제작, 대기업 전액 투작, 대기업 자체 제작으로 나눌 수 있다. 양경미, 「한국의 영화 정책과 이데올로기」, 64쪽.

이러한 전 지구화는 정치 경제 영역은 물론이고 문화영역에도 급격한 변화를 가져온다. 우선 지적할 수 있는 것은 1990년대 전반, 그리고 외환위기 이후 IMF 체제에서 신자유주의 침투가 가속화되고 한편으로는 민족주의가 부상하였다. 결국 민족주의 이데올로기의 부상은 2003년 노무현 정부를 탄생시켰다. 즉 1998년 김대중 정부가 들어서면서 보수적인 성향을 가진 김영삼 정부보다 진보적인 정책을 실시하게 된다. 노동 문제에 있어 종전보다 더욱 자유화된 성향을 가지고 접근하였으나 외환위기 이후 기업들이 구조조정 과정에 있었기 때문에 노동 문제는 상대적으로 크게 부각되지 못하였다. 그러나 남북 문제에 있어서는 전향적인 자세를 취해 북한과의 교류가 활발해 졌으며, 과거보다 친북적인 정책을 시행하였다. 과거의 공산주의와 자본주의의 이데올로기 구조가 민족주의적 이데올로기적 성향으로 변화되기 시작하였다. 이는 대북 교류 활성화에 정치적 이론적 근거를 제공하였다. (이러한 과정을 인정받아 김대중 대통령은 노벨평화상을 수여받게 되었다.) 문화 정책에 있어서도 북한과의 교류가 활발해졌는데, 예를 들어 북한 영화가 방영되기도 하였다. 물론 민족주의적 이데올로기는 과거부터 있어 왔다. 해방 이전과 이후에 민족주의적 이데올로기는 항상 존재해 왔다. 다만 그동안 반공과 민주주의 그리고 신자유주의 이데올로기에 비하여 강력하게 부상하지 못하였던 것이 1990년대 후반부터 이데올로기의 부재 상황에서 이를 대체하는 이데올로기로 부상하기 시작한 것이다.[24]

1990년대 이후 한국의 담론체계 내에서 전 지구화 혹은 세계화에 대한 논의들이 집중적으로 부각되기 시작한 것 역시 한국 사회가 신자유주

24 *ibid,* 58~59쪽.

의의 거센 흐름의 영향권 안으로 편입된 것과 밀접한 관련을 맺고 있다.

이러한 전 지구화와 동시에 한국에서는 새롭고도 낡은 민족주의 담론이

등장한다. 특히 온 국민을 심리적 공황 상태로 몰고 간 구제금융체제가

시작된 이후, 전 지구화와 신자유주의는 한국 사회의 모든 영역을 관통

하는 하나의 과제가 되었고, 그에 저항하는 과정에서 민족주의 담론과

민족 정체성은 더욱 강화되었다. 1990년대 영화 운동은 영화 관련 단체

들뿐만 아니라 폭넓은 시민사회 세력과의 연대 속에서 진행되었다. 이는

당시 영화 운동의 제도 개선과 한국 영화계 발전이라는 제한된 목표를

지향하는 데 그치는 것이 아니라 한국 사회의 민주화 움직임과 함께 하

는 정치적 운동이라고 할 수 있다.[25]

　　민족주의 이데올로기를 위한 지원정책으로는 1975년부터 존재해 온

스크린 쿼터제를 들 수 있다. 스크린 쿼터제는 한국 영화 산업을 보호하

기 위하여 만든 제도였으나 1990년대 후반 민족주의 이데올로기가 활발

해지면서 이를 지원하기 위한 간접적인 영화 정책으로 볼 수 있다. 민족

주의를 표방하는 영화를 지원하기 위한 적극적인 방법이 스크린 쿼터제

도 이외에는 마땅치 않기 때문이다. 이 때문에 신자유주의를 표방하는

이데올로기와 민족주의를 표방하는 이데올로기 사이에는 스크린 쿼터

의 존폐를 두고 1990년대 후반 이후 활발한 논쟁이 이뤄지게 된다.[26]

25　한승준, 「영화지원정책의 이데올로기 경향성 연구: 영화진흥위원회를 중심으로」,
　　317~318쪽.
26　스크린 쿼터의 내용은 다음과 같다. 1996년 제2차 〈영화법〉 개정은 전문개정(법률 제
　　1830호)으로서 텔레비전 영화의 개념을 처음으로 도입했고, 영화제작업에 외국인의
　　참여를 금지시켰으며, 등록기준도 대폭 완화하였다. 그리고 영화제작자의 연간 의무
　　제작 편수를 15편에서 2편으로 완화하였고, 외국영화 수입추천권 부여 기준에서 국산
　　영화제작실적 기준을 삭제하였다. 영화대본 제작전 신고제 및 영화상영권 검열제를
　　도입하였다. 연간 일정기간은 국산영화를 상영하게 하는 스크린 쿼터제를 신설하였고
　　외국영화의 수입 편수를 당해 연도 국산영화 상영 편수의 1/3 이내로 제한하였으며,

이러한 변화는 〈표 3-4〉의 민족주의 영화 연도별 제작 편수의 추이를 통해 엿볼 수 있다.

〈표 3-3〉 1990~2008년 한국 민족주의 영화제작 편수

연도	제작 편수	연도	제작 편수
1990	4	1991	3
1992	3	1993	4
1994	4	1995	6
1996	1	1997	4
1998	9	1999	5
2000	6	2001	2
2002	3	2003	6
2004	7	2005	7
2006	4	2007	4
2008	2		

1990년대 말부터 민족주의 이데올로기[27]를 표방하는 영화가 제작되어 흥행에 성공하게 된다. 그 예로 ≪쉬리≫와 ≪공동경비구역 JSA≫ 그리고 2013년의 ≪은밀하게 위대하게〉와 ≪베를린≫ 등이 있다. 식민지 경험, 민족 분단 등 한국 근현대사에 기인한 특정 역사적 계기들을 영화적 공간으로 끌어들이고 서사화하였다. 그 스스로 민족서사를 구성

영화업자협회를 설립한 것 등이 주요한 내용이었다. 김정환, 「1980년대 영화의 정당화 과정으로서의 기회구조 분석」, 134쪽; 양경미, 「한국의 영화 정책과 이데올로기」, 64~65쪽.

27 1990년대 이후 한국 영화의 특징을 이야기 하자면 이는 민족주의 영화의 재등장이라고 할 수 있다. 통계적으로 봤을 때 탈냉전시대에 들어와서 민족주의 영화의 제작 편수가 그다지 많은 것이 아니었다. 그럼에도 불구하고 이렇게 말할 수 있는 이유는 탈냉전기의 민족주의 영화들은 흥행기록이 상당히 좋고 한국 영화를 대표할 수 있는 명작이 많기 때문이다. 국내에서 박스오피스로 관객에게 인정받은 작품도 있고, 국제 영화제에서 좋은 성적을 얻은 작품도 있다. 또한 ≪괴물≫(2006)과 ≪청연≫(2005) 등 몇 편의 특정 영화를 둘러싸고 한국 사회는 민족주의에 대해 사회적으로 관심이 높아졌다.

하고 민족에 대한 의미들을 생산해 냄으로써 민족정체성 형성 및 민족주의의 강화에 기여하고 있다.

영화 ≪쉬리≫의 제작 발표회에서 강제규 감독은 "할리우드에 대적할 만한 한국형 액션 블록버스터"를 만들겠다고 출사표를 던졌고, 결국 ≪쉬리≫는 개봉 21일 만에 ≪서편제≫의 한국 영화 최고 흥행기록을 돌파, 전국 620만 관객 동원이라는 대기록을 달성하였다. 이는 IMF라는 국가적 위기의 상처를 치유하는 담론이 되었고, 김대중 정부의 국민영화가 되었다.[28] 2000년 박찬욱 감독의 재기작 ≪공동경비구역 JSA≫가 전국 583만 명, 2003년 강우석 감독의≪실미도≫와 2004년 강제규 감독의 ≪태극기 휘날리며≫는 불가능해 보였던 1,000만 관객 시대를 열었다. 한국 영화 점유율은 2004년 59.3%를 기록했고 2006년에는 64,2%의 기록적인 수치에 도달하였다.[29] 극장을 잘 찾지 않는 40~50대까지 영화관으로 이끌어 1,000만 관객 영화 시대를 연 것이다.

3.2. '국가, 영화계, 관객' 삼자 관계의 발전 양상

영화는 예술임과 동시에 산업이며 또한 국가 정책과도 밀접한 관계를 유지해 온 다중적 '현상'이다.[30] 문화예술에 대한 공적 지원은 정권의 이데올로기를 강화하는 매우 효율적이고 은밀한 수단이다. 문화예술 분

---

28 일본 시장에서도 처음으로 100만을 동원하며 한국 영화 해외 수출의 물꼬를 텄다.

29 정종화, 『한국 영화사: 한 권으로 읽는 영화 100년』, 서울: 한국영상자료원, 2008, 232~234쪽.

30 임대근, 「포스트뉴웨이브 시대 중국 영화와 국가 이데올로기」, 『중국문학연구』 제37집, 2008, 254쪽.

야로서의 영화 역시 영화 정책에 의하여 크게 영향을 받는다. 정부는 영화 정책을 통해 그들과 그 사회가 지향하는 이데올로기를 표현하는 영화를 만들고 결국 영화라는 수단을 통해 그들의 이데올로기를 실현하려 하였다. 따라서 영화 정책은 이데올로기에 의하여 큰 영향을 받았으며 영화 정책에 있어서 이데올로기의 역할은 매우 크다.[31]

이데올로기는 정치체제를 구축하고 정치적 신념을 표현하는 데 큰 역할을 한다. 그리고 이데올로기는 영화를 통해서 가장 잘 표현되어 국민들에게 전달된다. 이러한 면에서 영화 정책은 이데올로기에 의하여 크게 영향을 받게 되며, 정치가나 정부는 영화와 영화 정책을 이데올로기의 전달 수단으로 사용하게 된다. 한국 영화 정책 역시 이데올로기에 의해서 큰 영향을 받았다. 해방 이후 한국은 다양한 이데올로기를 경험하였으며 이러한 이데올로기의 변화는 영화 정책을 통하여 한국 영화계에 큰 영향을 미쳤다.

한국 사회에서 영화가 대중에게 인기가 높았던 장르라는 사실과는 대조적으로 정치적 권력(식민지 시기 일본, 미군정기, 군사정권 등)에 의해 항상 직·간접적으로 통제되어 왔다. 오랜 시간 동안 이러한 특수성 아래 형성된 독특한 산업 시스템이 충무로의 영화계라고 볼 수 있다.[32] 또한 군사정권 시기에 정부는 수입영화쿼터제를 도입하여 영화 시책에 따르는 국산영화제작자들에게만 제한적으로 외화 수입권을 부여하였다. 이는 정부의 입맛에 맞는 영화제작자에게만 외화 수입권이라는 특혜를 제공함으로써 영화계 내의 자율적인 분위기보다는 정부편향적인 정서를

---

31 한승준, 「영화지원정책의 이데올로기 경향성 연구: 영화진흥위원회를 중심으로」, 311쪽.
32 김정환, 「1980년대 영화의 정당화 과정으로서의 기회구조 분석」, p.130.

가지게 하였다. 특히 억압적인 정치 현실에 대한 저항의 목소리를 원천적으로 봉쇄하여, 소설을 기반으로 만들어지는 문화영화나 국가안보와 민족주의 이데올로기에 복종하는 정권친화적인 영화만이 생산될 수 있는 배경을 마련하였고,[33] 외화 수입권을 통하여 발생하는 산업적인 이해관계는 정부와 관련되었다. 이를 통하여 '영화제작'과 '외화 수입'이라는 전혀 다른 질서체계가 정부의 통제 아래 진행되었고, 영화계는 정치권력에 강력하게 종속되었다. 이 때문에 정부에서 요구하는 이해만 충족하는 타율적인 근성과 불투명한 제작 구조 속에 함몰되어 있었다.[34]

1980년대 진행된 제5차 〈영화법〉 개정과 한미영화협상을 통한 미국 직배사의 진출은 폐쇄적이었던 한국 영화 시장을 개방하는 데 큰 역할을 하였다. 5차 〈영화법〉 개정의 골자는 정부 편향적인 영화 정책에서 영화계의 자율성을 보장하는 것이었다. 문화예술 분양에 있어서 이러한 완화 조치는 전두환 정부가 정치적 억압에 대한 도피처로 영화를 비롯한 대중문화와 스포츠 등을 활성화시키고자 했기 때문이다. 이에 영화에 대한 검열을 완화하고 〈영화법〉 개정을 통해 영화진흥방안을 마련하려 한 것이다.[35] 이러한 정책의 변화를 통해 결과적으로 영화계는 외화 상영의 수익으로 안전하게 유지되던 관행에서 미국 영화와 경쟁하고 한국 영화의 경쟁력을 키우는 계기가 되었다. 폐쇄적으로 유지되던 한국 영화계가 신진 영화감독과 이론가들로 대폭 세대교체가 이루어진 것도 이러한 영화계 외부에서 벌어진 기회 요인 때문이라 할 수 있다.

1980년대 전두환, 노태우 정부는 반공이데올로기를 사용하고자 하였

---

33 김동호 외, 『한국영화 정책사』.
34 김정환, 「1980년대 영화의 정당화 과정으로서의 기회구조 분석」, 130~131쪽.
35 김동호 외, 『한국영화 정책사』.

으나 개방화되는 시대적 상황에서 반공이데올로기를 위한 영화 정책은 종전과 같이 성공을 이루지 못하였다.[36] 또한 전두환 정부는 1981년 연초에 발표된 영화시책에서 우수영화의 개념을 새롭게 규정해 우수영화 제작자에게 외국영화 수입쿼터를 주었다. 새 정부에서 말하는 우수영화란 "예술성을 지니고 많은 사람이 보고 즐길 수 있으며 관객에게 감명을 주고 사회의 계도와 교양을 갖춘 독창적인 작품"이다. 과거의 우수영화 개념이 민족성과 국가안보에 주안점을 두었던 반면, 이 시기의 우수영화는 예술성과 대중성을 좀 더 강조하고 있는 것이 차이점이다. 그러나 1982년부터 시책은 반공안보영화의 제작을 유도하여 반공영화 시나리오 공모, 전문작가 양성 등 반공안보영화진흥정책을 강구해 실시한다고 하였다. 이 시기의 통치방식은 검열이 완화되는 등 유신시대보다 상대적으로 자유로운 분위기이긴 했지만 영화의 내용과 관련한 영화시책의 규정은 정치적 측면에서의 이데올로기적 통제는 여전했음을 보여 준다.[37]

1980년대 후반부터 한국 사회에 전반적으로 시작된 민주화의 물결은 정치뿐만 아니라 경제, 사회, 문화 분야에도 영향을 미쳤는데, 특히 영화에서는 오래동안 유지되어 온 검열제를 철폐하고 표현의 자유를 되찾자는 목소리로 나타났다. 다만 영화의 경우 자유로운 표현의 쟁취는 한국 사회에서 통상적으로 진행되던 사회변동과는 다른 모습으로 전개되었다. 즉 한국 사회에서 대부분의 진보적인 발걸음은 당사자들의 불만이 단결된 모습으로 표출되면서 사회의 변혁을 이끌었으나, 영화의 경우에는 1996년에 헌법재판소에 의한 위헌판결이라는 합법 절차에 의해서 검

---

36 양경미, 「한국의 영화 정책과 이데올로기」, 2쪽.
37 김동호 외, 『한국영화 정책사』, 260쪽.

열제가 철폐되고 등급제도로 전환되었다.[38]

<표 3-4> 영화검열제도의 변천[39]

연도	1926~1945	1945~1948	1948~1950	1950~1952	1952~1955
검열 기관	조선총독부 경무국 고등 경찰과 도서실	미군정청 공부부	공보처 영화과	국방부 보도과	국방부 공보처 합동
연도	1955~1961	1961~1968	1968~1979	1979~1984	1985 이후
검열 기관	문교부 예술과	공보부 영화과	문화공보부 영화과	공연윤리 위원회	공연윤리위원회 사전심의 제도로 전환

특히 탈냉전기에 들어온 1990년대부터 김영삼, 김대중, 그리고 노무현 정부에 이르기까지 김영삼 정부에서는 신자유주의 이데올로기가 영화 정책에 영향을 주었고 그 결과 개방화가 더욱 추진되고 벤처기업과 대기업이 영화 산업에 참여하게 되었다. 대규모 자금의 모집이 가능함에 따라 시장성 있는 흥행위주의 영화가 제작되었고 수출도 가능하게 되었다.

그리고 1990년대 후반, 즉 김대중 정부에서는 북한과의 관계가 협력적이 되면서 민족주의 이데올로기가 영화와 영화 정책을 통해 나타나게 되었다. 스크린 쿼터제는 한국의 대표적인 민족주의적인 영화 지원 정책이라고 할 수 있다. 물론 그전에도 국산영화 보호를 위해 스크린 쿼터제를 운영하고 있었고, 그뿐만 아니라 민족주의적 이데올로기는 한국 사회에 존재하고 있었지만 1990년대 후반 외환 위기를 맞으면서 민족주의 이데올로기는 한국 사회를 지배하는 이데올로기로 자리 잡게 되었다.

38 김미현, 『한국 영화사: 開化期에서 開花期까지』, 353쪽.
39 최진용 외, 『한국 영화 정책의 흐름과 새로운 전망』, 서울: 집문당, 1995 2쇄, 197쪽.

이러한 결과 스크린 쿼터제의 존폐 여부에 대한 논쟁은 결국 1990년대 전반, 신자유주의 이데올로기와 후반의 민족주의 이데올로기의 상충관계에서 발생한 것으로 보아야 하는 것이다.

한국 영화계는 오랫동안 끊임없이 사회, 정치적 맥락, 그리고 정책과 법의 영향 아래 놓여 있었다. 그리고 이러한 정책과 법은 영화에 드러난 이데올로기에 대한 규제에 목적을 두고 있다. 한국전쟁 이후 한국 영화 산업을 구조적으로 접근한다면 크게 두 시기로 구분할 수 있다. 첫 번째는 1950년대 말에서부터 1990년대 초까지로, 충무로 중심의 제작사와 전국 6개 상권으로 구분된 지역별 간접 배급체계의 상호관계에 의해 근간이 유지되던 시기이다. 두 번째 시기는 1980년대 중반 영화제작이 자유화되고 할리우드 직배사의 국내시장에 대한 직접배급으로 시작되었다. 1990년대 중반 이후 전국적 규모의 국내 배급사가 활동함으로써 투자-제작-배급-상영체계에 이르는 구조가 형성되었고 국제적으로 한국 영화의 브랜드 가치가 창출된 새출발의 시기였다.[40]

이렇게 볼 때 해방 이후 한국의 영화 정책은 각 대통령을 중심으로 각기 다른 이데올로기에 의해서 크게 영향을 받았는데, 이는 한국 영화 산업에 있어 창작과 표현의 자유를 박탈하였으며 또한 작품성이 결여되는 원인이었다. 그 외에도 한국 영화와 영화 산업에 있어서 정치적 영향력을 증대시키는 등 많은 부정적인 역할을 하였다고 평가된다.[41] 특히 민족주의의 영화적 재현의 움직임은 집권정부의 성향과 밀접한 관계가 있다. 일례로, 한국전쟁을 소재로 하는 블록버스터 영화의 경우 집권정

---

40 김미현, 『한국 영화사: 開化期에서 開花期까지』, 399쪽.
41 양경미, 「한국의 영화 정책과 이데올로기」, pp.1-2.

부와 국방부의 지원을 받으며 이데올로기 담론에 있어서 완전히 자유로울 수 없다.

　민족주의는 다양한 주체에 의해, 다양한 목적을 위해, 다양한 방식으로 만들어져 왔다. 그렇기 때문에 민족주의 연구에서 가장 기본적인 질문은 누가, 무엇을 위해, 어떻게 민족과 민족주의를 구성하고 어떤 방식으로 사용하는가이다. 본 장에서 우리가 국가, 영화계, 관객의 삼자관계에 대한 논의를 통해 이 질문의 절반을 답할 수 있다. 이어서 4장에서 영화를 둘러싼 복잡한 구조에서 구성된 민족주의와 민족에 대해 탐구하고자 한다.

제4장

한국 영화의
민족주의적 성격의 변화

1. 민족을 상상하는 분단 의식
2. 민족 정체성의 재건
3. 반미·반일과 반 권력주의 정서

영화는 탄생 초기에 철저하게 상업적, 오락적 성격을 띠고 제작 및 상영되었지만, 영화가 특정한 주장과 이데올로기를 전파하는 데에 매우 효과적인 매체라는 것이 드러나는 데에는 그리 오랜 시간이 걸리지 않았다. 영화가 지닌 강력한 영향력은 제1차 세계대전 시기 미국과 영국의 선전영화제작을 계기로 현실화되었으며, 3장의 논의와 같이 한국의 경우는 국가가 영화 생산의 주체가 되어 국가의 정체성을 홍보하고 나아가 체제 수립과 그 유지에 필요한 이데올로기를 유포하는 일[1]은 독재정권까지 유지되었다고 볼 수 있다.

영화는 대중과의 접면이 큰 매체이기 때문에 시대에 대한 반영적 기능을 가지는 동시에 예시적 기능을 지니기도 한다. 영화와 시대의 상관관계를 논할 때 주목해야 하는 것이 영화에 드러나는 표상이다. 표상은 기억이자 현실의 반영인 동시에 미래를 향한 상상이기도 하기 때문이다. 그런데 영화의 표상이 현재 시점에서 시대를 읽어낼 때보다 의미 있을

---

1 이하나, 「정부 수립기~1950년대 문화영화와 국가정체성」, 『역사와 현실』 74호, 역사비평사, 2009, 520~521쪽.

수 있는 이유는 영화의 복합적이고 다중적인 성격에 있다. 영화는 상상력이 자본, 기술, 대중을 만나 충돌하고 길항하며 정향되는 과정 속에서 만들어진다. 따라서 영화는 본질적으로 한 작가에게 귀속되는 '작품'이기보다는 공동 창작된 '생산물'에 가까우며, 거기에서 드러나는 민족주의적 표상은 자본의 욕망, 대중의 기대, 그리고 국가 권력까지도 포함한다.[2] 앞서 3장에서 우리가 영화 생산을 둘러싼 권력구조에 있는 구성자(국가, 영화계, 관객)들이 민족주의를 정치적, 전략적으로 이용하여 영화적 재현을 하는데 있어 치열하게 조율해 온 것을 확인하였다. 영화에 드러나는 표상은 보이지 않는 격전을 통해 구성된 것이라고 해도 과언이 아니다.

본 장에서 한국 영화에 나타난 민족주의 표상의 성격 및 그 시기적 경향을 분석하고자 한다. 한국 민족주의는 시대적 상황과 관련하여 자주 통일, 민족국가수립, 근대화, 민주화를 핵심적 목표로 설정한다.[3] 이에 따라 그동안 영화에서 반복적으로 표현된 민족주의적 상징(특정 신분의 인물, 사건, 역사배경 등)을 찾아내고 소절별로 대표작들을 분석하고자 한다. 영화에 내재된 민족주의의 성격은 이러한 상징에 대한 재구성을 중심으로 규명된다. 그 외 특정 인물의 이미지, 표현방법, 제작자의 시각 및 제작 목적, 관객에게 미친 영향 등도 논의되고 있다. 이런 담론들의 전환은 집권세력 및 반대세력의 민족주의적 담론, 생산주체와 이익집단의 이해관계, 제작자의 시각 등에 의해 비롯되고 있다.

민족주의가 민족 내부의 통합을 가져올 것인지 혹은 갈등과 대립을

2 박유희, 「고립된 전사, 경계의 타자 ─탈냉전시대 한국전쟁영화에 나타난 "북北"의 표상」, 753쪽.
3 김수자, 「민주화 이후 한국 민족주의 담론의 전개: 6월 항쟁─김대중 정권」, 46쪽.

가져올 것인지를 결정하는 데 있어 가장 중요한 요인은 민족과 국가의 단위가 일치하는지 여부이다.[4] 분단국가라는 특수한 상황의 한국 민족주의에 있어서 가장 중요한 문제는 북한과 지금의 분단 상황에 대한 의식 및 담론이다. 그러므로 제1절에서는 한국 민족주의에 있어서 주된 요소인 '분단 의식'을 투영한 영화의 표상들에 대한 분석을 다룬다.

4 김동노, 「한국의 국가 통치전략으로서의 민족주의」.

1 민족을 상상하는 분단 의식

60여 년간 지속된 분단은 한국 사회에 큰 영향력을 행사하는 동시에 일상화된 현실이기도 하다. 여전히 '종북 프레임'이 정치적인 이슈를 양산하고 있으며 세 차례의 서해교전과 NLL논란, 연평도 폭격 그리고 남북관계가 국가의 최우선 과제 중 하나라는 점에서는 분명 매우 민감하고 중요한 문제이다. 이승만 정부의 "북진통일", 박정희 정부의 "승공통일"을 이어 노태우 대통령 시기의 분단에 대한 의식들은 그들의 통일방안으로 침작된다.

〈표 4-1〉 정부의 통일방안의 변화 추이

구분	내용
통일 원칙	자주·평화·민주(노태우)→자유민주주의(김영삼) →자주, 평화, 민족대단결(김대중, 노무현)→자유민주주의(현재)
통일국가상	민족·민주·자유·복지(전두환)→자유·인권·행복(노태우) → 자유민주주의(김영삼)→민주주의, 시장경제(김대중)→자유민주주의(현재)

그러나 반복되는 북한의 위협은 오히려 한국 국민을 무감각하게 만들었다. 특히 실질적으로 반공교육을 받지 않은 민주화 이후 세대에겐 지난 세기 세계를 지배하던 이념의 중요성이 약화되고 직·간접적으로 전쟁을 경험하지 못하였기 때문에 더더욱 분단을 실감하기란 어려운 일이 되었다.[1] 김동춘은 한국전쟁이 한국 사회의 형성에 지대한 영향을 미쳤기 때문에 한국전쟁은 한국 사회에 내재화, 일상화되었다고 분석하고 있다.[2] 그러므로 분단은 의식하지 못한다기 보다는 이미 일상화되어 있는 잠재된 의식으로 취급한다.

실생활에서 잠재된 분단 의식을 확인할 수 있는 것 중 하나가 끊임없이 등장하는 한국전쟁과 분단 상황을 다룬 영화들이다.[3] 한국전쟁이나 이산가족 문제, 간첩 등 분단 상황을 소재로 내면화된 분단서사를 기반으로 하는 일련의 한국 영화들을 가리켜 '분단영화'[4]라 한다. 분단영화는 다음과 같은 특징을 보인다. 첫째, 분단 상황을 소재로 한다. 한국전쟁뿐만 아니라 이산가족, 간첩, 대치중인 상황, 전쟁미망인 등 분단의 시대적

---

1 박상익, 「통일에 대한 인식전환과 통일교육 패러다임의 시프트」, 『한국동북아논총』 제59호, 2011, 123쪽.
2 김동춘, 『전쟁과 사회』, 서울: 돌베개, 2012, 56~57쪽.
3 이현진, 「분단의 표상, 간첩」, 『씨네포럼』 17호, 2013, 74쪽.
4 이영일은 반공영화, 군사물, 이데올로기 영화, 이산가족 영화 등 분단시대라는 커다란 배경에서 파생한 작품경향들을 거시적인 역사적 관점에서 '분단영화'로 규정했으며 김의수는 분단상황에 초점을 맞춘 일련의 영화를 가리켜 '분단영화'라는 장르로 규정하였다. 손은경 역시 남북의 분단상황을 소재로 한 영화들을 '분단영화'로 규정하였다. 한편 정영권은 분단영화 정의의 혼란에 대해 '분단영화'를 전쟁영화와 반공영화라는 틀 속에서 규정되었던 하나의 장르가 시대적 변화에 따라 변형된 형태로 나타난 것으로 이해해야 한다고 보았다. 이영일, 「영화: 분단비극 40년 영상 증언한 한국 영화」, 『북한』, 1984, 106쪽; 손은경, 「남북한관계의 변화에 따른 분단영화의 지배적 재현 패러다임에 관한 연구」, 서울대학교 석사학위논문, 2006, 2쪽; 정영권, 「한국 반공영화의 제도화 연구: 1949-1968 전쟁영화와의 접합과정을 중심으로」, 동국대학교 박사학위논문, 2011, 50쪽; 김의수, 「한국분단영화에 관한 연구: 분단영화의 장르적 정의와 진화과정을 중심으로」, 17쪽.

배경에서 파생된 소재의 영화들이 모두 이에 해당한다. 둘째, 관습적으로 내재되어 있는 분단 상황이라는 영화 외적인 긴장이 영화 텍스트의 긴장구조에 영향을 미친다. 셋째로는 서사적으로는 남북한의 동질성 회복을 염원하나 이루지 못하는 불완전한 마무리를 보여 준다. 분단영화는 온전한 해피엔딩으로 끝나는 경우가 없는데 파괴된 동질성을 확인하고 그것의 회복 가능성에 대한 답을 유보하는 분단서사에 기인한다.[5]

1980년대 초반부터는 영화제작의 자율화와 영화 심의가 완화되어 가는 경향을 보여 준다. 영화 시장 개방과 함께 등장한 또 하나의 영화 장르는 민족주의 영화이다. 그동안 금기시 되었던 남북분단의 문제가 영화화되기 시작하였다. 예를 들어 임권택 감독은 ≪길소뜸≫(1986)을 통해 남북분단으로 파생한 이산가족의 비극에 초점을 맞추었다. 이장호 감독은 이제하의 소설을 원작으로 한 ≪나그네는 길에서도 쉬지 않는다≫(1987)를 영화화하여 분단시대에 사는 한국인의 절망적인 의식과 구원을 갈구하는 사람들의 메시지를 묵시적으로 표현하였다.[6]

1990년대 후반 김대중 정부가 들어서면서 금기시 되었던 남북의 문제의 소재가 영화계 수면 위에 오르게 되고 친북적이고 본원적 민족주의를 강조하는 영화가 제작되기 시작하였다. 분단을 주요 모티브로 삼은 ≪쉬리≫를 시작으로 ≪공동경비구역 JSA≫에서 민족주의를 강조하였고 ≪태극기를 휘날리며≫에서는 형제애를 다루면서 민족주의의 뿌리인 가족주의를 환기시켰다.[7]

위와 같은 선행 정의와 연구를 근거하여 본 절에서는 분단 의식에

---

5 이현진, 「분단의 표상, 간첩」, 75~76쪽.
6 양경미, 「한국 민족주의 영화의 흐름과 특성: 1990년대 이후 작품을 중심으로」, 77쪽.
7 ibid, 77~78쪽.

내재된 민족주의적 특징들인 '한국전쟁 및 남북 대치', '빨치산 및 간첩', '이산가족 및 탈북자'를 분단의 표상으로 삼고 이들의 민족주의적 재현 변화 과정을 분석하려고 한다. 제1절에서 각 정부하에서 '분단 의식'이 드러날 수 있는 '한국전쟁'과 '남북 대치' 영화의 민족 및 민족주의가 어떤 방식으로 재현되고 있는지 살펴보고, 시대의 변화에 따라 어떤 '차이'를 보이고 있는지 분석해 보려고 한다. 이러한 '차이'들은 당시 정부의 분단 의식과 어떻게 관련되었는지 알아볼 것이다.

1.1. 한국전쟁 및 남북 대치

1950년 6월 25일 새벽에 발발한 한국전쟁은 반만년의 한국 역사에서 가장 비극적이고 참혹한 환란이었다. 한국전쟁은 1950년 이후 한민족의 운명을 결정한 가장 큰 사건이었다. 한국전쟁과 그로 인한 남북의 분단 및 대치는 지난 60여 년 동안, 한국 사회의 모든 영역에서 영향을 미쳤다.

이를 반영하듯 영화에서도 '한국전쟁'은 주요 소재로 활용되었다. 1960년대는 한국전쟁영화의 편수가 가장 많았던 시대로, 총 73편의 영화가 제작되었다. 한국전쟁과 근접한 시기였고 한국 영화의 전성기로서 제작 편수 자체가 많았기 때문이다. 이후, 한국전쟁영화는 1970년대에는 40편, 1980년대는 18편 정도가 제작되다가 1990년대 이후에는 11편으로 줄어들었다.[8]

---

8 김경욱, 「한국 영화에서 한국전쟁이 재현되는 변화과정에 관한 연구」, 『영화연구』55호, 2013, 7~8쪽.

여기에서 '한국전쟁영화'란 한국전쟁 및 남북 대치 상황을 주요 제재나 배경으로 취하고 있는 영화를 일컬으며, 한국전쟁영화에서 '공간으로서의 북한'은 재현되는 경우보다 '분단 의식' 및 '북한의식'의 표상은 대부분 인물을 통해 드러난다. 한국전쟁 상황에서 그 인물들은 인민군, 빨치산, 공산주의자 등으로 나타나며 국군과 대치하는 '적'이 된다. 특정한 인물에 대한 분석은 제2, 3절에 다룰 예정이고 본 절에서는 '한국전쟁' 및 전쟁이 끝난 뒤 지금까지 지속된 '남북 대치'의 배경으로 제작된 영화 대표작에 대하여 분석하고자 한다. 물론 한 영화 속에 여러 표상이 나타날 수 있으니 반복 논의할 수도 있다.

1948년 이승만은 미국의 지원에 의해 남한만의 단독정부 정권을 얻게 되었고, 6·25전쟁까지 미국이 주축이 된 UN군의 지원으로 위기를 모면하게 되면서 한국 사회는 미국이 지향하는 이데올로기를 받아들이게 되었고 반공이 모든 것을 지배하는 사회가 되었다. 전후 한국 사회는 전쟁 복구를 통해 사회 안녕과 질서를 회복하는 것이 급선무였고 국가의 안녕과 질서를 위해서는 국토방위를 강화하고 반공이념을 국민의 의식 속에 심어야 했다.[9] 이에 따라 계몽영화, 반공영화의 제작을 활발하게 제작하도록 유도하였고, 이러한 영화의 제작을 위해 지원정책 및 국산영화보호육성책을 시행하였다.[10]

공식적으로 한국전쟁이 마무리된 것은 50년대 중반을 바라보는 1953

---

9 군정법령 제 115조는 영화의 상영, 배급에 있어서 허가제를 도입하면서 전권을 공보부에 부여하였으며, 전문 10 항목으로 구성된 경찰청의 〈극장 및 흥행 취체령〉 중에서 국교친선을 해하는 것, 시사를 풍자하거나 공안상 유해한 것, 국가 내지 관공사의 위신을 해하는 것, 군정반대 또는 관민이간을 골자로 한 것, 계급투쟁의식을 유발한 것 등의 항목은 당시의 반공이데올로기가 잘 반영된 것이다. 김동환, 「한국 영화 정책의 발전방향에 관한 연구」, 한양대학교 행정대학원 석사학위논문, 1989, 40~41쪽.
10 김흥동, 「영화법규와 시책으로 본 정책의 흐름」.

년 7월 27일이지만, 나머지 50년대의 중후반 기간 내내 전쟁의 상흔은
바로 엊그제의 일처럼 남한 사회를 지배하였다. 당시 휴전회담에서 남한
대표가 빠진 사실에서 상징적으로 알 수 있듯이 이승만 정부의 북진통일
이 공공연하게 선언되던 시기이기도 하다.

남한 군사력의 과시는 전후 민심을 수습하는 차원에서 당연한 것이었
다. 그런 점에서 "기계화 부대"와 대규모의 군 병력을 동원하여 만들어낸
거리 스펙터클은 1950년대 전반기에 왕성하게 생산되었던 전쟁영화들
이 해 왔던 역할을 이어받은 것이라고 할 수 있다. 국방부 정훈국 영화과
에서 내놓은 한국전쟁 기록영화 ≪정의의 진격 1부≫(1951)를 시작으로
1950년대 전반기까지 한국 영화의 주류는 군이나 관이 제작한 한국전쟁
영화가 차지하였다.[11]

〈표 4-2〉 1950~1955년 제작된 한국전쟁 관련 주요 영화들의 목록[12]

제목	연도	감독	제작	분류	내용
아름다웠던 서울	1950	윤봉춘	서울시	다큐	전쟁 전과 후의 서울의 모습
서부전선	1951	윤봉춘	계몽영화협회	다큐	전쟁발발에서 휴전회담까지를 기록
정의의 진격 1부, 2부	1951 1953	한형모	국방부 정훈국	다큐	전쟁발발에서 휴전회담까지를 기록
오랑캐의 발자취	1951	윤봉춘	계몽영화협회	다큐	1,4후퇴 당시 서울의 모습
내가 넘은 삼팔선	1951	손전	영남영화사	극영화	월남민의 참전과 전사戰死
삼천만의 꽃다발	1951	신경균	청구영화사	극영화	전쟁 중 실명한 장교와 간호장교의 사랑

11 이순진, 「민주화운동과 문화, 한국전쟁 후 냉전의 논리와 식민지 기억의 재구성: 1950
년대 문화영화에서 구축된 '이승만 서사'를 중심으로」, 『기억과 전망』 제23집, 2010,
84쪽.

태양의 거리	1952	민경식	대구자유극장	극영화	월남민 마을의 불량청소년 선도
영과의 길	1953	윤봉춘	계몽영화협회	세미다큐	병역기피자와 자원입대자의 이야기
창수만세	1954	어약선	계몽영화협회	극영화	부부간첩을 신고한 아이들
혈로	1954	신경균	청구영화사	극영화	간호장교들의 헌신과 공비소탕
운명의 손	1954	한형모	한형모프로덕션	극영화	여간첩과 남한 특무대원의 사랑
주검의 상자	1955	김기영	리버티프로덕션 (미공보원)	극영화	공산주의자의 집에 폭탄을 설치한 청년
자유전선	1955	김홍	한국 영화 제작공사	극영화	미군병사와 한국인 간의 우정
피아골	1955	이강천	백호프로덕션	극영화	빨치산 토벌

　　한국전쟁영화의 제작 경향을 살펴보면, 1960년대부터 1970년대 말까지는 박정희 정부의 '반공주의 정책'에 부합하는 반공물이 대부분이었다. 이러한 경향은 1960년대 말부터 더욱 심화되었다. 1973년에 국가기관으로 설립된 '영화진흥공사'는 대규모 제작비를 투입해 임권택의 ≪증언≫(1973), 이만희의 ≪들국화는 피었는데≫(1974) 등, 이른바 '국책반공영화'를 직접 제작하기도 하였다.

　　박정희 군사 정부 시기의 영화 정책은 시장의 자율성을 억압하고 정책적 통제를 통한 대기업 양성을 목적으로 펼쳐졌다고 할 수 있다. 한국전쟁 참전 용사였던 감독 이만희는 1960년대 '반공영화' 흥행작들을 제작하는 과정에서 국가로부터 물질적, 제도적으로 전폭적인 지원을 받기도 하였다. 그러나 1965년 작품인 ≪7인의 여포로≫에서 북한군을 동일 '민족'의 범주 안에서 형상화하였다는 이유로 이만희는 검찰에 의해 반공법 위반으로 기소되었고 영화는 상영 금지 처분까지 받았다. 그리고

12 한국영상자료원 데이터베이스, www.kmdb.or.kr.

≪7인의 여포로≫는 6·25전쟁 당시 여군들과 민간인 부인과 양공주 그리고 고아 소녀가 북한군에게 포로로 잡히고 여포로 중 한 명이 중공군에 의해 겁탈 당하려는 것을 북한군 장교가 구출해 주는 과정에서 인권을 유린하는 공산주의 사상에 염증을 느낀 공산군들이 전향하게 된다는 내용을 담고 있다. 그러나 정부의 적극적인 지원 속에서 만들어진 이만희의 다른 작품에서 다루어졌던 국군과 이 작품에서 국군 묘사가 본질적으로 다르지 않다는 점을 감안할 때 박정희 정부와 이만희의 민족 표상이 늘 상충되는 것이었다고 볼 수 없다.[13]

다시 말해서 이 시기의 한국전쟁영화는 반공영화의 프레임 속에서 한국전쟁을 재현할 수밖에 없었다. 인민군과 빨갱이는 짐승만도 못한 악의 화신으로서 반드시 전멸시켜야 하는 존재로 재현되었다. 견고한 레드 콤플렉스의 고정관념 속에서 한국전쟁의 진실을 역사적으로 성찰하기는 거의 불가능하였다. 실제의 한국전쟁은 미국군이 참전하고 중공군이 개입하면서 세계적 규모로 확대된 전쟁이었다. 그러나 영화에서는 한국전쟁이 동족상잔의 비극이자, 냉전시대의 산물이라는 점을 거의 주목하지 않았다. (영화에서 인민군과 빨갱이의 만행만 고발하고, 국군과 연합군의 행각에 대해서는 완전히 침묵하였다.)[14]

1970년대는 한국 영화 산업의 불황이 시작된 시기였는데, 1980년대에도 상황은 나아지지 않았다. 이 시기 동안 한국 영화의 제작 편수, 점유율, 관객수는 지속적인 하강곡선을 그었다. 정부에서 지원하는 문예영화 정책이 폐지되면서, 계몽영화, 새마을영화, 반공영화도 줄어들었다. 그

---

13 김지미, 「박정희 시대의 '민족' 담론과 이만희 영화의 '민족' 표상」, 『한국현대문학연구』 제41집, 2013, 540~541쪽.
14 김경욱, 「한국 영화에서 한국전쟁이 재현되는 변화과정에 관한 연구」, 8~9쪽.

나마 에로티시즘 영화의 흥행이 산업을 지탱하는 근간이 되었다. 이렇게 열악한 상황 속에서 흥미롭게도 '분단영화'[15]의 편수가 많지는 않았으나 일종의 '작가영화'로서 제작되었다. ≪나도 인간이 되련다≫(1969), ≪불꽃≫(1975) 같은 반공영화를 찍었던 유형목이 ≪장미≫(1979)를 연출했고, 1980년대에 흥행감독으로 각광을 받은 배창호는 ≪그해 겨울은 따뜻했네≫(1984)를 찍었다. ≪만다라≫(1981)를 통해 작가로서 평가받기 시작한 임권택은 ≪짝코≫(1980)와 ≪길소뜸≫을 연출하였다. 이것은 산업적으로는 위기의 시기를 보냈지만 미학적으로는 일정한 성취를 이루어냈다고 평가받는 1980년대 한국 영화의 의미심장한 결과물이었다.

이러한 현상은 한국 영화 산업이 새로운 르네상스의 조짐을 보이기 시작한 1990년대에도 계속되었다. 1993년 문민정부의 출발과 함께 표현의 자유가 대폭 늘어나면서 이전 시대에는 금기였던 관점에서 한국전쟁과 분단을 다룬 영화들이 등장하여 일정 부문 흥행에도 성공하였다. 대표적인 예로는 정지영의 ≪남부군≫(1990), 장길수의 ≪은마는 오지 않는다≫(1991), 박광수의 ≪그 섬에 가고 싶다≫(1994), 임권택의 ≪태백산맥≫(1994) 등이 있다. 이렇게 1980년대와 90년대의 감독들은 자신의 비전을 갖고 작가영화를 모색할 때, 질곡의 한국현대사를 되돌아보면서 한국전쟁과 분단 문제를 재해석하려고 하였다.[16]

≪쉬리≫의 성공 이후 분단 문제를 다루는 '분단영화'인 장르영화들이 대거 제작된다. '한국형 블록버스터' 시대로 빠르게 진입하면서 상황은 달라졌다. 한국 영화계가 전무후무한 호황을 맞으면서 산업의 규모는

---

15 이 책에서, 한국전쟁영화는 '한국전쟁을 배경으로 전쟁을 소재로 한 영화'를 말한다. 분단 영화는 '한국전쟁으로 야기된 남북의 분단 상황을 소재로 한 영화'를 일컫는다.
16 김경욱, 「한국 영화에서 한국전쟁이 재현되는 변화과정에 관한 연구」, 9쪽.

대폭 확장되었으나 상업주의의 파도 속에서 작가영화의 입지는 오히려 점점 축소되었다.

2000년 6월 13일, 김대중 대통령은 평양의 순안공항에 도착해 김정일 국방위원장을 만났다. 그들은 밝은 표정으로 반갑게 서로의 손을 맞잡았다. 이틀 뒤에는 6·15공동선언이 발표되었다.[17] 그해 가을, 박찬욱의 ≪공동경비구역 JSA≫가 개봉하여 580만 관객을 동원하였다. 그러나 6·15공동 선언 10주년인 2010년, 천안함 사태를 계기로 악화해가던 남북한 관계는 최악의 상황으로 치달았다. 천안함 사태가 터지기 직전 장훈 감독의 ≪의형제≫(2010)가 개봉하여 그해 한국 영화 흥행 순위 2위를 차지하며 540여만 명의 관객을 동원하였다. 판문점 공동경비구역의 남북한 병사 네 명이 비밀리에 우정을 나누는 이야기 ≪공동경비구역 JSA≫는 남북의 화해 무드 속에서 흥행에 성공했고, 남북한의 전직 국정원 요원과 북한의 남파 간첩이 '의형제'가 된다는 설정의 영화 ≪의형제≫는 남북 관계가 점점 나빠져 가고 있는 상황에서 흥행에 성공하였다.[18]

2010년 이전의 한국 영화에서 간첩들은 대부분 비극적인 최후를 맞이하였다. 남파공작원 이방희는 OP의 특수요원 유중원의 손에 죽는다(≪쉬리≫). 북한의 식량난을 해결하기 위해 슈퍼 돼지 유전자를 훔치는 임무를 띠고 남파된 간첩 리철진은 코미디 영화의 주인공임에도 불구하고 마지막에는 자살을 한다(장진, ≪간첩 리철진≫(1999)). 이중간첩으로

---

17 김대중 대통령과 북한의 김정일 국방위원장이 합의하여 발표한 공동선언으로, 첫째, 통일 문제의 자주적 해결, 둘째, 1국가 2체제의 통일 방안 협의, 셋째, 이산가족 문제의 조속한 해결, 넷째, 경제 협력 등을 비롯한 남북 간 교류의 활성화 등을 그 내용으로 한다.

18 김경욱 『(나쁜 세상의) 영화사회학: 21세기 한국 영화와 시대의 증후』, 서울: 강, 2013, 117~118쪽.

살다 남과 북 모두의 제거 대상이 된 림병호는 연인과 함께 리우데자네이루까지 도망을 치지만 결국 암살당한다(김현정, ≪이중간첩≫(2002)).[19] 그런데 2010년 ≪의형제≫의 송지원(강동원)과 2013년의 ≪은밀하게 위대하게≫의 원류환(김수현)은 간첩임에도 불구하고 죽지 않은 것이다. 송지원과 원류환의 공통점이 있다. 둘의 기표는 '간첩'인데 거의는 가족을 두고 온 '탈북자'이다. 간첩이라는 기표는 액션 장면의 스펙터클을 만들어내고 탈북자라는 기의는 너무나 인간적인 심부름꾼과 '동네 바보'를 만들었다. 두 영화의 공통점은 빨갱이를 혐오하거나 용서할 수 없는 존재가 아닌 가련한 탈북자로 표현하였다.

남북한 분단 영화들은 민족nation과 국민국가nation-state의 의미를 분리시키면서 여기에서 생긴 간극, 즉 냉전의 시대 서구 열강들의 이해관계가 남긴 '한 민족, 두 국가'의 민족적 고통에 입각하고 있다. 적어도 북한을 하나의 국민국가 및 정체로 이해한다는 측면에서, 이 영화들은 남한을 한반도의 유일한 합법적 정부로 인정하면서 국가적 정당성을 부정했던, 냉전 시대 남북한 문제를 다룬 영화들과는 분명한 획을 긋는다. 그런데 이러한 영화들 모두 민족의 의미화에 있어서는 그것을 어떤 본질적인 것, 자연적인 것, 그리고 선험적인 것으로 재현한다.[20] ≪태극기 휘날리며≫가 대표적인 예에 해당한다. 이 영화에서 진태를 움직이는 원리는 동생 진석을 살려야 한다는 일념이다. 그에게 진석과 가족 이외에는 아무것도 고려 대상이 되지 않는다. 이념이나 애국심은 물론이고 의리도 중요하지 않다. 동생이 죽었다는 이유로 그는 방금 전까지 함께 싸우던

---

19 *ibid.*

20 권은선, 「한국형 블록버스터'와 민족주의 담론의 절합관계 연구」, 한국예술종합학교 예술전문사논문, 2001, 68~69쪽.

전우들에게 총을 들이댈 수 있는 것이다. ≪태극기 휘날리며≫류의 감정적인 태도는 최근에 나온 영화들에서도 잘 드러난다. 예컨대, 박건용의 ≪적과의 동침≫(2011)이나 이재한의 ≪포화 속으로≫(2010)에서 인물이 행동하고 변하는 이유 모두가 사적인 감정에서 기인한다.

2000년대 한국전쟁영화는 대부분 블록버스터의 성격을 지닌다. 많은 학자들이 블록버스터는 더 이상 국가 단위에서 관리되지 않는 글로벌 사회로 전환될 때 추동되는 영화적 현상이라고 보지만, ≪포화 속으로≫와 같은 영화는 1970년대 국책영화를 방불케 할 정도로 정부의 지원을 받았다. 이 영화에 대해 국방부는 "공익 영화가 아닌 상업 영화에 대한 협조지원은 불가능하다"라는 원칙을 깨고, 한국전쟁 당시의 모습을 생생하게 담을 수 있도록, 탱크 4대를 비롯한 군무기를 제공하였다.[21] 개봉 전에는 "6·25참전국 관계자들과 외신기자들을 위한 특별시사회"가 개최되었고, 개봉 이후 청와대에서 공식 상영회를 가졌으며, 6·25휴전일 기념으로 미국에서도 '특별 북미 시사회'를 진행하였다. 전쟁영화로는 이례적으로 12세 관람등급이 확정되었고, '천안함 사태'와 맞물려 젊은 세대들을 위한 반공교육영화에 가깝게 선전되었다. 영상물등급위원회는 ≪포화 속으로≫의 12세 관람 등급 결정 사유에 대해 "한국전쟁의 실화를 바탕으로 하고 있고, 조국을 지키기 위한 학도병들의 애국심과 희생정신을 느낄 수 있기 때문"이라고 밝혔다.[22] 한국전쟁을 다루는 영화는 한국과 북한의 정치적으로 민감한 주제이기 때문에 당시 정부의 입장과

---

21 「'포화 속으로' 차승원, 때 아닌 국방부 항의 받은 까닭은?」, 『스포츠조선』, 2012년 11월 12일자.
22 「'포화 속으로', '태극기 휘날리며' 이어 국민영화 될까?」, 『아시아경제』, 2010년 6월 9일자; 박유희, 「고립된 전사, 경계의 타자−탈냉전시대 한국전쟁영화에 나타난 "북北"의 표상」, 767~768쪽, 783쪽 재인용.

남북 관계에 따라 영화에 영향을 받을 수밖에 없다. 최근 정치적 국면과 한국전쟁영화의 현상은 그 상관관계를 시사한다.

1.2. 빨치산 및 간첩

1.2.1. 빨치산 영화

한국 영화사에서 탈냉전의 분위기를 대중에게 각인시킨 영화는 정지영 감독의 《남부군》(1990)이었다. 《남부군》은 1988년에 출간되어 큰 방향을 일으켰던 이태의 빨치산 체험수기[23]를 원작으로 하여, 분단으로 인해 금지시켰던 좌익 내부의 이야기를 다룬 영화였다.

빨치산의 활동은 여순 사건부터 시작된다. 여순 사건은 1948년 10월 19일, 제주도 여수 14연대 반란에서 비롯되어 순천 등 전남 동부지역으로 급속히 확산되었다. 반란은 군의 진입으로 흩어졌으나 반군 병력이 호응 세력과 함께 지리산에 입산하였다. 빨치산 활동이 시작된 것이다. 여순 사건 직후 빨치산 활동은 6년여 동안 전개되면서 큰 희생과 비참한 결과를 낳았다. 이들은 전쟁이 경과하면서 북측의 소모적인 유격부대 운용, 이승만 정부의 적대적 대응과 진압, 장기간의 물자보급 요구와 토벌에 시달린 지역 주민들의 외면 속에서 소멸하였다.

이들에 대한 평가는 극과 극을 오간다. 빨치산을 '인간'으로 표현하는 일은 반공영화에서 용납되지 않았다. 한국 사회의 급격한 변동 속에서 빨치산 수기와 그 경험에 잠시 관심이 높았던 시기도 지나갔다. 빨치산

---

23 「베스트셀러 새 판도」, 『동아일보』, 1988년 8월 2일자; 「서점가 선풍적 베스트셀러 빨치산 체험수기 『남부군』」, 『한겨레신문』, 1988년 8월 18일자.

활동을 객관적으로 복원할 서술체계도 없는 것이 현실이다. 당시 상황이 기록되지 못한 상황에서 이들을 이념으로 무장한 조직의 소모품이나 '악질 빨갱이'로, 혹은 그 대척점에서 '강철 같은 투사'로만 바라보는 것은 제한되고 닫혀버린 인식일 수밖에 없다. 빨치산 영화의 성취와 아쉬움은 그 시대가 갖는 인식적 범위와 한계의 다른 표상이다.[24]

빨치산을 다룬 영화는 간첩 영화에 비해서 훨씬 적지만 한국 영화로 고전의 반열에 오른 이강천의 ≪피아골≫(1955)은 휴전협정 조인 후 피아골에 은신한 소부대의 이야기이다. 1953년 11월, 피아골에서 숨어 지내다가 지역 부락으로 출몰해 살인·방화·약탈 등 온갖 몹쓸 짓을 하는 '아가리'부대원들에겐 피도 눈물도 없다. 사상을 의심해서 죽이고, 비리를 감추기 위해 동료를 죽인다. 열 명쯤 되었던 부대원이 서로 죽이고 죽는 바람에 결국 대장 '아가리'가 홀로 산에서 내려와 휘청거리는 '애란'의 모습 뒤로 갑자기 태극기가 펄럭이며 영화는 끝을 맺는다.

영화는 전체 흐름의 인과관계에 대해 별다른 설명이 없다. 이들이 빨치산이 되어 산에 머물러 있는 까닭은 무엇이지 영화만으로는 알 길이 없다. 그럼에도 이 영화는 개봉 당시 반공법 위반 시비에 휘말렸다. 빨치산들의 인간적 갈등과 욕망을 '사실적으로' 그렸기 때문이다.

≪피아골≫ 이후 35년의 세월이 흐른 후 영화 ≪남부군≫과 ≪태백산맥≫은 빨치산들을 영화의 전면에 내세워 불완전하게나마 지워진 기억 일부를 영상으로 복원해 보려 하였다. ≪남부군≫은 빨치산의 내부로 들어갔다는 점에서 이전의 영화와 궤를 달리하는 것이었다. 이 영화

---

24 이선아, 「빨치산 영화, 지워진 역사의 불완전한 복원 시도」, 『내일을 여는 역사』 제36집, 2009, 254~256쪽.

는 구성에서 ≪피아골≫과 매우 유사한 양상을 보이고 있으며, 공산주의 이념을 순수한 청년이나 무지한 하층민을 현혹하는 실현 불가능한 이상으로 의미화하고 있다.

≪남부군≫에 비해 ≪그 섬에 가고 싶다≫는 인민군에게만 해당되는 줄 알았던 간악한 술수와 학살이 국군에 의해서도 자행되었음을 고발한다. 그리고 전쟁의 와중에 좌익과 우익으로 나타났던 대립은 서민 차원에서는 이념의 대립이라기보다는 사적인 차원의 반목이나 복수인 경우가 많았음을 이야기한다. 그리고 마지막에는 제의祭儀를 통해 상잔相殘의 상처에 대한 치유와 후손간의 화해를 도모하며 좌우에 관계없이 피해자임을 강조한다.

좌우 혹은 남북이 모두 피해자라는 공감대를 확장하고자 하는 점에서는 ≪태백산맥≫도 유사하다.[25] 그런데 ≪태백산맥≫에서는 보다 긍정적인 시선으로 좌익 내부를 바라본다. 영화 ≪태백산맥≫에는 여순 사건 이후 제주 파병을 반대한다는 명분과 함께 미비한 친일청산, 피폐한 농촌의 형편도 빨치산 활동 확대의 원인이 되었다. 국회의원들도 여순 사건의 원인에 대해 일제유제 온존과 정부 불신, 애국지사 냉대를 지적하였다. 1949년 하반기로 넘어가면서 빨치산 부대는 정비되어 오대산과 태백산 지구 인민유격대 병단, 지리산 이현상부대가 유격 활동을 전개하는 과정도 ≪태백산맥≫에서 보여 주고 있다.

두 영화 모두 빨치산에 대한 극단적인 시선은 지운, 불완전한 역사에 대한 복원 시도들이었다.

25 박유희, 「고립된 전사, 경계의 타자: 탈냉전시대 한국전쟁영화에 나타난 "북北"의 표상」, 759쪽.

〈표 4-3〉 빨치산 영화 대표작 목록

연도	영화 제목
1955	≪피아골≫
1990	≪남부군≫
1993	≪그 섬에 가고 싶다≫
1994	≪태백산맥≫
2003	≪송환≫
2012	≪지슬≫

1.2.2. 간첩 영화

한국전쟁을 다룬 영화들이 공통적으로 한국전쟁 당시의 참혹함, 특히 동족상잔의 비극성에 초점을 맞췄던 가운데 간첩 영화는 분단영화 중 분단국가라는 특수성을 가장 잘 반영하는 영화일 수밖에 없다. 전쟁의 기억을 상기하고 부각시키며 분단의 실체를 명확하게 파악하기 어려운 현실 속에서 간첩이라는 존재는 전쟁의 연속과 현재 남과 북이 대치 중이라는 현실을 드러내는 상징이기 때문이다.

간첩은 한국 영화의 주요 소재이며 다양한 방식으로 재현되어 왔다. 간첩을 다룬 영화는, 대략적으로 2000년대 이전은 반공영화의 하위범주로, 이후로는 대북관계의 변화를 드러내는 현상의 일부로 연구되었다. 그럴 수밖에 없는 것이 한국 사회에서 간첩이 갖는 의미는 영화 속 캐릭터에 머무는 것이 아니라 분단 상황과 결부되어 인식되었으므로 분단의 표상으로 작용하였기 때문이며 관객 역시 간첩이란 캐릭터에서 분단의 현실과 위협의 대상으로서 북한을 읽어낸다. 즉, 간첩은 위협과 공포의 구체적인 표상이며 동시에 형식화되어 나타나는 북한의 실체로 여기며 전쟁이 끝나지 않았음을 보여 주는, 분단을 현재화시키는 존재인 것이다.

분단국가인 한국 사회에서 간첩은 007시리즈의 제임스 본드와 같은 스파이가 아니라 '이승복' 어린이를 찢어 죽인 악마적 이미지로 각인된 남파공작원을 지칭한다. 따라서 반공영화 속 간첩은 반드시 제거해야 할 적이었고 북한의 직접적인 공포와 위협의 표상으로 등장하였다. 이러한 간첩의 성격은 그 역사가 매우 길다. 간첩 영화가 본격적으로 반공영화의 범주 안에서 다뤄지게 된 것은 1960년대 이후이다. 5·16군사쿠데타를 통해 정권을 잡은 박정희 정부는 반공을 국가 이데올로기로 삼게되면서 반공영화라는 장르가 본격적으로 구축되고 반공영화 장르뿐 아니라 모든 영화에 대한 정치적 검열을 강화시켰다.[26] 박정희 정부는 국가 이데올로기로 반공을 수립하고 우수영화 보상제도를 통해서 국가적으로 반공영화를 장려 육성하였으며 이중검열을 통해 영화를 사상적으로 통제하기 시작하였는데 이러한 기조는 1988년 대종상에서 반공영화상과 안보 부분작품상이 없어질 때까지 유지되었다.

〈표 4-4〉 2000년대 전 간첩 영화 대표작 목록

연도	영화 제목
1954	≪창수만세≫, ≪운명의 손≫
1955	≪죽엄의 상자≫, ≪피아골≫
1958	≪사람팔자 알 수 없다≫
1959	≪후라이보이 박사소동≫
1962	≪육체는 슬프다≫, ≪여정만리≫, ≪붉은 장미는 지다≫
1963	≪검은 장갑≫
1965	≪여간첩 에리샤≫
1968	≪팔푼며느리≫
1969	≪요절복통 일망타진≫
1970	≪소문난 구두쇠≫

26 김미현, 한국 영화사: 開化期에서 開花期까지, 서울: 커뮤니케이션북스, 2006, 301쪽.

| 1973 | ≪천사의 분노≫ |
| 1979 | ≪똘이 장군≫(간첩 잡는 똘이 장군) |

박정희 정부의 문화 정책은 반공과 전통주의를 바탕으로 한 민족주의를 이데올로기적 기반으로 한 근대화 정책에 따라 국가주의와 민족문화 담론이 구체화되는 매개였고, 따라서 다른 부문과 마찬가지로 국가는 문화영역에도 적극적으로 개입하였다.[27] 1960년대 전까지 간첩 영화가 간헐적으로 제작되었던 것을 상기해 볼 때 1960년대 간첩 영화의 활발한 제작은 반공을 국시로 하는 정부를 표방했던 박정희 정부의 등장이 직접적인 영향으로 작용했던 것으로 보인다.[28]

반공영화라는 표지는 반공을 국시로 삼은 군사정부의 지원과 각종 허가 등 특혜의 대상이 되었으므로 상업적 반공영화가 자발적으로 많이 제작되었다는 것을 충분히 짐작할 수 있다. 따라서 이 시기 영화 속 간첩은 철저한 반공이데올로기를 구현하였으므로 위협적이고 공포의 표상으로 그 이미지가 강화된다. 대표작으로 '이승복 어린이 사건'을 영화화한 ≪천사의 분노≫(1973)는 남파무장간첩의 무자비하고 악마적 행위를 통해 공포의 표상으로서 간첩의 이미지를 각인시켰다.

2000년 이전의 '간첩'과 이후의 '간첩'은 영화에서 매우 다르게 다루어진다. 반공이 국시가 되었던 군사정권 시절인 1965년 이만희 감독이 ≪7인의 여포로≫에서 북한군을 인간적으로 묘사하였다는 이유로 반공법

---

27 박지연, 「영화법 제정에서 제4차 개정까지의 영화 정책」, 『한국영화 정책사』, 서울: 나남출판, 2005, 191쪽.
28 정영권, 「한국 반공영화의 제도화 연구: 1949-1968 전쟁영화와의 접합과정을 중심으로」, 101쪽.

위반으로 구속 기소된 필화사건[29]은 당시 반공이데올로기의 경직성을 보여 주는 대표적인 사례라 할 수 있다.

≪쉬리≫는 에릭 홉스봄이 '극단의 시대'라고 부른 20세기의 국제 질서를 주도한 냉전 체제가 해체된 이후, 다시 말해 탈냉전 시대에 지구상에 남겨진 최후의 분단국인 한국의 분단 상황을 배경으로 하고 있다. 냉전 시대 블록 간의 긴장된 평화에 의해 유지된 민족 분단은 냉전의 해체와 더불어 새로운 국제 질서 속에서 재편되었다. 남북한 간의 장벽은 낮아질 수밖에 없었고, 또한 거시적으로는 통일의 도장에 들어서게 되었던 것이다. 좀 더 구체적으로 ≪쉬리≫는 김대중 정부에 의해 추진된 '햇볕정책'이 막 발화하던 시점에서 제작되었다는 측면에서 강한 정치적 함의를 갖는다. '냉전 시대의 유산과 탈냉전 시대의 유토피아적 이미지'- ≪쉬리≫에서 남한은 바로 이 둘 간의 경계 혹은 그 '사이의 공간 in-between'에 위치한다. '탈냉전시대의 대남 첩보전'이라는 상호 모순된 이야기를 다루고 있는 ≪쉬리≫는 바로 냉전 시대의 분단 고착 이데올로기와 탈냉전 시대의 민족 통일이라는 유토피아적 이미지를 동시에 불러와 상호 중첩시키고 갈등시키면서 민족 서사를 구축한다.[30]

2000년대 간첩 영화는 기존의 간첩 영화가 재현하는 천편일률적인 방식, 반공이데올로기를 강화하는 양상에서 벗어나 과거 공안시절 조작간첩 사건의 진실을 다루거나 비전향 간첩 등 반공이데올로기의 어두운 이면을 드러내는 한편 액션, 스릴러, 코미디 등 다양한 장르로 변용되었다.

---

29 「영화 '7인의 여포로'감독 이만희씨 구속기소」, 『경향신문』, 1965년 2월 5일자.
30 권은선, 「한국형 블록버스터'와 민족주의 담론의 절합관계 연구」, 45쪽.

〈표 4-5〉 2000년 전후 제작된 간첩 영화 목록

연도	영화 제목
1999	≪쉬리≫, ≪간첩 리철진≫
2002	≪이중간첩≫
2003	≪실미도≫
2004	≪그녀를 모르면 간첩≫, ≪송환≫, ≪효자동 이발사≫
2005	≪프라치≫
2007	≪무죄≫
2010	≪의형제≫
2011	≪스파이 파파≫
2012	≪간첩≫, ≪붉은 가족≫
2013	≪베를린≫, ≪은밀하게 위대하게≫, ≪동창생≫, ≪붉은 가족≫, ≪용의자≫

이들 영화 속에 간첩은 공통적으로 이념보다는 체제의 차이에서 오는 이질감과 거기서 파생되는 웃음과 갈등 그리고 인간적인 면과 더불어 공존할 수 없는 비극을 부각시키는 등 간첩의 재현방식 또한 다양화되고 있다.[31] 한편 간첩의 존재가 반드시 적대적으로 그려지는 것만은 아니다. 2000년대 들어 과거와 전혀 다르게 변화된 점이 바로 간첩을 동지애적 혹은 가족애의 관점으로 묘사한 영화들의 등장이다. ≪의형제≫는 제목처럼 남한의 국정원 직원 이한규와 남파간첩 송지원을 의형제처럼 그린다. ≪베를린≫의 독일 주재 국정원 요원 정진수와 북한 요원 표종성 역시 정보 입수와 납치된 부인 련정희의 구출이란 거래를 통해 손을 잡는다. ≪은밀하게 위대하게≫는 북한의 엘리트 요원 원류한이 자살하라는 지령을 거부하고 자신을 살인병기로 키운 김태원 대좌와의 대결 중, 전순임이 준 통장에 적힌 '우리 아들'이라는 문구가 클로즈업되는데

31 이현진, 「분단의 표상, 간첩」, 78쪽.

이는 원류한을 가리키는 것으로 상징적이다.

또한 이들은 공통적으로 북에 가족을 두고 내려왔다는 설정을 통해 이념보다는 어쩔 수 없이 남파되었다는 동정적 정당성을 얻기도 한다. 2000년대 영화 속 간첩들은 투철한 이념으로 무장한 과거 반공영화의 간첩과는 다른 배경을 갖는다. 비슷한 맥락으로 같은 산첩이지만 성격이 다른 두 부류의 간첩이 등장한다. 주인공인 '착한 간첩'과 주인공을 위협하는 '나쁜 간첩'이 그것이다. 이러한 설정은 과거 북한 정권과 북한의 주민을 동일시 한 것과 달리 이 둘을 분리시키는 대북인식의 변화에 기인한다 할 수 있다.[32] 간첩이 친근하게 대중에게 다가설 수 있는 가장 큰 원인은 바로 이념이 분리된 보편적 가족애를 기반으로 한 동정적 정당성을 얻기 때문일 것이다. 나아가 이념을 뛰어넘은 민족의 개념으로 남과 북을 대하려는 대북 인식의 변화를 영화 속에서 엿볼 수 있다.

적대적인 반공의 개념은 1997년 IMF와 국민의 정부의 등장으로 일대 전환점을 맞이하였다. 반공보다는 경제위기 타개와 민주화 등 다른 중요 가치들에게 관심이 쏠리기 시작하였다. 민주화의 일환으로 시행된 과거사 재조명을 통해 한국 사회를 감시하고 통재했던 반공의 실체가 수면 위로 드러나기 시작하였다. 그중 조작간첩 사건의 진실은, 물론 공공연한 비밀이었으나 공론화되면서 전쟁과 분단이 한국 사회를 지배하고 통제했던 사실이 공개적으로 밝혀지기 시작하였다.[33] 2000년대 조작간첩을 중심 소재로 한 영화는 ≪프락치≫와 우회적으로 다루는 영화 ≪효자동 이발사≫, ≪이중간첩≫, ≪스파이 파파≫ 등이 있다. ≪효자동

---

32 이주철, 「대북 정책에 대한 여론 변화 추이-1995년 이후를 중심으로」, 『국제고려학회』 서울지회 논문집 제10호, 2007, 145쪽.
33 김동춘, 「80년대 한국의 민족주의」, 394쪽.

이발사≫에는 성한모의 아들이 간첩과 같은 설사 증세를 보인다는 이유로 졸지에 간첩이 되는 에피소드가 등장한다. 그리고 아들을 신고한 이는 다름 아닌 아버지 성한모다. 반공이 과도하게 국시, 정치화된 당시 사회의 일면을 상징적으로 보여 주는 장면이다. 과도하게 정치화된 전쟁 상황에서는 국가의 신격화, 곧 국가를 신앙의 대상으로 삼는 현상이 발생한다.[34] 아들을 간첩으로 신고한 성한모는 분단, 즉 전쟁이 지속되는 상황에서 국가의 이데올로기인 반공이 맹목적이었음을 보여 주는 상징적 구현이다.

정전停戰은 전쟁의 지속 혹은 전쟁의 일상화를 의미한다. 제도적으로 반공영화의 제작을 강제하던 것이 종식된 이후 오늘날까지 여전히 간첩이 영화 속에 계속해서 등장하는 것은 역시 분단 현실의 잠재된 의식이 영화적으로 표출된 것이다. 비록 이분법적인 반공 내러티브는 희미해질지언정 희화화되고 일상적 인물로 그려지는 간첩은 바로 분단의 일상화를 의미하는 것이다. 2000년대 간첩을 다룬 영화들이 간첩을 희화화하는 것에 대해 우려 섞인 비판이 제기되기도 한다.[35] 그러나 간첩을 다룬 영화가 지속적으로 제작되고 관객들의 높은 호응이 단지 간첩을 희화화戲畫化하거나 기존의 이미지를 전복시켰기 때문만은 아니다. 관객들에게 한국 사회의 잠재된 불안을 기반으로 분단 서사가 재생산되며 분단을 끊임없이 상기시키는 동시에 일상화된 분단을 투영하는 '분단'의 표상이 수용되는 것이다.

---

34 *ibid*, 273쪽.
35 「역대정권 남북 관계 따라 달라진 영화 속 간첩 이야기」, 동아닷컴www.donga.com, 2013년 6월 11일자.

1.3. 이산가족 및 탈북자

1.3.1. 이산가족 영화

한국전쟁으로 인해 우리는 이전 어느 시대에도 겪지 못했던 변화를 겪었다. 한 마을이 갈라지고, 형제가 갈라졌으며, 수많은 이산가족들이 생겨났다. 해방이 되고 남과 북이 서로 다른 이데올로기 속에서 총부리를 겨누면서 전쟁으로 인해 생겨난 많은 문제들은 해결되지 못한 채 오랜 시간이 흘렀다. 그중에 하나인 이산가족 문제도 수면 위로 드러나지 못하다가 1983년 KBS 이산가족 찾기 방송을 통해 TV는 가족들의 상봉 장면을 감정적으로 제시하기 시작하였다. 당시 KBS 자체 조사에 따르면 최저 신청률 40%, 최고 시청률 70%에 달하는 전 국민적 관심 속에 전 국민이 눈물바다를 이루었으며, 전쟁의 상처는 완벽하게 봉합되는 것처럼 보였다. 하지만 이 시기에 이산가족 '찾기' 이면에 있는 30여 년 동안 서로 떨어져 다른 삶을 살아온 사람들이 그저 '혈연적 가족'이라는 이름으로 다시 만났을 때, '찾기'가 현실이 되었을 때 '살기'가 가능할 것인가에 대한 문제의식을 가진 몇 편의 영화들이 등장하기 시작하였다.[36] 이산가족을 다룬 영화들은 분단으로 파괴된 동질성을 확인시키며, 전쟁의 종식이 아닌 멈춤이라는 불안정한 휴전의 상황이 지속되면서 전쟁으로 생겨난 문제들이 해결되지 못하고 있는 가족과 민족, 국가의 개념의 변화에 대해 직접적인 담론을 제기하고 있다.

이산가족 문제는 한국전쟁으로 인해 생겨나고 현재까지 이어지고 있으나 1960년대까지는 눈앞에 직면한 경제적인 문제들을 해결해야 했기

---

36 김승경, 「1980년대 이산가족 영화에서 드러나는 가족주의 양상」, 『동아시아 문화연구』 제55집, 2013, 217쪽.

때문에 사회적으로 언급되지 못한 채 지나갔다. 1970년대에 들어서면서 1971년 남북적십자 회담이 시작되어 2년간 7차에 걸쳐 회담이 진행되었다. 초반에는 남북 간의 분위기가 변화할 것이라는 기대감이 있었지만 회담은 실질적인 성과 없이 끝났고, 1972년 시작된 유신체제의 통제 정책이 강화되면서 사회는 경직되기 시작하였다. 권위주의적인 정부는 국민들을 두려움 속에 결집시키려 하였다. 영화계도 이러한 분위기가 반영되어 1973년 영화진흥공사가 생기면서 국가주도의 반공영화를 제작하였고, 민간에서도 외화수입쿼터를 위한 반공영화들이 양산되는 형국이었다. 이산가족 소재로 한 영화는 1970년대까지 ≪굳세어라 금순아≫(1962)가 거의 유일하였다. 그리고 전쟁 배경으로 된 멜로드라마의 신파성을 극대화하기 위해 전쟁고아나 이산가족 문제가 단편적으로 등장하였을 뿐이었다.[37]

사실 ≪굳세어라 금순아≫도 신파물의 연장선상에서 1·4후퇴 때 헤어져 서로를 찾아 헤맸으나 불운하게도 엇갈리기만 하다가 결국 동생이 병들어 죽음을 목전에 둔 상황에서야 오빠와 만나게 되는 이야기[38]로 이산가족이라는 의미보다는 '엇갈린 운명 속에 놓인 남녀'라는 멜로드라마적 설정에 더 근접한 영화였다.

1980년대 들어 KBS 이산가족 찾기 방송이 끝난 뒤 분단 이후의 이산가족을 소재로 한 영화작품 4편이 1~2년 사이에 제작되었다. ≪내가 마지막 본 흥남≫(1983), ≪가고파≫(1984)와 ≪그해 겨울은 따뜻했네≫, ≪길소뜸≫이 그것이다. 앞의 두 작품은 대종상 반공영화상을 수상한

37 ibid, 219쪽.
38 영화 ≪굳세어라 금순아≫는 현재 필름이 남아 있지 않아 영화의 내용은 한국영상자료원에 보관되어 있는 시나리오를 참고하였다.

작품으로 이산가족에 대한 당시 국가의 의도를 수용, 반영한 작품이라 볼 수 있으나 대중적으로 흥행에 성공하지 못했던 작품이다. 반면 ≪그 해 겨울은 따뜻했네≫는 개봉관인 명보극장에서만 13만 명의 흥행 기록을 수립하며 1984년 한국 영화 흥행 4위를 달성했고, ≪길소뜸≫은 베를린 영화제 본선 진출과 서울관객 10만 5천여 명이라는 흥행기록으로 대중의 관심을 받았던 작품들이다.[39] 따라서 당시 정부와 대중의 이산가족 문제에 대한 상반된 태도를 짐작할 수 있었다.

사실 ≪그해 겨울은 따뜻했네≫와 ≪길소뜸≫ 속에는 주인공들이 분단으로 인해 고향을 잃어버렸다는 설정이 등장하지 않는다. 두 영화에 등장하는 가족은 '이산가족'보다 '재회가족'에 더 가깝다. 그러나 '이산(디아스포라diaspora)'의 특징을 개괄적으로 정의한 사프란William Safran의 주장을 적용시켜 보면, 한국전쟁으로 인한 피난과 휴전, 그리고 고향을 떠나 서울에 정착 한 것은 민족국가nation라고 하는 한 국가 안에 존재하고는 있지만 그들에게도 이산의 감정이 존재하고 있음을 찾을 수 있다.

4편의 영화에서 드러나는 국가에 대한 생각의 차이는 전쟁을 지나온 삶의 태도에서 극명하게 드러난다.

≪내가 마지막 본 홍남≫에서 귀순한 북한 병사의 진짜 아버지로 밝혀지는 지훈은 6·25 당시 국군으로 참전하여 함경도까지 진격하였고 그곳에서 옥희를 만나 사랑에 빠진다. 하지만 1·4 후퇴로 인하여 홍남부두에서 마지막 배를 타게 되고, 뒤늦게 따라온 옥희와 헤어지게 된다. 지훈은 새로운 가정을 꾸려 음악가가 되었지만 속죄하는 마음으로 평생 전쟁과 민족에 대한 음악을 만들며 살고, 남한에서 결혼하여 낳은 아들은

39 *ibid*, 219~220쪽.

직업군인이 되어 나라를 지키고 있다.

≪가고파≫의 주인공 인규는 인민군 군의관이었지만 민간인들에게 폭행을 자행하는 인민군들을 소탕하다가 도리어 인민군 부대에 잡혀간다. 결국 그의 자의는 아니었지만 휴전 후 공산권 국가인 중공에서 살게 되었고, 남한의 가족들과는 연락이 닿지 않게 된다. 남한으로 내려온 인규의 가족들 중 동생 성규는 미국에 물건을 수출하는 무역회사 사장이 되고, 인규의 큰 아들은 1970년대 한국의 경제성장을 이끈 중화학공업단지의 산업역군이 된다.

이 두 영화에서 전쟁으로 인한 이산의 아픔을 가진 남성들은 그 아픔을 단순히 국가의 탓으로 돌리지 않고, 오히려 국가라는 큰 가족의 한 부분이 되어 성실히 복무한다. 북한과 잃어버린 가족에 대해서는 휴전으로 인해 갈 수 없는 땅, 만나지 못하는 사람들에 대한 안타까움과 그리움으로 드러난다. 1960년대 '선 건설 후 통일'론과 1970년대 '선 평화 후 통일'론이라는 박정희 정부의 통일 정책을 그대로 반영한 모습이라 볼 수 있다.

반면 ≪길소뜸≫의 남자주인공인 동진은 의용군으로 끌려갔다가 탈출하고 다시 특공대에 지원하여 고향인 길소뜸을 찾았다가 적들에게 총을 5발이나 맞고, 지금도 그 총알이 몸속에 박힌 채 살아가고 있다. 길소뜸에서 만났던 화영의 존재를 잊지 못하듯 전쟁의 기억과 상처를 현재에도 몸에 고스란히 가지고 있는 인물이다. 또한 자신의 목숨을 구해 주고 숨겨 준 장씨의 눈먼 딸을 아내로 맞이하여 가정을 꾸린다. 하지만 화영에게 고백하는 그의 대사처럼 화영보다 못한 여자를 아내로 맞이하여 화영에 대한 죄책감을 덜어버리고자 했으나 결국 20여 년 동안 후회 속에서 살아오면서 자신의 가정에도 충실하지 못하고, 몇십 년 만에 만난 꿈에 그리던 화영 앞에도 당당하지 못한 존재가 되었다. 결국 전쟁의 상처에서도 벗어나지도 못하고, 현재의 문제도 해결하지 못한 채 그저 살아가고 있다.

화영은 음악선생님의 심부름을 해준 깃이 빨치산에게 정보를 제공한 부역행위로 간주되어 징역을 살았고, 그로 인해 아들을 잃어버리게 되었다. 출소한 화영은 다방 마담을 하면서 동진을 찾았지만 누군가에게 동진의 전사 소식을 듣고 현재의 남편에게 시집을 가면서 자연스럽게 중산층에 편입한다. 화영 역시 동진과 마찬가지로 전쟁으로 인한 상처를 스스로 치유하진 못했지만, 상처를 극복한 남성을 선택함으로써 자신의 상처를 덮고 전혀 새로운 삶을 택하여 과거와의 단절을 꾀한 인물이다.

≪길소뜸≫의 주목할 만한 장면은 동진과 화영이 다시 만나 호텔 스카이라운지 커피숍에서 대화를 나눌 때다. 둘 사이의 창밖으로는 올림픽대로의 자동차 행렬과 시가지의 높은 빌딩들이 보인다. 다소 여유로워 보이는 화영과 당당하지 못한 동진의 얼굴이 교차로 나타난다. 과거와의 단절을 택한 화영은 아직도 과거에 연연하며 살고 있는 동진을 향해 조소를 보내며 예전의 가족을 복구할 의지가 없음을 피력한다. 화영이 동진과 처음 만나 대화를 나누고, 혼자 호텔에 들어왔을 때 TV에서는 한국동란 기록필름이 방송되고 있었고, '한반도에 그어진 38선은 단순한 국토의 분단이 아니라 그 자체로 하나의 민족분열'이라는 내레이션이 들리며 화영은 착잡한 듯 담배를 피워 문다. 이 장면은 휴전이라는 분열의 고착화를 통해 남과 북에 속한 사람들 간의 차이를 만들어 냈고, 세월이 흐름에 따라 간극은 더 넓어져 돌이킬 수 없는 지경까지 왔음을 설명하

는 동시에 남과 북의 정치체제와 경제 발전으로 인해 생겨난 차이가 존재한다는 것을 보여주는 장면이다.

〈표 4-6〉 1980년대 이산가족 영화에 투영한 국가와 민중의 통일관 차이

영화	《가고파》, 《내가 마지막 본 흥남》	《길소뜸》, 《그해 겨울은 따뜻했네》
특징	두 영화는 이산가족 '차기'에 초점이 맞추어져 있어 혈연적인 가족의 의미만이 강조되어 있다. 30여 년 동안이나 다른 체제 속에서 다른 방식으로 살았던 것에 대한 괴리감이 전혀 드러나 있지 않고 오히려 자연스럽게 다시 찾아온 '아버지'에게 가부장으로 권리도 부여해 준다.	잃어버린 동생 및 애인이 끊임없이 타자로 존재하며 결국 가족으로 편입될 수 없는 모습을 보인다. 정치체제로 인해 생긴 남과 북 국민은 가치관 차이를 극복하지 못한 채 남한 국민이 가족을 복구하는 것에 머물러 있는 태도를 보여 준다.
통일관	1960~1970년대를 관통했던 국가의 통일관을 반영한 것이라 볼 수 있다. 경제적 군사적 국력 배양을 통한 흡수통일이 그것인데, 이 개념 속에는 북한의 공산집단만 분쇄한다면 평화적인 통일을 이룰 수 있다는 주장이 들어있다.	전쟁 이후 개발 독재의 논리와 맞물리면서 모든 상처는 치료되기보다 묻히고 잊혀졌다. 휴전으로 인해 물리적으로 해체된 가족은 시간의 흐름에 따라 차이가 생겨났다. 분리되었던 가족구성원은 원형적 가족에게 호명되지 못하고, 이것은 무조건 통일을 통해 다시 하나의 국가를 이루어야 한다는 열망보다 현재의 안정된 삶을 변화시키지 않는 의지의 발현인 것이다.[40]

사실 《내가 마지막 본 흥남》은 전투 장면에 막강한 군 지원을 받았고, 대종상 반공영화 부문에 단독 출품하여 반공영화상을 수상하고 외화수입쿼터까지 받았으며, 《가고파》도 당국으로부터 정책외화수입쿼터를 약속받고 제작되었다.[41] 국가의 반공이데올로기를 반영하고 있는 작품들이라 볼 수 있다. 반면 《길소뜸》과 《그해 겨울은 따뜻했네》는 1960~1970년대 산업화 고도성장 등을 통해 변화한 한국 사회의 모습을

---

40 *ibid*, 237~238쪽.
41 『매일경제』, 1984년 9월 24일자 9면.

적나라하게 반영하는 영화이다. 동시에 전쟁의 종식이 아닌 멈춤이라는 불안정한 휴전의 상황이 지속되면서 전쟁으로 생겨난 문제들을 해결하지 못하고 한 세대가 흘러버린 1980년대의 시점에서 변해버린 가족과 민족, 국가의 개념에 대한 문제의식을 표출한 영화이다.

1.3.2. 탈북자

탈북자에 대한 영화적 관심은 10년 전부터 나타난 현상이다. 박정희 정부 때는 금기시되었던 소재였고 그 이후도 영화소재로 활용되지 않았다. 탈북의 시도는 분단 시대 수십 년에 걸쳐 지속적으로 이루어져 왔지만 탈북자가 한국 영화의 재현 대상으로 등장하기 시작한 것은 2000년대 중반에 들어와서의 일이다. 한국형 블록버스터와 독립영화, 그리고 조선족 감독의 영화에 이르기까지 탈북자 재현은 다양한 방식으로 진행되고 있는 중이다. 지난 역사 속에서 탈북자가 점하고 있던 사회적 영향력의 많은 부분은, 그것이 국가라는 공동체의 이익과 밀접하게 교섭한다는 점에 기인한 것이었다. 탈북자는 국민국가가 지향해야 할 미래상에 대해 발언함으로써 의미 있는 존재일 수 있었다. 그러나 탈냉전 시대에 탈북자를 바라보는 대중들의 시각이 전시대와 달라지는 것은 당연한 것이다.

〈표 4-7〉 탈북자를 소재로 한 영화 목록

연도	영화제목
2002	《이중간첩》
2005	《태풍》, 《나의 결혼 원정기》, 《여섯 개의 시선》
2006	《국경의 남쪽》, 《경계》
2008	《크로싱》
2009	《두만강》, 《처음 만난 사람들》, 《김정일리아》

| 2010 | ≪의형제≫, ≪무적자≫, ≪무산일기≫, ≪댄스타운≫, ≪시선 너머≫ |
| 2011 | ≪량강도 아이들≫, ≪겨울나비≫, ≪줄탁동시≫, ≪풍산개≫ |

탈북자 영화에서 이상적인 또 다른 지점指點은 민족국가의 경계를 넘어선 아시아의 여러 공간들이 영화에 등장한다는 점이다. 중국으로 태국으로 혹은 태국-말레이시아 접경 지역과 소만 국경 지역으로 이어지는 ≪태풍≫의 공간들이 그러하고 ≪크로싱≫에서의 중국에서 몽고에 이르는 국경 지역이 그러하며, ≪무적자≫의 동남아 지역이, ≪경계≫의 몽고 사막이, ≪두만강≫의 중국과 북한의 경계 마을과 ≪풍산개≫의 남북 경계선이 모두 그러하다. 그러나 냉전 체제가 거의 와해되어 버린 지금, 탈북자를 통해 다시금 재현된 아시아의 공간은 이전 시기와 그 성격을 달리 한다. ≪태풍≫에서부터 ≪경계≫에 이르기까지 탈북자의 행보는 국가와 민족에 맞서서 자기보존을 해야 하는 추방된 자의 표지로 읽힌다. 그들에게 제3국인 아시아의 공간은 무엇보다 생존이나 행복의 약속을 위한 한계 체험의 장이다. 자신을 위협하는 공권력으로부터 자아의 영역을 분리해내는 것이 중요하며, 이를 위해 주체는 철저하게 자신의 정체성을 은닉해야 한다. 불법체류자 내지는 무국적자가 되어 이동하는 이 과정에서 민족이나 국가와 같은 공적 소임이나 당위성은 배제될 수밖에 없다.[42]

---

42 김성경·오영숙, 「4장 탈북의 영화적 표상과 아시아라는 공간」, 『탈북의 경험과 영화 표상』, 서울: 문화과학사, 2013, 165~194쪽.

2 민족 정체성의 재건

1945년 해방기의 한국에서는 다양한 이데올로기들이 존재하였던 시기였다. 즉 사회주의와 자본주의 그리고 세계주의와 민족주의가 병존하였다. 그러나 해방 이후 미군정美軍政이 시작되면서 한국에서는 반공을 중심으로 하는 이데올로기가 중심을 잡기 시작하였고 영화 정책에서도 반공을 중심으로 하는 이데올로기 통제를 시작하였다. 이때부터 전쟁을 거쳐 대한민국 제1공화국 정부가 수립될 때까지가 최단 기간 동안 이데올로기의 변화가 가장 많이 나타난 시기이다. 또한 한국 영화의 역사적·문화적·사회적의 과도기이자 부흥기였다. 사회주의 영화 운동과 자본주의 영화 운동이 동시에 존재하였고 또한 사회주의 영화 운동이 통제되면서 반공주의 영화가 지원되었던 시기였다.

제2차 세계대전 이후에 생겨난 신생국 중에서 한반도의 1민족 2국가인 대한민국과 조선민주주의인민공화국은 상대방에 대한 부정적 이미지를 기반으로 스스로의 정당성을 입증해야 했던 특수성 때문에 국가의 영화 생산과 그 이데올로기적 활용을 가장 의욕적이고 왕성하게 추진한 국가들로 꼽을 수 있다. 특히 단독선거와 정부 수립을 전후해 그 정통성에 의문을 제기하는 저항운동에 부딪힐 만큼 통합된 사상과 세력이 취약했던 남한 정부는 국민들에게 '대한민국'이라는 국가의 정체성과 체제의 정당성을 하루 빨리 정립하여 인식시키고 국민 통합을 서둘러 이루지 않으면 안 되었고, 이러한 과정에서 국가가 주도하는 영화 생산의 필요성은 점차 커져 갔다.[1]

한국전쟁을 계기로 분단 구조가 심화되고 적대논리가 강화되는 상황에서, 제1공화국 시대에는 민족사적 정통성을 주장하는 문제와 연관하여 민족은 반공의 범주 내에서만 인정될 수 있었고 북한 공산주의 집단은 민족 범주에서 배제되었다. 해방 공간에서의 좌·우파의 이념적 갈등이 민족주의적 언술 속에서 전개되었던 경험과, 반공을 보루로 세워진 외삽국가의 대외종속성은 반독재의 논리보다 민족주의적 이념을 더욱 드러냈다.[2]

1950년대에 진입하며 남한 사회의 정체성 형성에 결정적 계기를 제공했던 전쟁은 영화의 도구성을 맞아 환기시키는 데에도 계기가 되었는데, 이후 본격적인 재건의 시대를 맞아 영화는 국가의 정체성을 스스로 드러내고 설명하기 위한 가장 좋은 도구가 되었다. 텔레비전 방송이 없던 시절에 영화는 뉴스와 광고 등 지금보다 훨씬 광범위한 매체로서의 역할을 발휘하였다. 국가가 주도적으로 생산한 영화는 크게 뉴스영화와 문화영화로 분류할 수 있다. 이 중 문화영화[3]는 가장 직접적으로 정부와 정

1 이하나, 「정부 수립기~1950년대 문화영화와 국가정체성」, 521쪽.
2 조민, 『한국 민족주의연구』, 95~96쪽.
3 '문화영화'는 식민지 시대 이래, 관에 의해 제작되거나 그의 승인을 얻은, 선전영화를

권의 메시지를 국민에게 전달할 수 있다는 점에서 국가가 스스로의 상을
표출하는 방식을 엿볼 수 있는 중요한 매체라고 할 수 있다. 뉴스영화가
그때그때의 사건이나 정부, 대통령의 동향 등을 1분 이내로 전달하는데
중점이 두어졌다면, 문화영화는 길이가 5분 이내인 것에서 길게는 1시간
이 넘는 것 까지 매우 다양하였으며 내용도 사실 전달이라기보다는 어떠
한 사건의 자세한 면모나 정치, 경제, 사회, 문화, 외국 소식에 이르는
다양한 분야를 상세히 설명하였다.[4] 한국 영화인들의 활동은 기록영화
에서 시작되었고, 집권자에 의해 민족과 민족주의의 의미를 이러한 문화
영화와 뉴스영화를 통해 재구성되었다.

1950년대 한국의 대중 영화가 가지고 있었던 텍스트의 특수성은 산업
의 변화 속에서 맥락화해야 한다. 즉, 국가 주도의 산업 구조는 단순히
영화제작 방식의 변화뿐만 아니라 영화의 내용까지도 지배할 수밖에 없
었는데, 따라서 이 시기 많은 영화들이 다분히 상업적 면모를 가지고
있으면서도 계몽적인 이중적 성격을 지닌 특수한 형태의 텍스트를 생산
한다. 예를 들어서 한국연예 주식회사가 집중적으로 제작했던 코미디
영화는 국가 이데올로기가 일상의 대중연예에 어떠한 방식으로 조우했
는지를 잘 보여 준다. '국가 이데올로기와 교훈성', '쇼와 코미디'의 매우
어색한 만남을 주조로 한 코미디 영화는 신생 대한민국에 대하여 끊임없
이 밝고, 유쾌하고, 희망적인 이미지를 생산하고, 반공, 애국주의, 민족

지칭하는 관습적인 용어로 통용되었다. 1934년 '활동사진 영화 취체규칙'은 "사회교화
의 목적으로 제작된 영화 또는 시사, 풍경, 학술, 산업 등에 관한 영화로 조선총독부의
인정을 받은 것"을 상업적인 영화와 구분하여 별도로 규정하고 이에 대해서 검열 수수
료를 면제해 주는 등 혜택을 부여하였다. 이순진, 「민주화운동과 문화, 한국전쟁 후
냉전의 논리와 식민지 기억의 재구성: 1950년대 문화영화에서 구축된 '이승만 서사'를
중심으로」, 75쪽.
4 이하나, 「정부 수립기~1950년대 문화영화와 국가정체성」, 520~521쪽.

주의 등의 코드를 영화에 삽입하는 방식으로 이데올로기적 목적을 성취했고, 이 영화의 생산자들은 이러한 상업 영화의 정치적 유용성을 무기로 정권에 협력하며 특권적인 산업으로 성장할 수 있었던 점도 고려해야 한다.[5]

2.1. 독립 및 반공

2.1.1. 독립

휴전 후 재건이 본격적으로 시작된 시기에 문화영화의 주요 키워드는 '국토', '재건' 그리고 '대통령'이다. 그중에서도 '국토'는 국가를 구성하는 세 가지 요소인 영토, 국민, 주권 중에서 영토에 해당하는 것으로 영토는 영해와 영공의 기본 전제가 된다는 점에서 국가영역 중에서도 가장 중요하다. 국토 남단과 동단, 그리고 내륙 여기저기의 자연환경과 문화, 산업 등을 묘사함으로써 국토에 대한 아름다움과 자부심을 느끼게 하기 위해 제작된 것이다. 이 중에서 특히 빈번히 등장하는 것은 영해를 보여 주는 '바다와 섬'으로,[6] 특히 독도는 평화선과 관련하여 우리 국토임을 선포하는 것 자체가 중요하였다. 1952년 1월 이승만은 독도를 한국의 행정구역 안에 포함시키는 평화선을 선언하였는데 1953년 제2차 한일회담에서 독도 및 평화선에 대한 양측의 이견이 노출되었기 때문에 정부는 평화선을 기정사실화할 필요가 있었던 것이다.[7]

---

5 金晴江, 「현대 한국의 영화 재건논리와 코미디 영화의 정치적 함의(1945-60)」, 31~32쪽.
6 '경제' 범주의 영화들 중 특히 수산업에 대한 비중이 높은 것도 이와 관련이 깊다.
7 「대한민국 인접해양의 주권에 대한 대통령의 선언」, 『週報:평화선 특집호: 대한민국 인접해양의 주권선』 77, 1953년 10월 28일자, 2~5쪽.

　대한산악회 학술조사단에서 촬영한 ≪독도≫(1954)나 충청남도의 명
승고적과 풍물을 소개한 ≪충남만유기≫(1954) 등이 이 시기의 '국토'
담론을 대표하고 있다. 한편, 전쟁으로 폐허가 된 거리를 재건해 가는
과정을 기록한 유장산 감독의 ≪빛나는 건설≫(1954)이나 전쟁의 아픔
을 딛고 그대로 희망 속에 자라나는 이이들의 교육 문제를 다룬 ≪자라
는 새교육≫(1954) 등 '재건'에 관한 문화영화는 한편으로 반공이데올로
기를 이미지면에서 재생산하는 데 일조하고, 또 한편으로는 유엔한국재
건단UNKRA의 활동상황 등을 소개하며 UN과 이국에 대한 우호적인 이미
지를 확대재생산하였다. 그리고 이러한 국토를 수호하고 재건하는 주체
는 민족의 '선각자'로서 국민들을 영도하는 대통령 이승만이 강조되고
있다.

　한국전쟁으로 인해 총체적인 위기에 직면했던 이승만 정부는 전후 사
회를 이끌어갈 정치적 리더십을 확보하기 위해 역사적 정통성을 재확인
하고, 그리하여 북한과의 체제경쟁에서 우위를 확보할 필요가 있었다.
이승만을 중심으로 한 식민지 시대를 독립운동의 역사로 재구성하는 것
은 그러한 맥락에서 요청되었다.

　특히 단독선거와 정부 수립을 전후해 그 정통성에 의문을 제기하는
저항운동에 부딪힐 만큼 통합된 사상과 세력이 취약했던 남한 정부는
국민들에게 '대한민국'이라는 국가의 정체성과 체제의 정당성을 하루 빨
리 정립하여 인식시키고 국민 통합을 서둘러 이루지 않으면 안 되었다.[8]
이러한 과정에서 국가가 주도하는 영화 생산의 필요성은 점차 커져 갔

---

8 김동춘, 「한국의 분단국가 형성과 시민권: 한국전쟁, 초기 안보국가 하에서의 '국민됨'
　과 시민권」, 『한국산업사회학회』 제70호 "경제와 사회", 2006, 70쪽.

다. 이 중에서도 문화영화는 가장 직접적으로 정부와 정권의 메시지를 국민에게 전달할 수 있다는 점에서 국가가 스스로의 상을 표출하는 방식을 엿볼 수 있는 중요한 매체라고 할 수 있다. 뉴스영화가 그때그때의 사건이나 정부, 대통령의 동향 등을 1분 이내로 전달하는데 중점을 두었다면, 문화영화는 길이가 5분 이내인 것에서 길게는 1시간이 넘는 것까지 매우 다양하였으며 내용도 사실 전달이라기보다는 어떠한 사건의 자세한 면모나 정치, 경제, 사회, 문화, 외국 소식에 이르는 다양한 분야를 상세히 설명하였다.[9]

1956년 공보처가 공보부로 개편되면서 영화과가 문화영화의 중심이 되자, 문화영화는 그 양과 질이 풍성하고 다양해지며 국가의 정체성에 관한 내용도 더 정치精緻해진다. 이 시기에도 '국토'에 대한 관심은 지속되는데[10] ≪독도와 평화선≫(1956), ≪독도≫(1957), ≪한국의 어장≫(1957) 등 평화선에 대한 관심과 선전도 체계적이고 다방면으로 이루어졌다. 독도의 생태와 동해의 어장, 일본 선박의 조업현장과 독도를 지키는 해양경비대의 모습, 해양경비대에 감사장을 전달하는 모습, 독도의 지리적 문화사적 고찰 등이 문화영화를 통해 보이는데, 특히 바다를 지키는 수호신의 이미지로 서있는 충무공 도상을 비롯하여 활짝 핀 무궁화 같은 국가의 상징이 적절히 삽입되면서 독도에 대한 관심과 애국심을 불러일으켰다. 국민이 관심을 기울여야 할 '국토'는 이제 한반도의 절반 이남에 머물렀다. 3면이 바다로 둘러싸인 한반도의 남쪽 국민들은 이제

---

9 이하나, 「정부 수립기~1950년대 문화영화와 국가정체성」, 520~521쪽.
10 국토에 대한 관심은 문화영화만이 아니라 당시 언론에서도 공통된 관심사였다. 『조선일보』에서도 1958년 12월부터 1959년 7월까지 특집 연재기사 『풍토순람』을 연재하면서 국토 여러 지역의 역사와 현황 등을 군단위로 소개하였다.

바다에 대해 관심을 갖지 않으면 안 되었다. ≪독도와 평화선≫은 당시의 이슈 중 하나였던 '방일防日'과 '국토'의 시각적 재현물이었으며, 평화선 선언 이후 이승만과 독도는 항일의 상징으로 결합하였다.[11]

이 시기에 식민지 경험은 3·1운동 기념일이나 이승만의 생일에 이루어진 대규모의 거리 스펙터클과 재일교포 북송반대 궐기대회 등을 통해 공적인 기억으로 구성되었으며, 문화영화와 ≪대한뉴스≫는 그렇게 구성된 식민지에 대한 공적인 기억을 전국적으로 확산시키는 데 기여하였다. 또한 ≪독립협회와 청년 리승만≫(1959)의 예에서 알 수 있다시피, 국가의 지원을 받아 성장한 영화기업 가운데 일부는 식민지 기억을 이승만과 같은 예외적인 의지와 능력을 지닌 위인의 독립운동 이력으로 재구성하였다.

이 시기 문화영화와 ≪대한뉴스≫에는 이승만 정부의 성공적인 외교를 자주 다루고 있었다. 실제 외교에서 이승만이 북진통일 노선을 고집함으로써 미국과 갈등을 빚고 있었던 사실과는 상관없이 대중들은 이승만의 생일을 축하하기 위해 경무대에 늘어선 재한 외국사절들과 UN군 고위 장성들의 모습, 그리고 터키 국회의장의 방한이나 월남의 디엠대통령의 방한 일정을 ≪대한뉴스≫와 문화영화로 지켜보았고 "작년 8월 이래로 수차에 걸친 아이젠하워 미대통령의 간절한 방미초청을 수락하시고" 국민의 열렬한 환송을 받으며 미국으로의 "역사적 장도"에 오르는 이승만 대통령을 떠나보내면서, 미국과 한국이 "형제국"이며 이승만이야말로 "자유세계의 세기적 영도자"임을 재확인할 수 있었다.

≪독립협회와 청년 리승만≫의 제작을 위해 당시 한국 영화 평균 제

11 *ibid*, 545쪽.

작비를 상회하는 4천만 환이 공보실을 통해 자유당 선거자금에서 지출되었을 뿐 아니라,[12] "예비군 훈련소에서 예비군 소장이 아예 차에다가 800명, 600명 엑스트라를 싣고 나오"고 "경무대 무기고에 있는 일본 총들 전부 끄집어"내서 소품으로 사용하였다.[13] 이처럼 문화영화는 국가의 정책을 국민에게 이해하기 쉽게 전달하는 가장 좋은 매개체였으며 동시에 국가의 이미지를 전시하는 시청각적 표상이었다.

전후 재건은 무너진 국토와 민심을 다시 세운다는 의미만은 아니었다. 정부 수립 당시 세웠던 대한민국의 정체성을 새롭게 재규정한다는 의미가 컸다. 1956~1959년의 시기에 남한 사회는 그 정체성을 더욱 분명히 하게 된다. 이전 시기까지 지식인과 관료 사이에 존재했던 중간파, 혹은 사회민주주의적인 사상들이 이 시기에 대폭 정리되면서 국가가 자기 정체성을 보다 명확히 해나가고 있는 것이다. 자본주의에 대한 비우호적 태도가 만연했던 이전 시기에 비해 보다 확실하게 자본주의적 근대화를 표방하면서 '반공'이 다시 한 번 강조되고 남한의 정당성과 정통성 확보를 위한 '민족' 역시 강조되고 있는 것이다.[14] 이 시기에는 공산주의의 반대말이 자본주의가 아니라 민주주의라는 것은 정부 수립 이후 남한 사회의 오랜 생각인데, 그 때문에 공산주의에 반대하는 것과 자본주의에 찬성하지 않은 것은 적어도 1950년대 중반까지 모순을 일으키지 않고 양립이 가능한 것이었다.[15]

---

12 경향신문 1960년 5월 7일, 석간3; 경향신문 1960년 5월 18일, 석간 3.
13 이순진 채록연구, 『(영화의 고향을 찾아서) 인터뷰 자료집. 2003』, 서울: 한국영상자료원, 2003a, 121쪽.
14 방기중, 「해방정국기 중간파 노선의 경제사상 - 강진국의 산업재건론과 농업개혁론을 중심으로」, 『경제이론과 한국경제』, 최호진박사 강단50주년기념논문집간행회, 1993.
15 오기영, 「새자유주의의 이념- 독재와 착취 없는 건국을 위하여」, 『新世界』, 1948.3, 3쪽; 신기석, 「아시아민족 반공연맹의 진로」, 『新世界』, 1954.8, 8쪽.

특히 1958년에는 건국 10주년을 맞아 회고의 형식을 빌어 대한민국이 10년간 걸어온 길을 정리하는 문화영화들이 많이 만들어졌는데, 이는 대한민국이라는 '국가'의 정체성을 정리하는 의미가 컸다. 국가의 지난 궤적은 이승만의 업적과 동일시되고 따라서 이 시기 문화영화의 단골 주인공이 되는 이승만의 이미시는 곧 국가의 상像과 겹쳐졌다. 현재 파악이 가능한 1945~1960년의 문화영화들을 내용별로 분류하고 이를 시기별 주요 키워드로 정리하면 다음과 같다.[16]

〈표 4-8〉 문화영화의 내용별 분류(1945~1960년)[17]

연도	국토	국민	국가	반공	군사	민족	재건	대통령	정치	경제	문화	생활	체육	국제	기타	총
1945									1							1
1946	1					1			2		3	1				8
1947				1										1		2
1948		1		1		1	1				1					5
1949				2			2	2								6
1950				1	2											3
1951				2	1											3
1952																-
1953	2			2	2									1		7
1954	2	1	1	1		1	2	1						1		10
1955				1			2									3
1956	2		2			1	1	4						1		11
1957	3		1	3		3	5	3		1	2			1		22
1958		1	6	2		5	6	4	1	4	3	2	2	4	3	43
1959	1	1	5	4	1	2	8	4	2	4	1	8	2	6	1	50
1960	2	2	2	3	3		2		9	6	7	8		2		46
합계	13	6	17	21	11	16	27	18	13	17	14	21	9	13	4	220
%	6	2	8	10	5	8	12	8	6	8	6	10	3	6	2	100

16 여기에 제시된 키워드는 영화의 소재와 주제를 통들어 가장 중요하게 제시되는 내용을 기준으로 한 것이다.
17 출처: 국립영상간행물제작소, 2005 『문화역사관』; (http://film.ktv.go.kr/)의 문화기록영화. 연도는 바로 잡아 계산함. 이하나, 「정부 수립기~1950년대 문화영화와 국가정체성」, 538쪽 재인용.

이 표에서도 보이듯이 각 시기의 정치적 요구와 필요에 따라 문화영화의 키워드가 달라지고 있어 이러한 키워드를 중심으로 시기별로 대표적인 영화들을 분석해 보면 문화영화가 갖는 지향과 의미가 더 뚜렷하게 드러난다.

그런데 주목할 것은 이 시기 문화영화에서 표면적으로는 '반공'보다는 '민족'이 더욱 강조되고 있다는 사실이다. 그 대표적인 영화인 ≪자손만대에 고하노라≫(1957)는 3·1운동의 정신을 기리면서 일제의 만행과 우국지사들의 항거, 그리고 3·1운동의 결과로서 "이승만 박사의 영도 하에 수립된 상해 임시정부"사진 등을 활용하고 있으며, 해방 후 "정의의 십자군 미국군대가 진주"하고, "민족의 선각자 이승만 박사가 3천만 국민의 열광적 환영을 받으며" 귀국하였다고 소개하고 있다.[18] 3·1운동의 정신을 잇는 것은 상해임시정부와 이를 계승한 대한민국이고 이 둘의 핵심에는 항상 이승만이 있다는 것을 강조하고 있는 것이다. 1949년 계몽문화협회가 제작한 ≪백범 국민장 살기≫가 이승만의 정적政敵인 백범의 죽음에 국민들이 동요하는 것을 두려워한 정부 당국으로부터 상영금지령이 내려진 것을 상기하면, 결국 '민족'은 이승만만이 운위할 자격이 있는 것임을 문화영화는 말하고 있다.[19]

---

18 그런데 연설하는 이승만과 많은 군중들을 보여 주는 이 영상은 중앙청 정면에 대형태극기가 걸려있는 걸로 보아서 이승만 귀국 당시의 화면이 아니라 정부 수립 당시의 영상물일 가능성이 높다.

19 이하나, 「정부 수립기~1950년대 문화영화와 국가정체성」, 547~548쪽.

2.1.2. 반공

정부 수립 후에는 문화영화의 중요한 키워드로 '민족'에 '반공'이 추가
된다. 이 시기에 정부는 대한민국이 민족의 정통성을 계승한 유일한 국
가임을 부각하기 위해 '민족'을 강조하는 영화들을 기획하고 장려하였
다. 공보처가 국책영화인 ≪조국≫에 공보처 선전비를 보조할 것을 결
의한 것이라든지,[20] 민족수난기에 관한 영화를 제작하도록 독려한 것
등이 좋은 예이다.[21] 그러나 정부 수립기에 무엇보다 강조되었던 것은
대한민국의 정체성이 공산주의를 반대하는 데에 있다는 것이었다. 한국
전쟁이 시작되기 전, 남한에서 대대적인 좌익 소탕 움직임이 일어난
1948~1949년경부터 반공영화가 제작되기 시작하였다는 점이 주목된
다.[22]

이 시기의 '반공' 관련 문화영화는 ≪여수순천반란사건≫(1948), ≪무
너진 삼팔선≫(1949), ≪북한의 실정≫(1949)등으로 북한 동포들의 어
려운 생활을 묘사하거나 공산주의자의 책동에 의해 반란사건이 일어났
음을 강조하는 방식, 소련에 억류되었다가 귀환하는 일본인들과의 좌담
을 통해 공산주의의 허구성을 폭로하는 방식 등으로 되어 있다. 특히
1948년 내무부와 국방부가 중앙영화사에 제작 의뢰한 ≪여수순천반란
사건≫은 국민 형성 초기 단계에 '국민'의 범주에서 공산주의자를 배제
하려는 국가 전략이 한국전쟁 이전부터 작동하고 있음을 보여 주고 있
다.[23]

---

20 「1949, 국책영화제작비에 관한 건」, 『국무회의록』 제45회.
21 「1949, 국책영화제작비에 관한 건」, 『국무회의록』 제107회.
22 1949년에 발표된 반공 극영화는 홍개명 감독의 ≪전우≫, 한형모 감독의 ≪성벽을 뚫
   고≫, 안종화 감독의 ≪나라를 위하여≫ 등이 있다.
23 임종명, 「여순'반란'재현을 통한 대한민국의 형상화」, 『역사비평』 64호, 64쪽; 이하나,

한국의 반공영화는 1949년 한형모 감독의 ≪성벽을 뚫고≫에서 시초를 찾을 수 있다. 당시의 언론은 '반공영화'라는 명칭을 사용하지 않고 주로 '군(사)영화' 혹은 '경향영화'라는 명칭을 사용하였다.[24] 이데올로기에 의한 동족의 갈등을 주제로 만든 작품으로 동기동창인 처남과 매부가 각각 다른 이념 속에 만나 국군장교인 처남의 포위 속에 귀순귀고를 받지만 대항하다 결국 사살되고 마는 이야기다.[25] 해방기의 반공영화의 특징이라면 한반도 내의 공산주의 세력의 남하를 막고 그 세력을 궤멸하고자 하였다. 여수순천사건과 남로당사건[26] 등은 더욱 정치사회적으로 선전하여 반공이데올로기를 강화시켰다. 또 다큐멘터리 형식의 반공기록영화들은 공산주의 체제에 대한 비판과 만행을 주로 다루었으며 자유민주주의로 귀화하는 계몽적인 반공영화들이 제작되었다.

한국전쟁 기간 전란에 휩싸인 영화인들은 전시영화 활동에 참여하게 되는데 주로 다큐멘터리 영화를 만들었다. 이때 만들어진 영화로는 ≪리버티 뉴스≫(1950), ≪정의의 진격≫(1951), ≪출격명령≫(1953) 등이었고 이때 맞춰 공보처도 전시 홍보 활동을 위해 ≪대한뉴스≫(1976)를 제작하였다. 이 시기 제작되었던 한국 영화 중 50% 이상은 반공영화로

「정부 수립기~1950년대 문화영화와 국가정체성」, 541쪽.

24 한국영사자료원 편, 『한국 영화의 풍경 1945~1959』, 101~103쪽.

25 해방기의 또 다른 반공영화는 안종화 감독의 ≪나라를 위하여≫(1949), 홍개명 감독의 ≪〈전우〉≫(1949) 등이 있다. 특히 ≪전우≫(1949)는 반공계몽영화로 제2회 서울시 문화상 영화부문상을 수상한 작품이기도 하다. 이영일, 『한국영화전사』, 218쪽.

26 남조선노동당(南朝鮮勞動黨, 영어: Workers Party of South Korea), 줄여서 남로당은 1946년 11월 23일 서울에서 조선공산당, 남조선신민당, 조선인민당의 합당으로 결성된 공산주의정당이다. 대한민국내에 남로당과 관련된 사건: 1948년 2·7파업; 1948년 제주 4·3사건; 1948년 여순 14연대 반란사건. 14연대 반란사건 이후, 남로당의 남한내 지상활동은 거의 소멸하였다. 남로당이 남한내에 주도한 여러 파업과 폭동, 반란사건과 그 이후 이어진 한국전쟁을 겪은 제1공화국의 이승만 대통령은 국가보안법을 제정, 남한 내 모든 공산주의세력을 국가보안법에 의거해 공권력을 이용해 축출하였다. 출처: 위키백과, 2014년 5월 20일.

멜로적 관습에 의해 북한 공산주의 체제에 환멸을 느껴 남한으로 귀순하여 국군이 된다는 계몽적인 내용을 담고 있다. 남북 대치 상황에서 영화는 전시적 도구처럼 사용되었다.

1953년 7월 29일 휴전협정 직후 만들어진 한국 영화에서는 한국전쟁을 배경으로 한 작품이 압도적으로 많았으며, 시국적인 계몽영화들이었다. 그중 그 소재가 이색적인 작품이 나운규의 대표작인 ≪아리랑≫을 개작한 ≪아리랑≫(1954)인데 이 작품은 6·25 당시의 이데올로기에 의한 민족분단의 비극을 심화한 드라마이다. 그중 1955년도에 만들어진 ≪피아골≫은 제1회 금룡상 감독상을 수상한 작품으로 지리산 속에서의 빨치산들의 비인도적인 만행과 자유를 희구하는 한 대원의 탈주 등을 묘사하였다.

1950년대 후반에서는 5·16군사쿠테타 이후 새로운 〈영화법〉이 공포되어 한국 영화는 일대 중흥기中興期를 맞게 된다. 이 시기의 반공영화의 특징은 전쟁을 소재로 한 영화가 집중적으로 제작된 것이며, 또한 반공 이데올로기는 침략도발자로서 북괴의 만행과 잔혹함 등을 부각시켜 공산주의에 대한 국민적 증오를 불러일으키는데 집중되어 있다. 또 점차 충무로 영화제작의 소재인 '애정물'의 요소를 반공영화에 도입하여 사랑 이야기가 극적 완성도를 높였다.

한동안 영화 내용이 이승만이라는 독립 영웅을 위주로 묘사한 것에 집중하다가 1957년부터는 그간 제작이 뜸했던 '반공'영화가 다시 등장하였다. 6·25를 상기하거나 공산주의와 싸우다 전사한 군인들의 넋을 기리는 내용의 문화영화가 제작된다. 이 시기 '반공'을 주제로 하는 문화영화의 특징은 시야를 세계로 넓힌다는 것이다. 이전 시기 대한민국은 자유진영의 일원으로 공산진영과 맞서 싸운 나라에 불과했지만, 이 시기의 대한민국은 반공주의의 최전선에 있는 국가임과 동시에 나아가 아시아 반공전선의 맹주로서의 역할을 자임하는 이미지로 묘사된다.

1959년 철저한 반공주의자로 아시아와의 군사동맹을 중시했던 덜레스 미 국무장관의 방한을 다룬 문화영화가 두 편이나 제작되고 UN과 미국이 유난히 문화영화에 자주 등장하는 것도 이러한 맥락에서 이해할 수 있다.[27] 반공국가의 최전방 지도국으로서의 대한민국의 이미지는 1959년 6월 서울에서 개최된 제5차 아세아 민족반공대회를 기록한 영화에서 정점을 이룬다. 영화에서 의장인 백낙준이 "공산주의의 말살을 위해 전 아세아 민족이 단결해 전세계 민주우방과의 결속을 공고히 해야 한다"는 개회사와 함께 한국과 베트남의 국토 통일, 중국 본토의 수복, 티베트 지원 등이 의제로 설정되어 있다. 이 영화에서는 또한 1954년 6월 이승만의 제창으로 한국에서 아시아 지역 반공연맹이 출범되었다고 소개하면서 이승만이 '세계적인 반공 지도자'임을 거듭 강조한다. 결국 '반공'의 강조를 통해 국제사회에서 대한민국의 존재의 정당성을 증명하고 국민에게 이를 홍보 선전함으로써 거꾸로 남한 국민들이 이로부터 자기 정체성과 자부심을 갖게 만들고자 한 것이었다. 곧 '반공'의 내용에 따라 드러나는 정체성도 시기별로 조금씩 차이가 있었던 것이다.

1960년 4·19혁명으로 이승만의 제1공화국이 무너지고, 과도정부에서는 반이승만 정당인 민주당이 정권을 잡게 되고 개헌을 준비하였다. 민주당은 1공화국의 핵심인 대통령제가 사실상 독재 권력을 유지한다는

---

27 이는 이 시기 USOM(United States Operations Misson to Republic of Korea)의 지원과 인력 양성 프로그램 등 문화영화에 대한 미국의 영향역이 확대되고 있는 사정과 무관하지 않다.

판단을 하고 민주당 후보가 당선된다는 세파 속에서 권력을 잡기 위하여 의원내각제로 개헌하여 제2공화국이 출범하게 되었다. 그러나 2공화국은 민주당 내 신파와 구파가 집권기 내내 싸워 나중에는 사실상 분당되었고 결국 정국은 혼란에 빠지게 된다. 이는 1961년 군부 쿠데타에 직접적인 원인을 제공하였고, 박정희가 성권을 잡게 되었다. 혼란스러운 사회적 여건을 안정시키기 위하여 박정희 정부는 공산주의로 인한 이념적 불안정을 없애기로 하였다. 1961년에는 반공법을 제정하였고 '국민의 의식구조를 개조하자'는 방안을 제출하였다. 이러한 정부방안이 영화 사업을 이용하게 되었다.[28] 반공영화를 적극 지원하고 또한 용공사상容共思想과 노동자의 사회주의 의식이 높아질 수 있는 영화의 제작을 규제하였다.[29] 관련법으로는 1961년의 〈반공법〉과 〈공연법〉, 1962년의 〈국가보안법〉 강화, 〈영화법〉 등이 있다.

그 이후 계속적인 반공영화는 공통적으로 반공이데올로기를 보여 주면서 동시에 전쟁 스펙터클, 액션, 혹은 멜로적 신파라는 오락적 요소와 전쟁과 이념대립 아래 던져진 인간의 비극을 보여 주었다. 1961년 5·16 군사쿠테타 이후 제3공화국이 들어선 이래 62년 한 해 동안 7편의 반공영화가 제작되었는데, 이원초 감독의 ≪붉은 장미는 지다≫(1962), 정일몽 감독의 ≪빼앗긴 일요일≫(1963), 노필 감독의 ≪사랑과 죽음의 해협≫(1962), 이병일 감독의 ≪서울로 가는 길≫(1962), 국방부 정훈국이 제작한 이강천 감독의 ≪두고 온 산하≫(1962), 이해랑 감독의 ≪육체는 슬프다≫(1962) 등이 제작되었다. 특히 이때 만들어진 영화 중 가장

---

28 양경미, 「한국의 영화 정책과 이데올로기」, 35~36쪽.
29 한승준, 「영화지원정책의 이데올로기 경향성 연구: 영화진흥위원회를 중심으로」, 315쪽.

주목을 끄는 영화는 유현목 감독의 ≪오발탄≫(1961)이다. 오발탄은 개봉과 더불어 수난을 맞아야 하였다. 당시의 사회적 현실을 어둡고 비관적으로 그렸다는 이유와 실향민인 주인공의 실성한 어머니가 끊임없이 내지르는 '가자'라는 외침이 '북으로 가자'라는 말일 수 있다고 용공협의가 제기되었고 5·16 이후 상영금지 처분을 당하기도 하였다. 60년대 후반에 반공영화는 매년 5~6편씩의 증가 추세를 보이는데, 이런 반공영화 제작 붐은 제3공화국의 영화 정책 지원하에 1966년부터 대종상에서 반공영화부문이 제정됐기 때문인데 '우수반공영화상'에 대해서는 외화수입쿼터 보상제가 적용되었다. 각 영화사는 작품성이 강한 문예영화를 제작하기보다는 수익을 올릴 목적으로 단기간 내에 제작 가능한 반공영화를 무수히 제작하였다. 이런 분위기 속에서 1965년 이만희 감독이 ≪7인의 여포로≫[30]의 반공법 위반으로 형무소에 투옥되는 사건이 있었다.

1971년 유신헌법이 제정되면서 영화에 대한 검열과 규제가 더욱 강화되었다. 1973년 이후 영화 정책은 유신과 새마을운동을 위해 그동안의 규제일변도에서 좀 더 적극적인 지원 중심 정책을 병행하였다.[31] 그러나 예술윤리위원회의 시나리오 심의기준과 정부의 영화검열기준을 강화하

---

30 ≪칠인의 여포로七人의 女捕虜≫는 이만희가 감독을 맡은 한국 영화이고 1965년에 개봉하였다. 이 영화는 영화 자체보다 반공법 위반 혐의로 이만희 감독이 처벌받을 뻔 하면서 매우 유명해졌다. 1964년 12월, 서울지검 공안부는 "감상적인 민족주의를 내세워 국군을 무기력한 군대로 그린 반면, 북한의 인민군을 찬양하고 미군에게 학대받는 양공주들의 비참함을 과장 묘사하여 미군 철수 등 외세 배격 풍조를 고취하였다"는 혐의로 이만희 감독과 제작자 이종순을 반공법 위반으로 입건하였다. 영화 내용 중에서 인민군에 잡힌 여자 포로를 중국군 장교가 겁탈하려는 것을 인민군 장교가 제지하자 여자 포로가 "참 멋진 남자야"라고 독백한 것이 고무찬양이라는 이유에서였다. 재판부가 이만희 감독에 대한 구속영장은 기각했으나, 결국 영화는 여러 부분이 잘려나가고 ≪돌아온 여군≫이라는 제목으로 개봉하였다. 출처: 위키백과, 2014년 5월 20일.
31 한승준, 「영화지원정책의 이데올로기 경향성 연구: 영화진흥위원회를 중심으로」, 315쪽.

여 정부가 심의에 직접 개입하는 형태로 심의와 검열방법을 변경하였
다.[32]

1973년부터 매년 정부가 발표한 영화시책을 보면 유신 이념을 구현하
고 민족의 주체성을 확립하며, 새마을운동을 지속적으로 활성화시키기
위한 지원을 강조하고 있다.[33] 또한 1973년에는 '영화진흥공사'를 설립
하여 민간영화 제작업체가 제작하기 어려운 국책영화를 제작하게 하여
반공 및 새마을운동 등의 이념을 고취하도록 하였다.[34]

⟨표 4-9⟩ 박정희 정부 유신체제기 영화진흥공사 제작한 국책영화 (단위: 원)

제목	성격	개봉일	감독	순제작비	마케팅비	합계
증언	자주국방	1974.1.1	임권택	11,587,577	34,278,570	45,860,147
아내들의 행진	새마을	1974.5.16	임권택	32,011,134	23,718,716	55,729,850
울지 않으리	자주국방	1974.9.28	임권택	25,971,359	17,506,894	43,478,253
들국화는 피었는데	자주국방	1974.12.7	이만희	16,667,128	6,779,529	23,446,657
잔류첩자	자주국방	1975.6.12	김시현	49,357,083	9,415,974	58,773,057
태백산맥	역사극	1975.8.27	권영순	72,995,495	21,458,108	94,453,584
소계				208,589,757	113,157,791	321,741,548

출처: 영화진흥공사, ⟨결산보고서⟩(1974~1976) 각 년호를 바탕으로 재구성[35]

특히 '한국전쟁영화'의 대표작으로서의 ⟨증언⟩(1974)은 다양한 서사
적 장치를 통하여 반공 이념과 국민 총화를 강조하였다. ⟨잔류첩
자⟩(1975)는 한국전쟁 동안 국군의 첩보활동에 초점을 둔 반공영화였고

---

32 임미순, 『한국 영화법의 개선방향』(서울: 숙명여자대학교 출판부, 1995), p.16.
33 김진태, 『한국 영화 정책의 성격규정과 법제도에 관한 연구』(서울: 서강대학교 출판
   부), p.15.
34 한승준, 「영화지원정책의 이데올로기 경향성 연구: 영화진흥위원회를 중심으로」, 316쪽.
35 김동호 외, 『한국영화 정책사』, 372쪽.

〈태백산맥〉(1975)은 광복 30년을 기념하여 기획된 영화로 8·15광복부터 6·25전쟁, 4·19혁명, 5·16군사정변에 이르는 기간을 배경으로 한국인의 끈기와 의지, 시련과 극복, 남북의 대비, 민족의 저력 등을 담은 대하드라마로 제작되었다. 1970년대 박정희 정부는 유신정권의 지배이데올로기를 지지하기 위해 영화진흥공사 제작 국책영화를 제작하였고 이는 국가주도의 민족주의 담론에 부응하였다.[36]

이승만 정부의 영화 정책이 보상위주의 간접적인 방법이었다면, 박정희 정부는 국가의 직접 개입 하에 한국 영화 산업을 완전히 탈바꿈시키고자 〈영화법〉을 이용하여 영화 산업을 통제하고자 하였다. 그리고 12·12쿠데타와 5.18광주민주화항쟁의 폭력적 진압을 통해 집권한 전두환 정부는 규제를 완화하였는데, 한국 영화 산업 변화의 상징적 사건이 영화 시장 개방을 전격적으로 단행하였다.[37]

1980년대 전두환, 노태우 정부 역시 반공이데올로기를 이용하고자 하였으나 개방되는 시대적 상황에서 반공이데올로기를 위한 영화 정책은 종전과 같은 성공을 이루지 못하였다.[38] 전두환 정부는 1981년 연초에 발표한 영화시책에서 우수영화의 개념을 새롭게 규정해 우수영화제작업자에게 외국영화 수입쿼터를 주었다. 새 정부에서 말하는 우수영화란 "예술성을 지니고 많은 사람이 보고 즐길 수 있으며 관객에게 감명을 주고 사회의 계도성과 교양성을 갖춘 독창적인 작품"이다. 과거의 우수영화 개념이 민족성과 국가안보에 주안점을 두었던 반면, 이 시기의 우

---

36 양경미, 「한국 민족주의 영화의 흐름과 특성: 1990년대 이후 작품을 중심으로」, 76쪽.
37 고제규, 「국가의 영화 정책에 따른 한국 영화 산업의 변화에 관한 연구」, 고려대학교 석사학위논문, 1999, 2~3쪽.
38 양경미, 「한국의 영화 정책과 이데올로기」, 2쪽.

수영화는 예술성과 대중성을 좀 더 강조하고 있는 것이 차이점이다. 그러나 1982년부터의 시책에서는 반공안보영화의 제작을 유도하여 반공영화 시나리오공모, 전문작가 양성 등 반공안보영화진흥정책을 강구해 실시한다고 하였다. 이 시기의 통치방식은 검열이 완화되는 등 유신시대보다 상대적으로 자유로운 분위기였으나 영화의 내용과 관련하여 이와 같은 영화시책의 규정은 정치적 측면에서의 이데올로기적 통제는 여전했음을 보여준다.[39]

1960년대의 반공영화는 4·19와 5·16으로 이어지는 정치적 격변 속에서 〈영화법〉이 제정되어 1950년대와는 다른 변모를 보인다. 영화제작이 기업화된 이시기의 반공영화는 내러티브의 정형화와 형식의 투명화가 합쳐져 반공의 메시지를 강화시키는 고전적 단계의 특징을 보인다. 선악의 대립구조 속에서 악의 세력인 공산주의와 싸워서 마침내 국군이 승리한다는 공식이었다.

1970년대 초 반공영화는 멜로와 액션장르 혼합, 홍콩과 일본 등 해외 로케이션 촬영이 활발하였다. 대표작으로 최인현 감독의 ≪삼호탈출≫(1970년 우수반공영화상), ≪황금70 홍콩작전≫(1970), 조긍하 감독의 ≪젊은 아들의 마지막 노래≫(1970), 박춘배 감독의 ≪동경을 울린 사나이≫(1970), 김묵 감독의 ≪사랑할 때와 죽을 때≫(1971)등이 있었다.

1972년 7월 4일 남북공동성명 이후 남북 간의 긴장 완화가 이루어진 듯 했던 시기는 정치적 긴장 와해로 반공영화가 5편 정도 밖에 제작되지 않았다.

유신체제 붕괴 이후 제5공화국을 거치며 반공영화는 퇴조의 길을 걷

---

39 김동호 외, 『한국영화 정책사』, 260쪽.

게 된다. 그 이후 영화에서 북한과 관련된 문제를 직접 다루는 것은 오랫동안 금기시되어 왔다. 단지 홍보를 목적으로 하는 반공영화나 만화 영화 정도에서 다루는 정도였다. ≪간첩 잡는 똘이 장군≫은 반공 사상이 짙게 배여 있는 만화 영화로 유명하다.[40] 북한군이 각종 동물로 등장하고, 북한의 수령이 가면을 쓰고 나오며 결말에 가서는 그 정체가 돼지였음이 밝혀진다는, 북한을 바라보는 감정적 시선과 왜곡이 담긴 서사구조이다. ≪간첩 잡는 똘이 장군≫은 당시의 어린 수용자층에게 북한 사람들은 무조건 나쁘며, 김일성을 돼지로 인식하게 하여 북한 사회를 왜곡되게 바라보게끔 하였다. 북한 사람들도 우리와 똑같은 사람임에도 불구하고 '나쁘다'라는 단어만 들어온 어린이에게는 동물로 묘사되는 비현실적인 내용이 오히려 자연스럽게 받아들여졌다.

역사적 관점에서 반공영화를 살펴보면 사회질서 의식 유지 및 사회통합 의식으로서 반공이데올로기가 영화를 통해서 감시와 처벌의 원칙을 고수해 왔다는 것을 짐작할 수 있다. 또한 반공영화가 내외재적으로 보여주는 것은 한국의 정치, 사회, 이데올로기의 편협함, 분단 상황에 대한 냉정한 거리두기의 결핍, 집단광중集團廣衆이 남긴 멍일 것이다.[41] 결과적으로 반공영화는 한국 사회의 지배이데올로기의 반영과 종속으로서 가능과 역할을 해왔으며, 한국 영화사에서 장르로서 하나의 흐름을 형성해왔음을 알 수 있다.

---

40 ≪똘이 장군≫ 시리즈는 만화 영화로 1978년 김청기 감독의 작품들이다. ≪암행어사 똘이≫, ≪공룡 백만년 똘이≫, ≪간첩잡는 똘이 장군≫ 등으로 이어지면서 7·80년대 어린이들에게 많은 인기를 얻었다.
41 최정윤, 「대학생 영화 관객의 북한 이미지 형성에 관한 연구」, 고려대학교 석사학위논문, 2004, 12~13쪽.

2.2. 근대화

해방 후 일제의 자본이 빠져나간 남북한은 심각한 경제적 공황상태에 빠졌다. 높은 물가와 실업률, 인구의 증가를 따라가지 못하는 경제적 빈곤이 계속되는 가운데 전쟁까지 겹치자 그나마 자리를 잡아가던 분야도 완전히 무너져 내렸다. 따라서 남북을 막론하고 빈곤의 퇴치와 극복, 산업화의 달성이 사회적 의제로 떠올랐다. 이런 상황에서 남북한에서 근대화는 무엇보다 산업화로 인식되었고, 체제 경쟁에서 누가 먼저 산업화를 성취하는가가 체제의 우월성을 입증할 증좌로 여겨졌다.[42]

구한말 이후 '근대적 산업화'를 통한 '근대적 국민국가 건설'이라는 한국 사회의 가장 중요한 과제는 실제적으로 계속해서 지연되다가 5·16과 함께 본격적인 추진의 계기를 마련하게 되었다. 1950년대와 1960년대 초 한국 경제는 국가 예산의 52%, 국방예산의 96%가 미국의 무상원조에 의존하는 절대적인 종속 상태에 있었고, 노동 인구 대비 20%가 넘는 높은 실업률과 국민 1인당 소득 80불에 불과한 세계 최빈국의 위치에 머무르고 있었다. 반면 같은 시기 북한은 모든 경제 지표에 있어서 남한을 압도하는 우위를 점하고 있었다.[43]

1956년부터 준비해 온 경제개발계획은 1958년 산업개발위원회의 발족으로 구체화되었다.[44] 경제 재건의 궁극적 목표인 경제 자립을 위해 산업을 일으켜야 하는 것이 당시의 최대 과제였음을 알 수 있다. 이때

---

42 이명자, 「한국전쟁 전후 시기, 남북한의 냉전이데올로기 영화에 재현된 근대화담론의 비교」, 『한민족문화연구』 제40집, 2012, 452~453쪽.
43 김세중, 「5·16 - 산업화 민족주의의 혁명」, 81쪽.
44 정진아, 「제1공화국기(1948-1960)이승만정권의 경제정책론 연구」, 연세대학교 박사학위논문, 2007.

정부의 공업 위주의 정책과 달리 '산업' 범주의 영화들은 대개 농업에 관한 것이 많았음에 주목해야 한다. 이는 국민의 80%를 차지하는 농민의 농업 소득이 총소득의 30%에 지나지 않는 현실의 반영으로서, 농가 적자의 증대와 농가부채의 누증, 농업 경영규모의 영세화 등 당시 농촌의 현실을 타개하기 위한 방법으로 식량 증산이 논의되고 있는 현실과 연관시켜 농민에게 실제적인 영농 방법을 계몽하고 국민의 각성을 촉구하기 위한 것이다.

국민의 각성은 이 시기의 문화영화 중에서 가장 비중이 높은 '재건' 관련 문화영화에서도 강조되고 있다. 전쟁 직후 '재건'에 관한 영화가 대개 UN과 미국의 활동에 초점이 맞춰져 있는 반면, 1956~1960년대는 지역사회 공동체의 재건 모습을 다룬 영화들이 눈에 띄게 늘어나면서 남한정부의 노력이 강조된다. 그 대표적인 작품으로 ≪뚝 A Dike≫(1959)을 꼽을 수 있다. '발전은 협력에서'라는 부제가 붙은 ≪뚝≫은 강원도 명주군 강동면 모전리라는 '모범농촌'의 실제 주민들이 직접 재연을 한 일종의 다큐드라마로서, 1960년 제 7회 아세아영화제 문화영화 최우수 기획상을 수상하였다. 홍수로 집과 농토가 허물어진 한 마을이 이장의 지도로 모두 합심하여 둑을 완성하고 정부가 지역사회 개발을 위해 파견한 부락지도원의 도움으로 '모범농촌'이 된다는 이야기이다. 이때 국가는 '재건'의 정점에 서서 공동체의 리더들을 견인하고, 지도자는 국민의 자각을 이끄는 일종의 지식인으로서 기능하며, 국민은 한민족의 미풍양속이자 재건되어야할 도의道義 중 하나인 협동정신을 발휘한다. 그야말로 '발전은 협력에서' 오는 것이다.[45]

45 이하나, 「정부 수립기~1950년대 문화영화와 국가정체성」, 549~550쪽.

군사 쿠데타를 통해 통치 권력을 잡은 박정희는 산업 발전을 통한 '국민 국가' 건설과, 무엇보다도 자신의 정치적 정당성을 입증하기 위한 '조국근대화'를 위해 정신적 기반으로서 '민족주의'를 강조하였다. 박정희는『국가와 혁명과 나』에서 일본의 메이지 유신, 터키혁명, 이집트 혁명 등을 제3세계 영역에서 성공한 혁명으로 꼽으며 특히 일본의 메이지 유신을 한국 근대화를 위한 모델로 제시하였다.[46]

1970년대 박정희 정부는 문화예술정책의 정비와 함께 〈영화법〉을 개정하고 영화진흥공사를 설립하여 국책영화제작을 본격화하였다. 유신체제 출범과 함께 개정된 4차 〈영화법〉은 70년대 영화 정책의 근간이 되었으며, 매년 정부가 영화시책을 발표하면서 영화 산업을 구체적인 방법으로 통제하였다. 70년대 전반기부터 꾸준히 강제強制되어 왔던 '우수영화 보상제'의 성격이 더욱 강화되면서 민간제작사에 의해 간접적인 방식으로 국책영화[47]가 제작되었다.

유신체제하의 경제개발 정책은 성장제일주의를 목표로 근대화 지상주의를 추구하였다. 근대화 지상주의는 물신숭배사상, 황금만능사상을 만연케 했고, 특히 농촌의 소외를 초래하였다.[48] 박정희 정부에게 농촌

---

46 이준석,「박정희시대 지배이데올로기의 형성: 역사적 기원을 중심으로」, 한국정신문화연구원 편,『박정희시대 연구』, 서울: 백산서당, 2002, 202~203쪽.
47 황혜진은 국책영화를 네 가지로 분류하고 있다. 첫째, 남성 영웅을 민족 영웅으로 만드는 영화, 둘째, 반공이데올로기 강화를 통해 통치 정당성을 확보하는 영화, 셋째, 계몽을 통해 농민 동원을 시도하는 새마을운동 관련 영화, 넷째, 강화된 모성 민족주의 담론을 담고 있는 영화로 분류하고 있다. 황혜진,「1970년대 유신체제기의 한국 영화 연구」, 동국대학교대학원 박사학위논문, 2003, 40쪽.
48 1960~1970년 사이에 비농업인구는 급속히 늘어나고 농촌은 버려진 땅이 되었다. 이렇게 심각한 농촌 문제를 개선하기 위해 1971년부터 새마을운동을 본격적으로 전개하였고 이 결과 새마을운동은 잘살아 보겠다는 농민들의 의욕을 자극하여 농촌의 환경을 크게 바꾸어 놓았다. 서중석,『사진과 그림으로 보는 한국현대사』, 서울: 웅진지식하우스, 2005, 243쪽.

소외문제는 정권 연장에 있어서 치명적인 부담으로 작용할 수밖에 없었
는데, 이런 것을 부분적으로나마 시정하고 농촌에 대한 실질적인 투자를
어떻게든 실현하기 위해 창안된 것이 바로 '새마을운동'이다.[49] 이러한
정치적 맥락에서 출발한 새마을운동의 성공을 위해서는 무엇보다도 농
민의 적극적인 참여가 필요했고 이를 위해서는 이에 대한 성과를 적극적
으로 홍보했어야만 하였다. 영화진흥공사는 새마을 영화인 ≪아내들의
행진≫(1974)을 제작, 16일 오후 7시 국제극장에서 시사회를 갖고 일반
에 공개하였다.[50] 새마을 영화에 대한 영화진흥공사 제작이사 정진우의
설명은 다음과 같다.

> "새마을운동은 우리가 처한 역사적 상황하에서 발현된 민족증흥의 의
> 지며, 이것은 또한 우리의 역사적 현실을 직시한 국민운동이다...농촌을
> 근대화하고 국민소득을 향상시키며 국력을 배양하는 민족적 대운동에 범
> 국민적인 참여가 있어야 하겠거니와 이를 위하여 관념적인 새마을 소재
> 보다는 실제로 성공한 새마을 지도자와 그 마을을 모델로 한 구체적인
> 사례를 극화함으로써 보다 현실적이고 호소력 있는 새마을 영화를 제작
> 할 생각이다."[51]

영화 ≪아내들의 행진≫은 새마을운동에 대한 선전 효과를 높이기
위해 내용을 구성하는 사건 및 인물, 배경들에 있어서 사실성을 담보하
여 논리적 개연성을 통해 영화적 대중성을 창출하고자 하였다. 1970년

---

49 박우성, 「1970년대 유신정권의 영화 정책과 국책영화」, 『씨네포럼』 제8권, 2007, 24쪽.
50 동아일보, 1974년 5월 15일자 연예기사.
51 정진우, 「새마을 영화」, 영화진흥공사, 『월간영화』, 1975; 정중헌, 「1970년대 한국 영
　화사 연구: 유신체제기를 중심으로」, 성균관대학교대학원 박사학위논문, 2010, 147쪽
　재인용.

대 국책영화에서 지향하는 바인 선전 이데올로기를 멜로드라마의 도식에 녹여 관객의 호응을 유도하고 자연스러운 선전 및 계몽효과를 기대하였다. 영화에서 주인공 지선을 통해 국가의 대의명분을 위해 개인의 희생정신을 강조하고 새로운 여성상을 제시하고 있다.

해방 징국의 이데올로기 대립과 신닥 통치를 둘러싼 두 진영의 길등과 반목, 그리고 6·25를 통해 가시화된 적군과 아군이라는 대립양상은 남북한에서 '민족'을 종족적 표상을 넘어 이념적 표상으로 위치 이동시켰다. 두 진영은 표면적으로 '민족' 통일을 주장하면서도 그 민족통일의 가장 큰 걸림돌로 동일 민족 내의 반대 이데올로기 진영을 손꼽고 있었다. 박정희 정부는 표면적으로는 민족 주체성을 강조하면서도 조국 근대화의 모델로서 일본을, 정권의 승인자이자 '민족' 표상의 친연적 존재로 미국을 인정하고 있었다.

2.3. 반세계화

≪싸리골의 신화≫(1962)의 무대가 된 곳은 경기도의 삼팔선에 가까운 험준한 산골 마을이다. 마을 사람들은 시세에 어둡고 외고집 성향으로 타향 사람들과 잘 어울리지 않지만, 서로 돕고 위하는 미풍을 가졌다. 밭농사를 주로 하는 이 마을은 모두가 가난한 탓에 빈부격차가 적은 편이다. 이곳에서 가장 중요한 인물은 강노인이다. 강노인은 한일 합병 뒤 홀로 중국으로 망명하였다가 상해에서 체포되어 3년 징역을 살고 고향에 돌아온 인물이다. 이후 소박한 마을사람들에게 윤리와 질서를 가르치면서 추상 같은 기개로 정신적인 지주가 되었다. 그의 말이 곧 법처럼

통용될 정도로 이상적인 마을의 지도자이다.

반면, ≪웰컴 투 동막골≫(2005)의 동막골에는 이름이 알려지지 않는 '촌장'이 있다. 이 촌장은 유능한 지도자라기보다는 마을 사람들과 별반 다르지 않으며 무지한 촌로이다. 그는 밖의 세상에 대해 아는 것이 없으며, 무슨 일이 벌어지고 있는지도 인지하지 못한다. 따라서 미군과 국군과 인민군의 존재가 마을에 어떤 위기를 가져올지 전혀 예측하지 못한다.[52] 인민군 장교 리수화가 '큰소리 한번 치지 않고 부락민들을 똘똘 뭉치게 하는 그 영도력의 비결이 뭐냐'고 질문하자, 촌장은 순박한 표정으로 '많이 먹여야 된다'고 대답한다. 연합군의 특수대원이 마을로 들어와 인민군을 색출하려고 혈안이 되어 있을 때도, 촌장은 그 상황을 무사히 모면할 방법을 모색하기는커녕 엉뚱하게도 '왜 그렇게 부아가 많이 났느냐, 진정들 하라'고 말함으로써 오히려 사태를 더 악화시킨다. 이러한 설정에서 촌장은 동막골을 스스로 지켜낼 생각도 지혜도 없는, 무능력하고 무기력한 존재처럼 보인다.

이러한 무기력한 지도자의 이미지는 2000년대 이후의 영화에 점점 투영되어 1997년의 IMF 외환 위기 이후 지도자에 대한 기대가 사라진 한국 사회를 반영한다.[53] 당시 김영삼 정부는 경제위기가 초읽기에 들어간 상황에서도 국민에게 사실을 알리기는커녕 문제가 없다는 말만 되풀이하였다. 대한민국을 덮친 대대적인 경제위기 이후, 국가가 주도하는 고

---

52 ≪웰컴 투 동막골≫이 이전의 한국전쟁영화와 가장 다른 점은 연합군의 존재를 부각시킨 것이다. 한국전쟁영화는 언제나 국군과 인민군이 싸우며 간혹 중공군이 출몰할 뿐, 미군과 연합군은 거의 등장하지 않는다.

53 같은 맥락으로 ≪태극기 휘날리며≫, ≪고지전≫(2011), ≪포화 속으로≫ 등 영화에 지도자에 대한 불신 및 불안감을 표현되고 있다. 그 이유는 한국인들의 불안한 마음의 상태를 반영한 결과로 볼 수 있다. 김경욱, 「한국 영화에서 한국전쟁이 재현되는 변화 과정에 관한 연구」, 15~30쪽.

도 경제 성장의 신화는 무너졌고 평생직장을 보장하던 회사의 약속은 깨졌다.

공동체 의식의 붕괴 이후, 신자유주의와 세계화의 파도 속에서 한국 사회는 '승자독식, 무한경쟁, 적자생존으로 인한 - 정글, 또는 일종의 전쟁터'로 변하였다. ≪웰컴 투 동막골≫의 공간 설정은 훈훈한 연대감과 따사로운 정이 흐르는 옛 마을 공동체에 대한 그리움에 있다.

이와 같은 반 세계화 정서에 기인한다. 김태형은 "우리민족은 반만년 이상을 한 강토에서 독자적인 언어와 문화를 공유하면서 살아온, 세계적으로 그 유례를 찾아볼 수 없는 독특한 사회집단이다. 그러다보니 한국인들의 공동체의식은 다른 나라 사람들에 비해 아주 강한 편이다. 이런 점에서 신자유주의가 몰고 온 경쟁에서의 패배 그리고 공동체의 붕괴가 강요하는 고봉은 정말이지 한국인들에게는 제정신으로 견뎌 내기가 거의 불가능한, 무시무시한 괴물일지도 모른다."라고 분석한 바도 있다.[54]

---

54 김태형, 『불안증폭사회』, 서울: 위즈덤 하우스, 2000, 32쪽.

3

반미·반일과 반 권력주의 정서

3.1. 주한미군

해방 후 붕괴된 남한의 경제를 보조해 주던 것은 미국에서 들어온 원조물자였다. 미국의 원조는 1950년부터 1953년까지 약 5억 2천만 달러에 달했으며 휴전 후부터 1961년까지 약 21억 달러였다.[1] 전쟁 후에는 구체적으로 1954년 55.1%, 1955년 51.4%, 1957년 52.2%로 1957년부터 1961년까지의 세입의 평균 45.5%가 원조에 의해 충당되었다.[2] 일본이 남기고 간 귀속재산의 분배와 더불어 이제 원조물자의 배분까지 국가가 맡으면서 원조물자는 이승만 정부를 떠받치는 역할을 하였다.[3]

1950년대는 민족 분단이 고착화되는 시기이자 또 정치경제 틀의 기본

---

1 동아일보,「특집 해방 30년」, 40쪽; 정성호,「한국전쟁과 인구사회학적 변화」, 한국정신문화연구원 편,『한국전쟁과 사회구조의 변화』, 서울: 백산서당, 2002, 39쪽 재인용.
2 홍성유,『한국전쟁와 미국경제』, 서울: 고려대 아세아문제연구소, 1962, 145쪽; 박명림,「종전과 '1953년체제'」,『1950년대 한국사의 재조명』, 서울: 선인, 251쪽, 재인용.
3 정성호,「한국전쟁과 인구사회학적 변화」, 13쪽.

구조가 자리 잡게 되는 중요한 시기이다. 해방 후부터 한국전쟁을 거치면서 형성된 정치경제적인 양상은 1950년대를 거치면서 구조화되고 각인되었다. 특히 한국의 경제는, 해방과 미군정 그리고 한국전쟁을 거치면서 소수의 한국인과 주둔해 있는 미군들에게 재화의 상당부분이 집중되었고 이런 상태는 1950년대를 거치면서 더욱 공고해져 갔다.[4]

한국전쟁 전인 1945년부터 1949년까지는 미군기지촌이 생성되는 시기라고 볼 수 있다.[5] 전후 한국 영화에 등장하는 주한 미군들의 이미지는 양공주들의 이미지와 함께 미국에 대한 한국인들의 열등감이나 적대감, 그리고 이외의 복합적인 감정들을 살필 수 있는 좋은 계기가 된다.[6]

그 시절에 만들어진 ≪지옥화≫(1958), ≪오발탄≫, ≪육체의 고백≫(1964) 등의 영화에서 등장하는, 가장의 부재를 대신해 가족의 생계를 책임져야 했던 여성들은 이들 세력에 유착할 수밖에 없었고 이러한 사회적 현실이 미군을 상대로 하는 여성들을 만들어내게 되었다.[7] 1950~1960년대는 그 어느 때보다도 순결 이데올로기가 강조되는 시기였지만 영화의 그들은 이해받고 용인되었다는 이유는 해방 이후 5년 만에 한국전쟁을 치르고 한국 사회가 피폐해져 있었기 때문이다. 전쟁 동안 물가는 연평균 100% 이상 올랐고 미국의 곡물원조와 저곡가 정책으로 인해 농촌사회의 지주와 소작농은 대부분 몰락하였다. 몰락한 이들은 도시로

---

4 김도현, 「1950년대의 이승만」, 『1950년대의 인식』, 서울: 한길사, 1981, 57~61쪽.
5 1955년 이승만 정권에 의해 "양공주 소탕령"이 내려지고 1957년 한미 성병대책위원회4차 회의에서 위안부 특정지역제한을 합의하게 된다. 이로써 특정지역을 벗어난 매춘은 불법화된다. 1990년대 초반까지 기지촌에서의 한국인 여성의 수는 우위를 차지하고 있었다.
6 고동연, 「전후 한국 영화에 등장하는 주한 미군의 이미지」, 『미국사연구』 제30집, 2009, 148쪽.
7 김윤지, 「도구화된 타자, 기지촌 여성과 한국 영화 -한국전쟁 이후 기지촌 여성을 다룬 영화를 중심으로」, 『영화교육연구』 제15권, 2013, 106쪽.

이주하여 도시의 잉여인구로 전환되었다. 더욱이 배우지 못한 가난한 여성들은 도시의 최하층이 되어 매춘 시장으로 내몰리기에 충분한 것이었다.[8]

그러나 ≪지옥화≫의 경우 비현실주의적 자괴감과 미국에 대한 환상이 공존하면서, 영화에서 드러나는 친미는 미국에 대한 이해를 바탕으로 하였다고 하긴 어렵다. 대신 미국문화를 동경하면서도 모순되게도 시골로 돌아가는 동식의 모습과 죽음을 맞이한 소냐(주인공)의 모습은 민족적 순결주의를 숙명적인 것으로 다루고 있다. 이러한 입장은 반미적인 메시지를 담은 ≪은마는 오지 않는다≫(1991)에서도 반복된다. 영화의 나레이터인 어린 만식의 독백은 어머니와의, 혹은 조국과의 조우를 더욱 갈망하는 듯이 들린다. 검열제도가 느슨해진 1980년대 말과 1990년대 초에 만들어진 장길수의 ≪은마는 오지 않는다≫는 이제까지 반미적이고 국가의 안보를 위협한다고 여겨져 왔던 소재들을 다룬 획기적인 작품이다. 이 시기에는 주로 남북한의 대결 구도를 새롭게 해석한 반 이데올로기적인 영화들이 등장하였는데, 미군들은 한국 영화에서 처음으로 한국의 통일을 저해하는 일종의 침략자로 그려지기 시작하였다. 그리고 ≪수취인불명≫(2001)에서는 단순한 아군이나 적군이 아닌 '복잡한 동반자'로 등장하였다. 이러한 이미지들은 영화의 정치적, 미학적 입장을 반영할 뿐만 아니라 미국에 대한 한국인의 인식이 어떻게 변화하여 왔는지를 보여 주었다.[9]

≪오 꿈의 나라≫(1989), ≪아름다운 시절≫(1998), ≪수취인 불명≫

---

8 *ibid*, 109쪽.
9 고동연, 「전후 한국 영화에 등장하는 주한 미군의 이미지」, 『미국사연구』 제30집, 2009, 147쪽.

이 세 영화는 비교적 최근에 만들어진 기지촌을 다룬 작품으로 미군 부대에 종속되어 살아가는 기지촌 사람들의 삶을 그리고 있다. 미군부대와 관련한 모든 것으로 삶을 영위해가는 이 기지촌이란 공간에서 미군들과 기지촌의 연결고리가 되는 그곳 여성들의 운명은 슬프고 비극적이기만 하다. 특히 ≪수취인 불명≫에서 한국 사회에 영원히 종속되지 못하고 떠돌아다니다 죽음을 선택하는 혼혈아는 편협한 민족적 순혈주의의 희생자라고 할 수 있다. 조국을 떠나 이국땅에서 변방인으로 살아가는 제임스의 울부짖음은 관객으로 하여금 한국 내 반미적인 입장이 지닌 모순을 상기시킨다. 한국 국내의 반미적인 입장들은 미국을 혐오하는 듯 하면서도 한편으로는 미국에 의존적이고 경제나 문화에 있어서 자주적이지 못하며 심지어 종속적인 관계인 것을 그다지 문제시 하지 않는 이율배반적인 성향을 지닌다.[10]

캐서린 문Katherine Moon은 전후 한국 사회에서 목격되는 반미적인 성향들은 한미관계의 실질적인 불평등 관계들뿐 아니라 20세기 한국의 국내외 어수선한 정치적, 외교적 상황에서 야기된 일종의 '축적된 고통 accumulated grievance'의 결과라고 본다. 즉, 한국인들이 공유하고 있는 20세기 고통의 역사와 경험이 반미와 연관된 항쟁을 통하여 돌파구를 찾고 있다는 것이다.[11] ≪태풍≫, ≪한반도≫(2006) 등 서브플롯으로 미국에 대한 경계 정서를 드러낸 영화들도 국내 정권의 미국에 대한 지나친 의존에 대한 우려의 표현일 수 있다.

약소국의 입장에서 보면 '세계화'라는 말 자체가 강대국 위주의 용어

---

10 *ibid,* p.167.

11 Katherine Moon, *The Making of 'Anti- American' Sentiment in Korea and Japan,* Woodrow Wilson International Center for Scholars, May 6, 2003.

이다. 세계화 자체가 곧 패권주의는 아니지만, 그것이 강대국-약소국 사이의 관계에서 패권주의를 초래할 가능성은 매우 크다. 그러나 영-미의 주류 세계화론은 국경과 민족 구별이 약화되고 인간 상호작용(교통과 소통)이 세계적, 전지구적 단위로 확대되는 것으로 세계화를 파악하기 때문에, 본질상 중립적인 의미를 띤다. 한국에서 세계화와 민족주의의 관계는 사실 복잡한 관계에 있다. 그 관계들을 간단히 정리하면 다음과 같다.

한국 학자 박호성은 "세계화 시대는 민족주의의 조용한 종언이 아니라 오히려 떠들썩한 부활을 불러올 것"이라 하였다. 신자유주의적 세계화는 대략 1980년대부터 전 세계를 지배하는 경제적, 사상적 조류가 되었으며, 한국에서는 1990년대 들어, 특히 1994년 김영삼 정부가 세계화 정책을 국가 정책의 공식 기조로 천명하며 본격화되었다. 한국 정부가 이해하는 세계화는 대외적인 시장 개방, 기업과 금융의 투명성 제고, 주로 인력 감축으로 나타나는 기업과 각 기관들의 구조 조정, 무분별한 영어 사용, 미국 문화의 적극적인 수용 등이다. 한 마디로 모두 미국식 경제, 사회, 문화 구조에 대한 추종이다.[12] 그러나 1997년 12월의 IMF 외환 위기는 한국 사회가 '세계화'에 대해 다시 생각하게 된 계기가 되었다. 세계화의 과정에서 시장 개방에 대응하는 민족주의의 성향을 강하게 나타났으며 문화의 다양성 또한 강조되었다. 김대중 정부가 출범한 후 민족통일이라는 이데올로기가 특히 강조되면서 하나의 종족 그리고 민족이 중요한 이슈로 등장하였다. 한국 사회는 다시금 민족주의 특성을 가지게 되었다고 할 수 있다. 즉 북한과의 통일이 국민들에게 본격적으

12 김영명, 『우리 눈으로 본 세계화와 민족주의』, 5쪽.

로 다가오며 민족주의 이념이 크게 부상하였다.[13]

3.2. 일본식민사

한국 영화사에서 식민지 시대의 재현이 붐을 이룬 시기가 두 번 있었
다. 첫 번째 시기는 해방 직후에서 한국전쟁이 발발한 1950년까지로 최
인규[14]의 광복 3부작, 윤봉춘과 이구영이 이끌었던 계몽영화협회의 3·1
운동의 영화화 작업이 있었다. 이른바 광복영화들이다. 두 번째 시기는
1950년대 후반이다. 1950년대 식민지 시대의 재현은 공보처를 중심으로
국가기관의 주도하에 널리 배급되어, 국가의 지배 이념을 재생산하는
데 활용되었다. 이 시기 영화에서 식민지 시대 재현을 주도한 것은 공보
처가 제작, 배급한 문화영화와 ≪대한뉴스≫였으며, 이는 대개 이승만
의 독립운동 이력을 중심으로 구성되곤 하였다.

〈표 4-10〉 일본식민사를 재현한 영화 대표작

1시기: 해방직후-1950년	2시기: 1950년대 후반
≪자유만세≫ (1946)	≪대한뉴스≫ (1956~1960)
≪독립전야≫ (1948)	≪자손만대에 고하노라≫ (1957), ≪이국정원≫ (1957)
≪죄 없는 죄인≫ (1949)	≪만송 이기붕≫ (1958)
≪유관순≫ (1949)	≪독립협회와 청년 리승만≫ (1959)
≪3·1독립운동≫ (1949)	-

13 양경미, 「민족주의 영화Nationalism Film의 흐름과 전망」, 『시네마』 제1권, 2005, 73쪽; 양
　경미, 「한국 민족주의 영화의 흐름과 특성: 1990년대 이후 작품을 중심으로」, p.87.
14 해방 이전에 최인규 감독은 ≪사랑의 맹서≫와 ≪가미카제神風의 아들들≫ 등 친일영
　화를 만들었으나, 해방이 되자 그는 1946년 ≪자유만세≫로 명예를 회복한다. 이 영화
　는 본격적인 최초 항일영화로 소개되고 있다. 호현찬, 『한국 영화 100년』, 85쪽.

예컨대 ≪자손만대에 고하노라≫는 3·1운동에서 상해임시정부로 이어지는 독립운동의 역사를 재구성한다. 3·1운동을 일제가 "저항하지 않는 우리 국민들을 학살"한 사건으로 자리매김하고, "3·1정신의 씨앗"이 해방 후 건국으로 이어졌다고 주장하고 있다. 여기서 3·1운동의 "씨앗"을 구체적으로 말하자면 이승만이 초대 대통령을 맡았던 상해임시정부를 지칭한다. 따라서 이승만을 "국부國父"로서 위치 짓는 일이 정당화되었다.[15]

조선총독부는 1920년대에 총독관방문서과 내에 활동사진반을 설치하고 영화제작, 배급, 영사 활동을 전개하기 시작하였다. "활동사진을 통해 최근 조선의 모습을 널리 해외에 소개하고 조선에 관한 올바른 이해를 구하며, 또한 내지(일본본토)의 풍물을 소개, 모국(일본)에 대한 친근감을 갖도록 노력한다."라는 명분을 내세웠다. 1920~1938년까지 본부 직영으로 운영한 활동사진 상영 횟수는 5025회이며, 연평균 264회나 된다. 내선內鮮 소개 또는 사회교화를 표방하여 영화를 대출하는 제도를 만들기도 하였다. 여기서 말하는 사회교화란 식민지정책의 합리화, 미화를 의미하는 것이다. 일반 상설관에도 선전영화와 뉴스영화의 동시상영을 의무화하도록 행정수단을 동원하였다. 1921년부터 1938년까지 영화 대출 권수는 모두 10,807권, 연평균 568권이나 된다. 당시 전국의 일반 상영관에서도 강제로 선전영화를 상영하게 하여 수많은 관람객에게 큰 영향력이 있었을 것은 의심할 나위가 없다.

또한 영화추천제라는 제도를 실시하여 추천영화들이 강제强制 동원의

---

15 이순진, 「민주화운동과 문화, 한국전쟁 후 냉전의 논리와 식민지 기억의 재구성: 1950년대 문화영화에서 구축된 '이승만 서사'를 중심으로」, 88쪽.

명분을 통해 보급되었다. 이 영화들은 1938년까지 100여 편에 달한다. 간단히 목록만 보아도 능히 그 내용을 짐작할 수 있다. 우선 일본 황실에 관한 다큐멘터리가 있다.[16] 일본 황족들이 자주 식민지 조선을 시찰하는 동정을 영상화하여 황실의 존엄을 높이고 외경심을 심어 주려 하였다. 이것은 바로 만세일계萬歲一系 천황주의에 대한 신앙을 심어 주고, 조선왕조의 남은 이미지마저 말살하려는 의도였다. 두 번째로, 신사와 신궁에 관한 영화가 있다. 일본의 황도주의皇道主義를 떠받치고 있는 일본의 종교, 신앙의 상징인 신사에 관한 내용이다. 세 번째로 황국신민화, 내선일체의 세뇌 영화이다.[17]

친일영화란 일반적으로 일제에 협력하거나 동원되어 만들어진 영화를 의미하나 그 범위에 대해서는 영화사가에 따라 조금씩 차이를 보인다. 이효인은『한국 영화역사강의I』에서 〈조선영화령〉(1940) 이후의 노골적인 친일영화뿐만 아니라 그 이전에 만들어진 정훈공작영화인 ≪군용열차≫(1938), ≪남편은 경비대로≫(1938)는 물론 1923년 조선총독부 체신국이 제작한 저축 계몽영화인 ≪월하의 맹서≫까지도 소극적인 친일영화로 규정할 수 있다고 주장한다. 『일제 파시즘기 선전영화와 전쟁과 전쟁 동원 이데올로기』에서 이준석은 조선 영화령이 조선 영화에서 친일이 노골화된 계기로 작용했음을 지적하면서 조선 영화령 이후의 친일영화를 그 기능에 주목하여 "일제 파시즘기 선전영화"라는 용어로 부르고 있다. 반면 강성률은『친일영화의 제고와 자발성』에서 기존의 친일영화의 범주가 모호함을 지적하고 자발성을 새로운 기준으로 하자

---

16 1921년~1939년까지 일본 황족들의 조선 시찰기록을 포함하여 26편, 총 필름 62권을 만들어 배포하고 일본 황실에 헌상하였다.
17 호현찬,『한국 영화 100년』, 70~73쪽.

고 주장하며 조선 영화령이 공포된 1940년 이후에 만들어진 총력전 체제 하의 전쟁동원 영화만을 친일영화로 규정하였다. 그러나 『진정 친일영 화는 무엇인가』, 「친일영화연구 - 친일영화 정의와 작품분석을 중심으 로」, 「일장기 휘날리며 동양평화를 위해! - 최근 발굴된 친일영화의 내 적 논리」에서는 친일영화의 시기를 1937년 중일전쟁부터로 앞당겨 잡으 며 자발적으로 일제에 협력하여 황국신민화와 내선일체를 직접적으로 주장한 영화를 친일영화로 새롭게 규정하였다. 친일영화의 범위에 대한 이 같은 시각 차이는 우리가 친일영화라는 용어로 불러온 일제강점기의 일련의 영화가 그 용어로써 완벽히 규정되지 않은 다양한 층위와 결을 가지고 있음을 반증하는 것이라 할 수 있다.[18] 그뿐만 아니라 '군국주의 영화', '국책영화', '선전영화'라는 명칭으로 이 영화들을 한국 영화 또는 일본영화의 범주 안에 포함되어 왔다.

친일영화의 모든 정의가 적용된 대표작 한 편을 분석하려 한다.

조선 영화제작주식회사가 여섯 번째로 제작한 ≪조선해협≫은 박기 채가 연출한 작품으로 징병제를 옹호하는 내용을 담고 있는 국책영화이 다. 멜로드라마적인 외양을 띠고 있는 ≪조선해협≫은 대동아 공영권의 전쟁 동원상황과 국내 조선의 상황을 동시에 그리고 있다. ≪조선해협≫ 은 징병제에 거부감이 많았던 구양반층을 선전 대상으로 삼았다. 그 시 대의 여성들이 지녀야 할 덕목인 한 남자를 향한 지고지순한 감정, 여자 혼자 몸으로 살림을 꾸리는 강인한 생활력, 국가를 위한 희생 등을 미덕 으로 삼는다는 것을 영화 전반에 내포하고 있다. 집안에서 반대하는 여 성과 결혼하여 부자간의 인연을 끊어버린 아버지에게 무너진 신뢰를 회

18 김려실, 「일제말기 합작선전영화의 분석」, 『영화연구』 26호, 2005, 61쪽.

복하고 형이 품었던 큰 뜻을 이어가기 위해 성기는 지원병에 입대한다. 금숙은 한마디의 상의도 없이 입대를 한 성기를 원망하기보다는 애국반에 지원하여 전방에서 싸우고 있는 성기를 생각하며 내조하듯 일한다. 금숙은 기다림의 보상으로 성기의 아버지에게 며느리로 인정받고 죽음을 맞이한다는 내용이다.

≪조선해협≫은 가족 간의 갈등, 전쟁 시기의 후방의 여성상을 제시하며 영화를 이끌어간다. 이는 제한된 영화만 볼 수 있었던 관객들에게 흥미를 유발시키고, 동시에 멜로와 선전을 자연스럽게 접목시켜 선전을 강화하는 효과를 기대 했을 것이다. 즉, ≪조선해협≫이 국가정책 선선에 어떠한 기여를 했을지 정확하게 파악하기는 어렵지만 드러나지 않는 선전영화의 표현 기법은 어떤 식으로든 관객들에게 영향을 미쳤을 것이고, ≪조선해협≫의 표현 방법들은 새로운 선전 방법 중 하나인 것은 분명하다.

일제의 총독부 문화 정책의 목적은 결국 조선 문화의 말살에 있었으므로 당시의 조선 영화에 대한 검열과 상영 정치 처분 등의 규제는 조선 영화의 영세함과 더불어 메이저 시스템의 구축을 불가능하게 하였다. 그러나 한국 문화계는 1920년대에 급속한 성장을 보인다.[19] 조선인은 근대적 세계 조류 속에서 서구의 사상과 흐름을 받아들이며 예술문화를 통해 민족정신을 바탕으로 민족에 대해 각성하기 시작하였다. 이와 같은 사회적 배경 속에서 나운규의 ≪아리랑≫이 발표된 것은 조선 영화에 대한 하나의 이정표가 될 만큼 획기적인 일이었다.[20]

---

19 1920년대 교육기관이 전국으로 확산되고, 조선일보·동아일보가 창간되는 등, 다른 예술분야에서도 개화기의 모방기를 지나 근대적인 정착을 맞게 되었다.
20 양윤모, 「한국 영화사 속에 나타난 민족의 저항」, 『현상과 인식』 12권 2호, 1988,

≪아리랑≫의 내용을 살펴보면 다음과 같다.

독립운동을 하다 잡혀 반쯤 미치광이가 된 영진은 고향으로 내려와 아버지와 동생 영희와 같이 살고 있다. 영진이 대학 학비를 빌려 쓴 지주 오기호는 일본 경찰과 한통속이 되어 늘 마을 사람들을 괴롭힌다. 어느 날 영진의 친구 현구가 시골의 영진을 찾아오게 되면서 영희와 사랑을 나누게 되는데 오기호는 이에 아랑곳 않고 호시탐탐 영희를 노린다. 마을 잔치가 벌어졌을 때 이를 지켜보던 영진이 제정신이 들어 손에 쥐고 있던 낫을 일본 순사에게 휘두르고, 결국 두 손이 뒤로 묶인 채 언덕을 넘어가게 된다. 그때 아리랑이라는 주제곡이 흘러나온다.

≪아리랑≫은 그간 조선 영화 속에서 보지 못했던 민중의 염원과 열망을 담았다는 점에서 조선인들의 공감대를 형성하였다. 토지와 나라의 주권을 빼앗겼던 조선 민중들은 자신의 삶의 기반인 농촌 경제의 피폐화와 그 모순에 대하여, 영화가 오기호의 살해 등에 빗대 조선의 해방을 담았다는 데서 크게 고무됐었다. 이후 나운규는 ≪속 아리랑≫, ≪풍운아≫(1926), ≪들쥐≫(1927) 등의 작품을 통해서 반항적 민족주의를 전파하였으나 그의 영웅적 행위는 다소 한계가 따른다. 이에 대하여 양윤모(1988)는 영화를 통해 운동이나 저항을 하기보다는 사회 전체의 맥락 속에서 조직의 활동이 마련되어야 했음에도 불구하고 사회적 기반이 미약하였고, 당시의 정세파악을 보다 과학적이고 객관적으로 했다기보다 순간적인 대응책이 대부분이었기 때문에 활동이 지속적이고 광범위하게 진행되지 못하였다는 한계가 있다고 분석한 바가 있다.[21] 나운규와

86~87쪽.
21 *ibid,* 86~87쪽.

더불어 3·1운동 출신의 이규환 감독의 1932년 ≪임자 없는 나룻배≫도 항일 민족주의적 영화의 대표작이라고 할 수 있다.

1917년 소련에서 '볼셰비키 혁명'이 성공하자 마르크스, 엥겔스의 공산주의 이론이 순식간에 전 세계에 전파되고, 이에 레닌의 혁명이론이 아시아를 비롯하여 지구촌을 붉게 물들이기 시작하였다. 특히 조선과 같이 제국주의에 의해 강제 점령당한 국가에서는 민족주의와 사회주의가 연결되어 좌파이론들이 공공연하게 표면화되었다. 1928년부터 1931년 동안 조선에서 나타난 '경향파傾向派' 영화도 이러한 시대배경에서 생겨났다.[22] 그러나 총독부의 사상통제와 강압으로 사실상 드러난 활동에서는 많은 제약이 있을 수밖에 없었다. 1925년에는 지적호, 이호, 김홍파 등이 '염군사焰群社'라는 단체를 결성하고 경향파와 합세하여 약칭 '카프KAPF'라는 반식민 민족주의 단체를 조직하였다. 식민지 해방, 무산대중·농민의 생존관리를 위한 투쟁 등을 표방하고 '무기로서의 예술'을 주장하면서 전 문학·예술 분야로 확대해 나아갔다. 경향파 작품들은 다음과 같다.

김유영은 1928년의 ≪유랑流浪≫, 1929년 ≪혼가昏家≫, 1931년 ≪화륜火輪≫이라는 작품 모두를 경향파의 영화라고 지목하였다. ≪유랑≫은 악덕지주가 소작인을 착취하는 것을 묘사하였고, ≪혼가≫는 독립운동을 하기 위하여 고향을 떠난 세 청년의 이야기를 그린 내용이므로 경향파로 분류하였다. 독고성의 ≪암로暗路≫(1929), 강호의 ≪지하촌地下村≫(1930) 역시 경향파 영화로 구분된다. ≪지하촌≫은 한강다리 밑 빈민들의 생활을 그린 내용이었으나 자금난과 검열 당국의 감시로 인해

---

22 호현찬, 『한국 영화 100년』, 55쪽.

미완성으로 끝나고 말았다.

이처럼 보통 영화인들이 일본 제국주의의 식민지 문화 정책에 묶여 헤어나지 못하고 있을 때, 카프계 영화인들이 1920년대 일어났던 노동쟁의와 노동운동의 사회적 상황들을 영화 속에 담아낸 것은 커다란 모험이 아닐 수 없었다. 1930년대의 카프계의 영화는 1920년대의 난관이었던 재정 곤란으로 인해 다시 어려움에 봉착한다. 또한 1934년 조선총독부가 〈활동사진취체규칙령〉을 내려 영화도 정책실현에 앞장서는 결과를 낳게 된다. 더욱이 일제 말기 총독부의 조선 문화 말살정책은 더욱 조선의 문화를 탄압하고 통제하였기 때문에 조선 땅의 영화는 일제의 황국민화와 전쟁을 찬양하는 영화를 제작하는 것으로 방향을 급선회하게 된다.

2000년대 한국 사회에서도 여전히 한국적 근대성, 구조와 주체의 대립과 화해의 담론이 유효함을 말하고 있다. 2005년 이후 ≪청연≫(2005), ≪기담≫(2007), ≪원스 어폰 어 타임≫(2007), ≪라디오 데이즈≫(2008), ≪모던 보이≫(2008), ≪좋은 놈, 나쁜 놈, 이상한 놈≫(2008), ≪그림자 살인≫(2009) 등 일제강점기를 재현하는 영화들 여러 편이 동시 다발적으로 등장하게 된 것 역시도 여전히 논쟁의 중심에 위치하고 있는 '한국적 근대성' 담론의 표현의 일부로 여겨진다. ≪청연≫은 한국 사회가 여전히 민족주의, 국가주의 담론 앞에서는 매우 단선적인 사회로 변화하는 것을 확인시켜 주었다. 영화는 과거 일제강점기 재현의 이분법적 시선, 일제의 억압과 조선민중들의 저항이라는 국가와 민족주의 중심의 시선으로부터 주체, 개인 중심의 사회로 이동하는 지점들을 정확하게 보여 준다는 점에서 그 의의를 찾을 수 있다. 그러나 영화는 텍스트와는 다소 거리가 있는 논의들을 통해 철저하게 관객들의 관심에서 비켜나게 된다. 이른바 '친일 미화'에 대한 부담감을 이겨내지 못하며 결국 거대담론의 벽을 넘지 못하고 만다. 관객들의 반응을 통해서 확인 가능한 부분은 한국의 보수로의 회귀를 보여 주고 있다는 점이다.[23]

영화 ≪청연≫과 ≪기담≫은 일제강점기를 배경으로 제작된 공통점을 가지고 있지만, 관객들로부터는 극단적인 대접을 받았다. ≪청연≫은 소위 '친일파' 여류 비행사를 미화한다는 네티즌의 공격을 받으며 흥행 참패를 당했지만, ≪기담≫의 경우는 2007년 최고의 화제작 ≪디 워The War≫와 함께 개봉되어 201개의 스크린에서 교차상영과 조기종영이 되었으나 네티즌들이 성원에 재개봉되어 관객들을 2주나 더 만나게 되는 극진한 대접을 받았다. ≪청연≫은 그 기획의 시점부터 주목을 받던 영화이고, 실제 제작 과정에서 여러 제작사가 관여할 만큼 대형기획이었지만, 개봉 직전부터 친일 논란이 대두되면서 흥행에서 참패하게 된다. 이는 권은선의 지적대로 영화가 친일 행적을 옹호하는 영화가 아니었음에도 관객들로부터 철저하게 외면을 당하게 되는 계기가 되고 만다. 민족주의 담론에 의해 여타의 논의 자체가 불가능해지고 말았다.[24] 더구나 이러한 논란의 계기를 제공하게 된 것이 한국 최초의 여류 비행사가 누구였는가 하는 논란이었다. 영화로서의 ≪청연≫의 매력이나 완성도를 평가 받기 이전에 이미 예단되어버린 상황이었다.

≪청연≫과 ≪기담≫은 과거 민족주의 담론과 밀접한 관련을 맺고 있는 영화들과 다른 시선을 가지고 있다. 정부의 외화쿼터를 획득하기

---

23 이승환, 「식민지 근대'의 영화적 재현을 통한 한국 사회의 인식: ≪청연≫과 ≪기담≫을 중심으로」, 『영화연구 41호』, 2009, 105~123쪽.
24 권은선, 「≪청연≫:'신여성' 재현에서의 민족주의와 페미니즘의 결합」, 영상예술학회, 『영상예술연구』 11호, 2008. 영상예술학회 홈페이지, http://www.filmimage.org 참고.

위해 제작되던 독립군이 등장하던 70년대 영화들, 그리고 에로틱 사극을 표방하며 일제강점기를 시대적 배경으로 한 80년대의 영화들, 임권택의 ≪장군의 아들≫(1991) 시리즈나 고향에서의 어려운 상황을 극복하고 자 멀리 만주와 간도로 떠난 남성들의 이야기인 '만주 웨스턴' 영화들과 는 확연히 다른 시선의 대중 영화임에 틀림없다. 그러나 두 영화 모두 기존 일제강점기 배경의 영화들과 달리 일제에 대항하는 민족적, 정치적 의도를 지닌 인물들이 영화의 중심의 위치하지 않는다는 공통점이 있다. 이러한 변화는 이미 일제강점기의 일상에 대한 연구와 당시의 '모던보이' 와 '모던걸'에 대한 미시사적 연구서들의 등장을 통해 그 변화의 조짐을 확인할 수 있었다.[25] 이는 한국의 근대화 혹은 현대화에 대한 관심과 연구의 결과이며, 일제강점기에 대한 시선의 변화는 당시 한반도가 식민 지배와 피식민자의 대항과 대립만이 전부인 사회가 아니었다는 것을 보 여 준다. 또한 한반도가 근대문물들의 등장과 소개로 인해 사회적 변화 에 휩싸여 있었음을 증명하는 또 하나의 예이다.

3.3. 반 군부정권

≪지슬≫(2012)은 기본적으로 제주 4·3사건을 다루는 영화이다. 4·3 사건은 해방 직후 미군정이 끝나고 새롭게 수립한 대한민국 정부가 사회 주의 노선을 택한 북한과 대치하고 있는 민주주의 국가로서 그 정통성을

---

25 조형래, 「'모던 보이, 모던 걸 마음껏 즐리라' 식민지 소재 영화 붐」, 『경향신문』, 2008.10.2.

확보해야 하는 위기 상황에서 발생한 민족적 비극인 대학살 사건이다. ≪지슬≫은 그 이야기의 시작부터 끝까지 '토벌대(군인)'과 '마을사람들' 사이의 이항대립 구조에 의해 전개된다. 여기서 토벌대와 마을사람들의 대립은 당시 새롭게 탄생한 대한민국이라는 '국가'와 '제주'라는 섬의 대립을 상징한다.[26] 그러나 그들 누구도 서로에게 근원적인 차원의 '적'은 아니다. 영화 속에서 그들은 각자 생존을 위해 투쟁할 뿐이다. 예컨대, 토벌대 군인은 각자 생존을 위해 자신들과 적대적인 관계에 놓인 마을사람들을 색출해서 죽이는 일에 몰두한다. 그러나 이러한 행위는 그들 자신의 선택이라기보다는 생명을 담보해 주는 국가의 명령에 의한 것이다. 특히 대한민국 정부는 정통성 확보를 위해 희생양이 필요했고, 이데올로기적인 시대적 욕망에 의해 수만 명의 양민이 학살되었지만 국가는 자신의 오류를 감추기 위해 반세기 이상을 제주 4·3사건에 대해 침묵하였다. 80년대 민주화 운동과 더불어 제주 4·3사건을 다시 조명하려는 운동이 시작되면서 2003년에 와서는 정부 주도의 진상조사위원회가 주도한 진상조사보고서가 공식적으로 채택되었다. 한 사회의 '공식적 기억'이 '문화적 기억'으로 변화되기 위해서는 상당한 시간과 노력이 요구된다. ≪지슬≫은 그러한 변화를 추동하는 의미 있는 출발이 될 것이다. 이처럼 정부에 대항한 역사를 재조명한 영화들은 아래와 같이 정리될 수 있다.

---

26 황인성, 「'기억'으로서의 영화 ≪지슬≫과 ≪지슬≫이 구성하는 '기억'의 의미에 대하여」, 『스피치와 커뮤니케이션』 23호, 2014, 362쪽, 369~370쪽.

〈표 4-11〉 대항 및 반 군부정권의 영화 목록

연도		영화 제목
광주 항쟁	1996	≪꽃잎≫
	1999	≪박하사탕≫
	2007	≪오래된 정원≫
	2007	≪화려한 휴가≫
'실미도 사건'과 '684부대'	2003	≪실미도≫
제주 4.3사건	2012	≪지슬≫

2003년 12월 24일 강우석의 ≪실미도≫가 개봉을 했고, 이 영화는 꿈의 수치였던 천만 명이 넘는 관객을 동원하였다. 한국 영화 시장의 규모에서 거의 불가능으로 여겨졌던 천만 관객이라는 블록block을 돌파한buster 첫 번째 영화가 된 것이다. 그러나 같은 실화 영화 붐을 탄 2005년의 대작영화 ≪청연≫[27]은 실패하였다. ≪실미도≫는 어떻게 ≪쉬리≫, ≪공동경비구역JSA≫ 영화의 뒤를 이어 성공한 블록버스터가 됐으며 대중들이 선호하는 영화로 자리매김하게 된 것일까? 한국형 블록버스터는 보편적인 내러티브 전략을 취하는 할리우드의 블록버스터와 달리 한국적 맥락과 민족적 특수성이라는 자기 민족지에 집착하고 있다. 한국형 블록버스터에 주로 등장하던 북한이라는 외부의 적과 그에 따른 분단이데올로기의 문제와 달리, 정신적 근대성이라는 내부의 적과의 투쟁이라는 탈식민적 욕망과 관련된 것인가? 그러나 영화 ≪실미도≫는 표면적으로는 박정희 정부의 파시즘에 대한 반감을 불러일으키면서도 심층적인 담론 작용에서는 주요 인물들의 희생을 자발적인 애국충정으로 승화시킴으로써 국가의 권위를 보호하는 이데올로기적 균열로 인해 저항성

27 한국 최초의 여자 비행사로 알려진 박경원의 일대기를 그린 작품이다.

이 와해[28]되는 결과를 가져온다.

≪실미도≫는 천만 이상의 관객을 동원함으로써 한국 영화 흥행의 새로운 전기를 마련하였다. 대중적인 성공은 오랫동안 역사의 저편에 남겨져 있던 '실미도 사건'과 '684부대'의 존재를 환기하면서 다시 역사의 무대로 끌어냈다. 물론 한국 현대사의 모든 진실을 밝히는 것은 미국 역사의 X파일로 남아 있는 케네디 암살 사건처럼 불가능할 수도 있다. 그러나 한국 현대사를 다룬 영화들에서 '이상한' 점은 알려지지 않은 진실에 질문을 하는 대신, 마치 전모를 완전히 알고 있는 것처럼 재구성한다는 것이다.[29] 영화 도처에 노출된 파시즘에 대한 무비판적인 시각은 영화 창작자에게 내면화되어 있는 파시즘이 무의식적으로 반영되었다고 볼 수 있을 것이라는 비판도 나왔다.[30]

≪화려한 휴가≫는 1980년 5월의 광주항쟁이라는 역사적 사건을 바탕으로 멜로와 액션을 가미한 블록버스터이다. 당시 실존했던 인물들의 이야기를 재구성하여 5월 18일 계엄군과의 첫 충돌부터 5월 27일 계엄군의 도청습격사건까지의 10일간의 상황을 배경으로 하고 있다. 이 영화의 주요 등장인물들은 거의 대부분 죽임을 당한다. 즉 이 작품은 철저하게 5·18의 피해자 입장에서 내러티브를 전개하고 있는 영화이다. 다양한 삶을 영위하고 있던 광주 시민들이 클라이맥스 지점에서 파국을 맞이하는 시공간은 1980년 5월 21일 광주도청이다. 애국가가 울려 퍼지

---

28 서인숙, 「영화 ≪실미도≫의 이데올로기와 리얼리티에 대한 비판적 고찰」, 『한국콘텐츠학회논문지』 제8권 7호, 2008, 172쪽.
29 김경욱 (나쁜 세상의) 영화사회학: 21세기 한국 영화와 시대의 증후, 서울: 강, 2013, 110쪽.
30 서인숙, 「한국형 블록버스터에서 분단의 재현방식:한帳과 신파의 귀환」, 『학과영상』 제12권 4호, 2011.

고 시민들이 가슴에 손을 얹고 있을 때 자행된 발포 명령은 광주민주화항쟁의 동족상잔 이미지를 극한으로 몰아가는 지점이다. 이 장면의 충격성은 영화 ≪꽃잎≫에서도 재현된 바 있지만, 비폭력적 시위를 벌이고 있던 광주 시민들을 향한 무차별 발사는, 광주에서 발생한 일련의 사건들이 결코 국민-국가의 정당한 프로파간다 행사가 아니었음을 웅변하고 있다.[31]

한편, ≪오래된 정원≫은 80년대 군부독재에 반대하는 민주화운동을 시대적 배경으로 한 운동권 청년의 회상형식의 멜로영화이다. 이희승은 두 영화는 공통적으로 80년대를 소재로 취하면서 전근대적성에 대한 저항적 민족주의 담론과 결부된다고 지적하였다. 그는 60, 70년대 박정희 정부가 이룩한 압축성장이 물질적 근대화의 시기였다면 이 시기에 아직 수반되지 않은 정신적 성장의 단초를 이루는 시기는 5·18 이후이며 정신적 근대화의 시기라고 볼 수 있다고 해석하였다.[32]

31 박명진, 「한국 영화의 역사 재현 방식: 광주 항쟁 소재 영화를 중심으로」, 『국제어문』 제41권, 2007, 242쪽.
32 이희승, 「80년대 민주화운동 소재 영화의 민족주의와 탈식민적 욕망」, 『정치커뮤니케이션 연구』통권 11호, 2008, 171쪽.

제5장

민족주의 영화에 투영된
정치적 이해관계

어떤 특정한 국가에서 민족주의가 어떤 방식으로 실현되는가는 그 국가가 처한 역사적·사회적 상황에 따라 달라지므로 이는 경험적 분석을 필요로 하는 문제이다. 한국 현대사의 저변에는 민족주의 의식이 깔려 있다.

그러나 그동안 한국 민족주의에 대한 연구는 분석 방법의 측면에서 제한적이었다. 흔히 민족주의는 인종적 요인, 역사적·문화적 요인을 공유하는 민족구성원의 동질성을 통해 사회통합이 이루어지는 것으로 여겨진다. 그러나 실제로 사회에서 민족주의는 다원성과 더불어 충돌과 수용, 병존이라는 모순적인 방식으로 작동한다. 한국 사회는 권력자의 의지와 시대 상황에 맞는 민족주의가 정권의 변화에 따라 빠르게 적용되었으나, 국민들은 이를 대중문화를 통해 크게 무리 없이 이해하였다. 민족과 민족주의에 대한 재현 과정은 언제나 당시의 관심사에 맞게 재생산되므로 시대상을 가장 잘 읽을 수 있는 대중문화로 민족주의를 연구하는 방법을 제기하였다.

대중문화에 드러난 민족주의를 분석함으로써 한국 민족주의가 어떤 다원성을 띠고 있는지, 다원적 민족주의에 내포된 모순은 무엇인지, 그리고 특정 정권기에 오히려 단원적인 민족주의가 대중문화에 재현되는 기제 및 이유를 찾는 것이다.

한국 현대사에서 나타난 민족주의에 대한 선행 연구의 성과를 개괄하여 정리하면, 민족주의를 만드는 주체의 관점에서 한국 민족주의를 대표하는 세 가지를 찾을 수 있다. 우선 민족주의는 개인이 타고난 본원적 요소에 의해 자연스럽게 만들어진다는 인종적 민족주의가 있고, 둘째로 민족주의는 국가의 엘리트가 정치적 목적을 위해 위에서 인위적으로 만든다는 국가주의적 민족주의가 있으며, 마지막으로 일반 시민 혹은 민중이 밑으로부터 자발적으로 만들어가는 시민 민족주의가 있다. 이 세 가지 민족주의가 상호작용하며 한국 민족주의의 전체적 지형을 그려온 것이다. 이러한 본원주의 및 구성주의적인 관점들은 한국 민족주의에 대한 이해에 있어서 반드시 필요한 부분이다.

최근 들어 포스트모더니즘적 접근이 확산되면서 민족주의를 새로운 시각에서 바라보려는 시도가 이루어지고 있다. 이 새로운 접근의 중요한 특징은 민족과 민족주의를 주어진 객관적 실체reality로 보는 것에 대한 문제제기이다. 이 관점에서 보는 민족주의는 가변성과 다원성을 그 근본 요소로 삼고 있으며 민족의 경계선이 융통성을 가지고 있다고 본다. 그러므로 민족과 민족주의는 지속적인 다툼의 영역contested field이 된다. 민족주의는 단일한 민족의 단일한 민족주의라기보다는, 민족에 관한 다양한 관점이 서로 다투고 협상하는 것을 표상하고 있을 따름이다.[1]

---

1 Prasenjit Duara, "Historicizing National Identity, or Who Imagines What and When," p.152.

대중문화로서 한국 영화에 재현된 민족주의의 정치적 배경과 목적에 대한 탐구이다. 한국은 세계의 유일한 분단국이자 보수와 진보 정권이 빠르게 교차한 사회적 특성을 가지고 있으므로, 이런 점을 고려하여 한국의 민족주의에 대한 포스트모더니즘적 접근이 필요하다. 그뿐만 아니라 가령 개인의 민족 정체성은 '오래 기간 축적된 결과stock'가 아니라 끊임없이 변화하는 '흐름flow'인 것이라고 본다면, 대중문화는 민족주의를 재구성하는 원동력이 된다. 더불어 대중문화가 가지고 있는 상호텍스트 성Intertextuality으로 인해 영화에 나타난 한국 민족주의의 특징들이 충분히 한국대중문화 및 사회적 담론을 통해 확인이 가능하다고 여겨진다.

영화에 재현된 민족주의, 즉 그 시대를 대표하는 민족주의 '흐름flow'이 되며, 위와 같은 세 가지 민족주의를 만드는 주체 중에 어느 주체의 의지를 더 중점으로 투영되는가를 찾아내는 것이다.

따라서 이 책에서는 그동안 제작되고 개봉된 한국 영화를 대상으로 영화들에 나타난 '민족주의'적 표상이 시대에 따라 달라지는 양상을 고찰하였다. 이를 통해 보수 정치 진영과 진보 정치 진영에 의한 국가주의적 민족주의와 실용주의적 민족주의가 한국 정치사회에 공존해 왔지만, 정치 지도자인 대통령이 민족주의를 자신의 지배이데올로기로 선정하고 정치적 목적을 가지고 강조할 때 영화에 드러난 민족주의적 관점은 그의 담론과 일치되었다는 현상을 발견할 수 있었다.

이것이 구체적으로 드러난 첫 번째 시기는 이승만 대통령 집권기이다. 당시 가장 큰 현안은 일제 식민통치로부터 해방된 한반도의 자주적 국가건설의 문제였다. 그러나 독립된 정부 수립만으로 국가건설이 완성되는 것은 아니었다. 각기 다른 방식으로 국민국가를 건설하고 근대화

경쟁에 돌입한 남북한 정부는 국가주도적 성격을 바탕으로 국민·인민을
동원하면서 서로의 체제를 견제·경쟁·배제하는 전략을 통해 국가의 정
체성을 수립하고자 하였다.[2] 이때 정부와 지식인들이 가장 많이 사용한
용어 중 하나인 '재건'은 한국인들이 어떻게 스스로의 국가를 건설할 것
인가 하는 과제와 방법적 고민 속에서 등장한 용어였다. 문화 재건의
목표로서 민족문화를 수립해야 한다는 당시의 공감대가 대중적 파급력
이 가장 컸던 영화를 통해서 나타났다.

1950년대 후반의 문화영화에 무궁화, 애국가, 태극기 등 '국가'의 상징
이 빈번하게 등장하고 독립적인 소재가 되고 있는 것은 정체성의 확립과
관련이 있다. 그뿐만 아니라 남한을 자유세계의 일원으로 자리매김함으
로써 북한을 고립시키고 대한민국만이 UN이 승인한 한반도의 유일한
합법정부라는 것과 아시아 반공 전선의 맹주로서의 역할을 자임함으로
써 국가의 위치를 부각시키고자 하였다. 영화를 통해 보았을 때 대한민
국이라는 국가의 정체성은 정부 수립 당시에 이미 확고한 형태로 존재한
것이라기보다 1950년대를 거치면서 점차 형성되어가고 있었다고 할 수
있다.

두 번째로 1960년대와 70년대 박정희 정부는 국가발전을 역사적 소명
으로 여기는 개발독재의 시기로, 경제개발을 최우선으로 채택하고 정치
적으로는 민족주의를 경제 발전의 도구로 국민을 동원하였다. 민족주의
가 '우리' 내부의 단결과 단합을 강화함으로서 정치적, 경제적 목적을

---

2 정부 수립 시기의 정체성 형성 문제에 대해서는 다음 글을 참조. Chong-Myong Im,
The Making of the Republic of Kores as a Nation-State: August 1948~ May 1950, Ph
D. Dissertation, Chicago, Illinois, 2004; 김성보, 「남북 국가 수립기 인민과 국민 개념의
분화」, 『한국사연구』 144호, 2009.

위해 민중을 동원하는 경우의 모습은 쉽게 확인된다. 60년대와 70년대 문화 정책은 국가주의와 민족담론을 지배 이데올로기로 자리 잡게 하기 위해 국가가 문화영역에 적극적으로 개입하는 수단이었다. 박정희 정부는 영화 정책을 쉽고 정교하게 통제하기 위해 1962년 처음으로 〈영화법〉을 제정한 이후, 1973년까지 네 차례나 개정할 정도로 자주 변경하였다.

박정희는 민족적 민주주의라는 개념을 제시하면서, 민족을 개인과 국가의 상위 개념으로 설정하고 개인을 민족에 통합하는 정치체제를 구상하였다. 개인을 독립된 정치적 주체로 설정하지 않은 채, 민족이라는 상위 집단에 통합된 하위개념으로 설정하였다. 이 이념을 통해 박정희 정부는 서구 자유민주주의와는 다른 정치체제를 구상하였는데, 그것은 개인의 이익보다는 민족이라는 전체의 이익을 추구하도록 요구할 수 있는 기반을 마련하였다. 개인을 민족이라는 공동체에 완전히 통합시키고, 이 이상적 공동체에 통합되지 않는 개인을 이기적 개인으로 내몰 수 있는 근거를 확보하였다. 그렇게 하여 민족의 요구를 충족시키지 못할 때 제기되는 문제는 개인의 문제가 아니라 민족의 문제가 되고, 이는 민족의 위기를 초래할 수도 있다는 것이다. 그러므로 영화 자체를 동시대의 현실적 이미지를 그대로 드러내는 것보다는 미래의 밝은 전망을 창출하는 미디어로 간주하였다.

마지막으로는 김대중 정부이다. 김대중은 박정희 정부에 맞서 줄곧 저항 운동을 주도했으며 독재와 분단 사이에 맺어진 불가분의 관계를 인식하고 정치체제의 민주화를 위해 남북 분단 체제를 극복해야한다고 주장하였다. 이런 식으로 김대중은 통일을 강조하는 본원주의적이며 민족적 민주주의를 주장하게 되었다. 저항담론으로서의 민족주의는 지배

담론으로서의 민족주의가 가진 반대의 틀로 나타났다. 박정희 정부와 김대중 정부에서의 한국의 민족주의는 상충한 모습으로 정치적 담론이 되고 대중문화적으로 재현되었다. 이것은 다른 나라에서 볼 수 없는, 한국에서만 볼 수 있는 현상이다. 1990년대 후반 김대중 정부가 들어서면서 금기시 되있던 남북 문제의 소재가 영화계 수면위에 오르게 되었다. 분단을 주요 모티브로 삼은 액션영화 ≪쉬리≫를 시작으로 ≪공동경비구역JSA≫에서 종족적 민족주의를 강조하였고, ≪태극기를 휘날리며≫에서는 형제애를 다루면서 민족주의의 뿌리인 가족주의를 환기시켰다.

김대중은 통일의 필연성을 경제적 논리에 두었는데, 통일이 되지 않는 상황에서 남북한이 모두 갖게 되는 부담, 특히 경제적 부담에서 근거를 찾았다. 그는 민족 구성원을 이념에 상관없이 통합하는 민족공동체가 필요하며, 이를 이룩하는 통일의 당위성을 강조하였다. 그 가운데 특히 중요한 의미를 갖는 것은 세계화의 무한 경쟁체제 속에서 통일이 가져오는 국제적 경쟁력의 확보이다. 이것은 세계화의 과정에서 시장개방에 대응하는 민족주의의 성향을 강하게 나타내고 있으며 문화의 다양성 또한 강조되고 있다. 그러나 대북 포용적인 민족주의 및 통일전략의 역효과를 보여 주기도 하였다.

영화에 북한을 다루는 것은 정치적으로 민감한 주제이기 때문에 현실에서의 남북 관계는 영화에 영향을 미칠 수밖에 없다. 김대중 집정 기간은 '친북'과 '향수', '가족애'를 표방하는 영화와 '반미'와 '반일' 등 강대국에 대해 불편한 감정을 표현하는 영화의 전성시대였다. 그러나 천안함 사건이 발생한 후, 종족적 민족주의 영화의 열기가 점차 식었으며 한

영화 속에 재현된 북한 사람의 이미지도 '정이 많은 동포'와 '공산이념에 미친 인민군인'으로 나뉘어 동시에 재현되기도 하였다.

요컨대 한국 민족주의는 다양한 정치민족주의적 성격이 공존했지만 집권정치가가 민족주의를 지배이데올로기로 삼고 강조했을 때 영화에 재현된 민족주의는 정치가들이 주장한 민족주의와 일치하게 되었다. 이러한 현상은 특히 이승만, 박정희와 김대중 정부 시기 영화에 나타난 민족주의 표상의 의미 변화를 통해서 파악할 수 있다.

〈표 5-1〉 정권별 영화적 민족주의 표상의 변화와 정치적 담론의 이해관계

집권정부		이승만 정부기	박정희 정부기	김대중 정부기
영화에 드러난 민족주의적 표상	분단 의식 / 한국전쟁	반공 프레임 속에 재현	강력한 반공의식	민족의 비극
	남북 대치	정통성 확립	선발전 후통일	국가의 대치에도 국민들이 한 민족에 속함
	빨치산	악의 상징	금지된 소재	공산주의 이념이 강한 순수한 사람들
	간첩	-	잔인하고 냉철함	간첩의 인간적 내면부각 주인공 간첩의 선량함
	이산가족	운명의 엇갈림	금지된 소재	(1980년대 재회에도 가족이 되지 못함) 이산가족의 비인간적 면모
	탈북자	-	금지된 소재	민족에 대한 또 다른 생각
	민족 재건 / 독립	이승만의 정치적 정통성	-	조선인의 독립운동 이야기를 강조
	반공	공산당은 한국인도 아님	인간의 비극	친북
	근대화	-	자본주의 근대화	근대화의 부작용
	반세계화	-	-	마을공동체에 대한 향수

대외 인식	주한미군	반공진영의 동맹, 이승만의 성공적인 외교	열등감		적대감
	일본 식민사	"3·1"운동의 씨앗은 이승만이다			일본의 식민통치가 참혹했고 조선인 스스로의 계몽 강조, 적대감
	군부정권	-		-	군부독재에 대한 무비판 혹은 민주화운동에 대한 강력한 추모
정치권의 민족주의 담론의 이해관계			일치		일치

    각 정부별의 민족주의 논리에 따른 영화적 재현은 결국 집권정부가
지향하는 민족주의와 영화에서 대중에게 보여 준 민족주의는 대부분의
기간 동안에 일치하다. 같은 민족주의적 표상이라고 하더라도 다른 정부
의 민족주의 논리에 따라 영화적 재현이 달라진다. 그러나 결국 집권정
부가 정권 교체 시기의 혼돈이 있었을 뿐이다. 대중을 대상으로 한 한국
민족주의에 대한 해석과 설명에 대한 권력은 정치가가 장악하고 있다고
볼 수 있다. 한국 사회는 오랫동안 보수 정치 진영과 진보 정치 진영이
병존해 왔으므로 집권 정부에 따라 때로는 '독립·근대화·경제 발전'을,
때로는 '자주·민주·통일'의 민족주의를 대중문화 속 재현을 통해서 전파
하였다. 따라서 한국 민족주의는 '오랜 기간 축적된 결과stock'보다 '끊임
없이 변화하는 흐름flow'에 더 가깝다는 포스트모더니즘적인 모습을 보여
주었다. 또한 한국 민족주의는 집권자가 정치적 목적을 달성하기 위해
활용하는 구성주의적 민족주의의 성격을 가지고 있다는 점도 배제해서
는 안 된다.

그동안 다양한 접근방법과 측면에서 한국 민족주의에 대한 이야기가 이루어졌다. 이 책에서 특별히 강조하고 싶은 첫 번째 관점은 한국의 현대사에 나타난 민족주의를 구성주의constructivism적으로 접근할 때, 한국의 독특한 특징은 역사적 우연성의 결과로 이해되어야 할 것이다. 민족과 국가 사이에 모순과 대립이 있었던 식민지시기를 벗어나자 문화적인 논의는 본격적으로 민족국가건설의 맥락에서 이루어지게 된다. 민족국가 건설 과정에서 재건되어야할 문화란, 새 시대의 요구에 부응하는 민족문화를 의미하였다.[3] 식민지배의 해방과 함께 분단 체제가 구축되면서 민족과 국가 사이에 불일치가 나타나기 시작하였다. 민족주의가 반공주의와 독재체제에 결합되면서 지배담론으로서의 민족주의는 국가주의의 형태로 바뀌어 버렸다. 분단 체제 속에서 민족주의는 반공주의와 결합되고 더 나아가서는 경제 발전을 추구하는 독재체제와 결합되었다. 또한 1990년대 후반부터 2000년대 중반까지 민족주의 영화가 급격히 성장한 현상은 경제위기 이후 민중들이 세계화에 대한 불안감과 수반되어 민족주의에 대한 심리적 요구의 증진으로 분석될 수 있다. 이러한 맥락에서 이승만, 박정희와 김대중이 지배이데올로기로 민족주의를 선정한 정치적 동기와 목적이 물론 있었으나, 그에 부응하는 사회적 조건(국민국가 재건, 근대화, 경제위기)의 변화에 의해 아래로부터 나타난 요구도 무시할 수 없다. 이질성을 지닌 개인이 집합적 공통의식collective consciousness을 원하는 요구도 이 현상을 보완적으로 설명을 할 수 있다. 구성주의, 특히 밑으로부터 구성되는 민족주의를 대표하는 가장 고전적인 이론을 발전시킨 것은 앤더슨Benedict Anderson이다. 그는 민족주의란 이전에 한 번도

---

3 이하나, 「1950년대 민족문화 재건 담론과 '우수영화'」, 『역사비평』 94호, 2011, 394쪽.

서로 만난 적이 없었던 사람들을 하나로 묶어 스스로를 공동체로 상상하도록 만드는 과정을 통해 형성된다고 주장하였다. '우리'의식이 강한 한국인이 대중문화를 통해 국가의 민족주의적 동원에 부응한 요인도 고려해야 한다.

물론 한국 민족주의는 국가의 정치엘리트들이 위에서 만들어가는 국가주의적 민족주의statist nationalism의 성격도 강하다. 특히 이승만과 박정희의 독재통치하에 민족주의가 반공주의와 독재체제에 결합되면서, 지배담론으로서의 민족주의는 국가주의의 형태로 바뀌어 버렸다. 텔레비전, 인터넷 등 신흥매체가 보급한 1970년대 이전 뉴스영화와 문화영화는 국가가 공식적으로 생산해 낸 대국민 시청각 교육 프로그램의 역할을 자임하였다. 이후 국가지원, 검열제도, 수상제도와 외화쿼터 보상제도 등으로 영화 산업의 기제를 정치화시켰다. 그 결과 민족주의의 양면성 가운데 사회의 일시적 통합과 계급의 분열, 개인의 자유보다는 억압이, 타자(북한)에 대한 관용성보다는 배타성이, 그리고 보편적 가치보다 전통의 특수적 가치가(오천 년의 유기체적 공동체) 전면으로 부상하였다. 배타성과 권력 행사를 강화시키는 민족주의의 이러한 변형은 민족과 국가 사이의 불일치를 완화하기보다는 오히려 심화시켰고, 이에 따라 극심한 저항과 대립을 가져왔다.

무엇보다 이 책에서 논의하고 싶은 점은 정치적 엘리트이자 최고 통치자인 이승만, 박정희와 김대중 대통령은 특히 정치적 필요성과 목적을 가지고 정치민족주의 논리를 접목시키며 활용하였다. 포스트모더니즘 postmodernism적 관점에서 민족의 개념과 민족주의의 이념은 항상적으로 고정되고 합의된 결론이 아니라 끊임없이 새롭게 규정되고 재구성되는,

그리고 승인받기 위한 다툼의 영역임을 알 수 있다. 그렇다면 한국에 민족이라는 것이 진정 하나의 '실체'로 존재하는가에 대해 의문을 제기하지 않을 수 없다. 그것은 아마도 실체로 존재하기보다는 실체로 만들어지고 실체로 존재하도록 규정되고 있는지도 모른다. 그렇다면 한국 민족주의 연구에 있어 언제나 진행 중인 '민족주의적 실체'를 만드는 과정에 주력하고 있는 대중문화에 대한 연구가 더 필요할 것이다.

다른 한편, 세계화 속의 새로운 민족주의는 국가 간의 관계를 새롭게 정립하도록 요구하는데, 결과적으로 한국의 민족주의 담론과 재현에 대한 평가와 전망은 긍정적인 측면과 부정적인 측면이 혼재되어 있다. 긍정적인 측면은 하나의 민족주의에 다툼의 영역contested field을 제공하며 분명하게 한국 민족주의의 다원성을 보여 준 것이다. 부정적인 측면은 보수와 진보 정치권이 대중매체를 이용하여 의도적으로 만들어진 민족주의 영화는 결국 민족보다 집단의 이익을 위해 민족주의 영화를 이용한 것이 되므로 향후 한국인의 민족 정체성의 인식에 기여하지 못하며 오히려 정체성을 제한하게 된다는 것이다.

한국의 민족주의는 어디로부터 나타나는가? 한마디로 한국 민족주의는 '위로(지도자)부터' 생산되고, 사회적 조건의 변화에 의해 '아래(국민)로부터' 대중의 부응을 얻게 되며 이를 완성시키는 끊임없이 재구성되는 과정이다.

참고문헌

1. 국내연구논문 및 단행본

강정인, 「박정희 대통령의 민족주의 담론」, 『사회과학연구』 제20권 2호, 서강대학
　　교 사회과학연구소, 2012.

고동연, 「전후 한국 영화에 등장하는 주한 미군의 이미지」, 『미국사연구』 제30집,
　　2009.

고미숙, 『한국의 근대성, 그 기원을 찾아서: 민족. 섹슈얼리티. 병리학』, 서울: 책세
　　상, 2001.

고제규, 「국가의 영화 정책에 따른 한국 영화 산업의 변화에 관한 연구」, 고려대학
　　교, 석사학위논문, 1999.

공보실, 『李大統領 訓話錄』 第2輯, 公報室, 1956.

김현숙 외, 『세계화와 동아시아민족주의』, 서울: 책사랑, 2010.

구견서, 「일본 식민지의 영화와 시대성」, 『일본학보』 제65집, 한국일본학회, 2005.

구해근 저, 신광영 역, 『한국 노동계급의 형성』, 파주: 청작과 비평사, 2003.

권력범, 『민족주의와 발전의 환상』, 서울: 솔, 2000.

권은선, 「'한국형 블록버스터'와 민족주의 담론의 절합관계 연구」, 한국예술종합학
　　교 예술전문사논문, 2001.

＿＿＿, 「≪청연≫:'신여성' 재현에서의 민족주의와 페미니즘의 결합」, 영상예술학
　　회, 『영상예술연구』, 11호, 2008.

권혁범, 『국민으로부터 탈퇴: 국민국가, 진보, 개인』, 서울: 삼인, 2004.

김경욱, 『(나쁜 세상의) 영화사회학: 21세기 한국 영화와 시대의 증후』, 서울: 강,
　　2013.

김경일, 「근대적 일상과 전통의 변용: 1950년대의 경우」, 박영은 등 공저, 『한국의
　　근대성과 전통의 변용』, 서울: 한국정신문화연구원, 1999.

김광섭 편, 李承晚 著, 『李大統領 訓話錄』, 서울: 중앙문화협회, 1950.

김권호, 「한국전쟁영화의 반공영화로의 포획과정에 관한 연구: 1954~1969」, 전남대
　　학교 박사학위논문, 2014.

김대중,『통일과 민족의 운명』, 1993년 11월 30일 고려화 초청강연, 김대중 도서관 자료, 1993.

_____,「해방 50주년과 민족통일」, 1995년 1월 20일 강릉대학교 총동창회 초청강연, 김대중도서관자료, 1995.

김동노,「한국전쟁과 지배 이데올로기」,『아시아문화』제16호, 2000.

_____,「대한제국기 황성신문에 나타난 근대적 개혁관」,『사회와 역사』제69집, 2006.

_____,「한국의 국가 통치전략으로서의 민족주의」,『현상과 인식』가을 제3호, 2010.

_____,「박정희 시대 전통의 재창조와 통치체제의 확립」,『동방학지』제150집, 2010.

_____,「민족주의의 다원화와 이념 갈등」,『동방학지』제159집, 2012.

김동성,『한국 민족주의 연구』, 서울: 오름, 1996.

김동춘,「80년대 한국의 민족주의」,『근대의 그늘』, 서울: 당대, 2000.

김동호 외,『한국영화 정책사』, 파주: 나남, 2005.

김동환,「한국 영화 정책의 발전방향에 관한 연구」, 한양대학교 석사학위논문, 1989.

김려실,「일제말기 합작선전영화의 분석」,『연화연구』26호, 2005.

김미현,『한국 영화사: 開化期에서 開花期까지』, 서울: 커뮤니케이션북스, 2006.

김보현,「朴正熙 政權基 經濟開發: 民族主義와 發展, 그리고 矛盾」, 성균관대학교 박사학위논문, 2005.

_____,『박정희 정권기 경제개발: 민족주의와 발전』, 서울: 갈무리, 2006.

김세중,「5.16-산업화 민족주의 혁명」, 정성화 편,『박정희시대 연구의 쟁점과 과제』, 서울: 선인, 2005.

김영명,『우리 눈으로 본 세계화와 민족주의』, 서울: 오름, 2004.

김우태,「한국 민족주의연구」, 부산대학교 박사학위논문, 1984.

김윤지,「도구화된 타자, 기지촌 여성과 한국 영화 -한국전쟁 이후 기지촌 여성을 다룬 영화를 중심으로」,『영화교육연구』제15권, 2013.

김의수,「한국분단영화에 관한 연구: 분단영화의 장르적 정의와 진화과정을 중심으로」, 서강대학교 석사학위논문, 1999.

김수자, 「민주화 이후 한국 민족주의 담론의 전개: 6월항쟁-김대중 정권」, 『社會科學硏究』 제14권 2호, 2006.

김정환. 「1980년대 영화의 정당화 과정으로서의 기회구조 분석」, 『한국콘텐츠 학회 논문지』 4호, 2013.

김종엽 편, 『87년 체제론: 민주화 이후 한국 사회의 인식과 새 전망』, 파주: 창비, 2009.

김종태, 「한국 언론에 나타난 한국, 중국, 일본의 정체성과 표상: 선진국 담론을 중심으로」, 『사회과학연구』 제22집 1호, 2014.

김진태, 『한국 영화 정책의 성격규정과 법제도에 관한 연구』, 서울: 서강대학교 출판부, 1998.

김차호, 「한국 반공영화 연구: 반공이데올로기의 의미체계와 사회 문화적 기능을 중심으로」, 동국대학교 석사학위논문, 2002.

김창남, 「한국의 사회변동과 대중문화」, 『진보평론』 여름 제32호, 2007.

金晴江, 「현대 한국의 영화 재건논리와 코미디 영화의 정치적 함의(1945-60)」, 『진단학보』 제112호, 2011.8.

김현숙, 「한말 "민족"의 탄생과 민족주의 담론의 창출: 민족주의 역사서술을 중심으로」, 『동양정치사상사』 제5권 제1호, 2006.

김호기, 『말, 권력, 지식인』, 서울: 아르케, 2002.

_____, 「87년 체제인가, 97년 체제인가: 민주화 시대에서 세계화 시대로」, 『사회비평』 제36권, 2007.

김홍동, 「영화법규와 시책으로 본 정책의 흐름」, 최진용 외, 『한국 영화 정책의 흐름과 새로운 전망』. 서울: 집문당, 1994.

노재봉, 『한국 민족주의와 국제 정치』, 서울: 민음사, 1983.

_____, 「한국 민족주의와 자유주의」, 양호민 외, 『한국 민족주의의 이념』, 서울: 아세아 정책연구원, 1977.

남궁영, 「김대중 정부의 대북 정책에 대한 비판적 해석: 남남갈등의 쟁점을 중심으로」, 『국제정치연구』 제7집 2호, 2004.

_____, 『분단 한반도의 정치경제: 남한·북한·미국의 삼각퍼즐』, 서울: 오름, 2010.

대통령비서실, 「1962.11.23. 반공학생의 날 기념사」, 『박정희대통령연설문집 2: 제5
대편』, 1973.

동아일보, 「특집 해방 30년」, 『동아연감』, 서울: 동아일보사.

라이언과 켈너(Michael Ryan & Douglas Kellner) 저, 백문임·조만영 역, 『카메라
폴리티카: 현대 할리우드 영화의 정치학과 이데올로기』(상), 서울: 시각과
언어, 1996.

마이켈 우드(Michael Wood) 저, 시찬주·성미숙 역, 『영화 속의 미국』, 서울: 현대미
학사, 1994.

문화관광부, 『통계로 보는 문화산업』, 서울: 문화체육관광부, 1997.

민경우, 『민족주의 그리고 우리들의 대한민국』, 서울: 시대의창, 2007.

박노자, 『나를 배반한 역사』, 서울: 인물과 사상사, 2003.

박명진, 「한국 영화의 역사 재현 방식: 광주 항쟁 소재 영화를 중심으로」, 『국제어
문』 제41권, 2007.

박성수, 『한국근대사의 재인식』, 서울: 동아학습사, 1982.

박승현, 「대중매체의 정치적 기제화 한국 영화와 건전성 고양(1966~1979)」, 『언론
과 사회』 겨울 13권 1호, 2005.

박유희, 「박정희 정권기 영화 검열과 감성 재현의 역학」, 『역사비평』 99호 특집:
일상과 의식 속의 유신체제, 2012.

_____, 「고립된 전사, 경계의 타자 -탈냉전시대 한국전쟁영화에 나타난 "북(北)"의
표상」, 『民族文化硏究(Korean Classics Studies)』 제58권, 2013.

박정희, 『우리민족의 나갈길: 사회재건의 이념』, 서울: 東亞出版社, 1962.

_____, 『民族中興의 길』, 서울: 광명출판사, 1978.

박진호, 「1950년대 한국 멜로드라마 분석」, 중앙대학교 석사학위논문, 2003.

박찬승, 「일제 지배 하 한국 민족주의의 형성과 분화」, 『한국 독립운동사 연구』
제15집, 2000.

_____, 「20세기 한국 국가주의의 기원」, 『한국사 연구』117호, 2002.

_____, 『민족주의의 시대』, 서울: 경인문화사, 2007.

백기완, 『백기완의 통일이야기』, 서울: 청년사, 2003.

백낙청, 『민족문학과 세계문학』, 서울: 창작과 비평사, 1985.

베네딕트 앤더슨(Benedict Anderson) 저, 윤형숙 역, 『민족주의의 기원과 전파』, 서울: 나남, 1991.

비릴리오 폴(Paul Virilio) 저, 권혜원 역, 『전쟁과 영화: 지각의 병참학』, 서울: 한나래, 2004.

비릴리오 폴(Paul Virilio) 저, 지정하 역, 『시각 저 끝 너머의 예술』, 파주: 열화당, 2008.

서중석, 『한국현대민족운동연구』, 서울: 역사비평사, 2002.

_____, 「이승만대통령의 반일운동과 한국 민족주의」, 『인문과학』 제30집, 2000.

스테판 히스(Stephen Hesth) 저, 김소연 역, 『영화에 관한 질문들』, 서울: 울력, 2003.

양경미, 「한국의 영화 정책과 이데올로기」, 한양대학교 석사학위논문, 2004.

_____, 「한국 민족주의 영화의 흐름과 특성: 1990년대 이후 작품을 중심으로」, 『영화연구』 46호, 2010.

양동안, 「해방공간의 한국정치사상」, 정영훈 외, 『근현대 한국정치사상사 연구』, 성남: 한국학중앙연구원, 2006.

양윤모, 「한국 영화사 속에 나타난 민족의 저항」, 『현상과 인식』 12권 2호, 1988.

양호민 외, 『한국 민족주의의 이념』, 서울: 아세아 정책연구원, 1977.

염찬희, 『시장개방이후 한국 영화의 변화과정과 특성에 대한 체계분석적 연구』, 서울대학교 박사학위논문, 2004.

영화진흥공사 편, 『한국 영화자요편람(초창기~1976년)』, 서울: 映畵振興公社, 1977.

오영숙, 「1950년대, 한국 영화의 장르형식과 문화담론 연구」, 한양대학교박사학위논문, 2005.

오영진, 「문화영화의 정신」, 『朝光』, 조광사, 1941.

우정, 「이명박 정부의 대북 정책과 남북 관계의 발전 방향」, 『북한학보』 제33집 1호, 2008.

유선영, 「동원체제의 과민족화 프로젝트와 섹스영화: 데카당스의 정치학」, 『언론과 사회』, 15권 2호, 2007.

유승민, 「국가와 시장의 갈등, 표류하는 DJ」, 『신동아』 9월, 2001.

유영옥, 「이승만의 업적에 대한 기호학적 해석: 긍정적 평가를 중심으로」, 『한국동
　　　북아논총』 제63권, 2012.

유해동, 『식민지의 회색시대』, 서울: 역사비평사, 2003.

윤인진, 「한국 민족주의 담론의 전개와 대안적 민족주의 모색」, 『한국 사회』 제8집
　　　1호, 2007.

이선민, 『민족주의, 이제는 버려야 하나』, 서울: 삼성경제연구소, 2008.

이순진, 「민주화운동과 문화 ; 한국전쟁 후 냉전의 논리와 식민지 기억의 재구성:
　　　1950년대 문화영화에서 구축된 '이승만 서사'를 중심으로」, 『기억과 전망』
　　　제23집, 2010.

이효덕 저, 박성관 역, 『표상공간의 근대』, 서울: 소명, 2002.

이경희, 「중국 문화민족주의와 그 실천전략」, 『한국동북아논총』 제52집, 2009.

이병천, 『개발독재와 박정희시대』, 서울: 창비, 2003.

이상백, 『한국사: 근세전기편』, 서울: 을유문화사, 1962.

이승만, 「李大統領 平壤同胞에 告함」, 大韓民國國防部政訓局戰史編纂會 편, 『韓國
　　　戰亂一年誌』, 서울: 대한민국국방부정훈국전사편찬회, 1951.

이승환, 「'식민지 근대'의 영화적 재현을 통한 한국 사회의 인식: ≪청연≫과 ≪기
　　　담≫을 중심으로」, 『영화연구』41호, 2009.

이영일, 『한국영화전사』, 서울: 소도, 2004.

이완범, 「해방 직후 국내 정치 세력과 미국의 관계, 1945-1948」, 박지향 외, 『해방직
　　　후사의 재인식2』, 서울: 책세상, 2006.

이용회 저, 노재봉 편, 『한국 민족주의』, 서울: 서문당, 1977.

이하나, 「정부 수립기~1950년대 문화영화와 국가정체성」, 『역사와 현실』 74호, 역
　　　사비평사, 2009.

_____, 「1950~60년대 재건 담론의 의미와 지향」, 『동방학지』 제151권, 2010.

_____, 「1950년대 민족문화 재건 담론과'우수영화」, 『역사비평』 94호, 2011.

이호걸, 「1960년대 전반기 한국 영화에서의 폭력과 정치」, 『서강인문논총』 38호,
　　　2013.

이화여대 한국문화연구원, 『근대 계몽기 지식개념의 수용과 그 변용』, 서울: 소명출
　　　판, 2005.

이희승, 「80년대 민주화운동 소재 영화의 민족주의와 탈 식민적 욕망」, 『정치커뮤니케이션연구』 통권 11호, 2008.

임대근. 「포스트뉴웨이브 시대 중국 영화와 국가 이데올로기」, 『중국문학연구』 제37집, 2008.

임미순, 『한국 영화법의 개선방향』, 서울: 숙명여자대학교 출판부, 1995.

임지현, 『우리 안의 파시즘』, 서울: 삼인, 2000.

임지현·이성시, 『국사의 신화를 넘어서』, 서울: 휴머니스트, 2004.

서인숙, 「영화 ≪실미도≫의 이데올로기와 리얼리티에 대한 비판적 고찰」, 『한국콘텐츠학회논문지』 제8권 7호, 2008.

_____, 「한국형 블록버스터에서 분단의 재현방식:한(恨)과 신파의 귀환」, 『학과영상』 제12권 4호, 2011.

장규식, 「20세기 전반 한국 사상계의 궤적과 민족주의 담론」, 『한국사연구』 제150권, 한국사연구회, 2010.

전재호, 「박정희 체제의 민족주의 연구: 담론과 정책을 중심으로」, 서강대학교 박사학위논문, 1997.

_____, 「박정희 체제의 민족주의: 담론의 변화와 그 원인」, 『한국정치학회보』 32집 4호, 1999.

_____, 「권위주의 시기의 한국정치사상」, 정영훈 외, 『근현대 한국정치사상사 연구』, 성남: 한국학중앙연구원, 2006.

정경환, 「한국 민족주의 연구: 전개 과정, 성격 및 과제를 중심으로」, 『인문연구논집』 제2집, 1997.

정미경, 「남성 팬터지의 산물, 『자유부인』의 성 정치학」, 길밖세상 편, 『20세기 여성사건사』, 서울: 여성신문사, 2001.

장영민, 「국사교육의 강화와 국가주의」, 공제욱 편, 『국가와 일상』, 서울: 한울아카데미, 2008.

정이담, 「문화운동론」, 『문화운동론』, 서울: 공동체, 1985.

정재완, 「한국의 문화 정책」, 김정환 외, 『문화운동론 2』, 서울: 공동체, 1986.

정종화, 『한국 영화사: 한 권으로 읽는 영화 100년』, 서울: 한국영상자료원, 2008.

_____,『(자료로 본) 한국 영화사』, 서울: 열화당, 1997.

조민,『한국 민족주의연구』, 민족통일연구원. 정책연구실, 서울: 民族統一硏究院, 1994.

_____, 「전환기 한국정치사상: 민주화 이후의 한국정치사상」, 정영훈 외,『근현대 한국정치사상사 연구』, 성남: 한국학중앙연구원, 2006.

조준형, 「한국반공영화의 진화와 그 조건」, 차순하 외,『근대의 풍경: 소품으로 본 한국 영화사』, 서울: 소도, 2001.

_____, 「일제강점기 영화 정책」, 김동호 외,『한국영화 정책사』, 서울: 나남출판, 2005.

진덕규,『권력과 지식인: 해방정국에서 정치적 지식인의 참여논리』, 서울: 지식산업사, 2011.

차기벽,『한국 민족주의의 이념과 실태』, 서울: 까치, 1978.

_____,『차기벽저작집 4 민족주의 원론』, 서울: 한길사, 2006.

차순하 외,『근대의 풍경: 소품으로 본 한국 영화사』, 서울: 소도, 2001.

천관우, 「한국 민족주의의 역사적 구조」, 전덕규 편,『한국의 민족주의』, 현대사상사, 1976.

최정윤, 「대학생 영화 관객의 북한 이미지 형성에 관한 연구」, 고려대학교 석사학위논문, 2004.

최진용 외,『한국 영화 정책의 흐름과 새로운 전망』, 서울: 집문당, 1994.

탁선산,『한국의 민족주의를 말한다』, 서울: 웅진닷컴, 2004.

토마스 샤츠(Thomas Schatz), 한찬호·허문영 역,『할리우드 장르의 구조』, 서울: 한나래, 1995.

팀 에덴서(Tim Edensor) 저, 박성일 역,『대중문화와 일상 그리고 민족 정체성』, 서울: 이후, 2008.

피터 버크(peter Burke) 저, 박광식 역,『이미지의 문화사: 역사는 미술과 어떻게 만나는가』, 서울: 동문선, 2005.

한국군사혁명사편찬위원회,『한국군사혁명사』제1편 하, 서울: 동아출판사, 1964.

한국영상자료원 편,『한국 영화의 풍경: 1945-1959』, 서울: 문학사상사, 2003.

한상구, 「1948~1950년 평화적 통일론의 구조」, 역사문제연구소 편,『분단 50년과 통일시대의 과제』, 서울:역사비평사, 1995.

한스 콘(Hans Kohn) 저, 차기벽 역, 『민족주의』, 서울: 삼성문화재단, 1974.

한승준, 「영화지원정책의 이데올로기 경향성 연구」, 서울행정학회 학술대회 발표논문집, 2010.

한영현, 「해방기 한국 영화의 형성과 전개 양상 연구」, 성신여자대학교 박사학위논문, 2010.

호현찬, 『한국 영화 100년』, 서울: 문학사상사, 2000.

황인성, 「'기억'으로서의 영화 ≪지슬≫과 ≪지슬≫이 구성하는 '기억'의 의미에 대하여」, 『스피치와 커뮤니케이션』 23호, 2014.

2. 영문문헌

Anderson, Benedict(1983), *Imagined Communities: Reflections on the Origin and Spread of Nationalism*, London: Verso.

Anderson, Benedict, *Language and power: exploring political cultures in Indonesia*, Ithaca, N.Y.: Cornell University Press, 1990.

Anthony, Smith, *Theories of Nationalism: Alternative Models of Nation Formation*, Michael Leifer ed., Asian Nationalism, London: Routledge, 2000.

Bauman, Zygmunt, "Blood, Soil, and Identity," *Sociological Review*, Vol. 40. No.4., 1992.

Breuilly, John, *Nationalism and the State*, New York: St, Martin's Press, 1982.

Breuilly, John, *Nationalism and the State*, Chicago: University of Chicago Press, 1993.

Brubaker, Rogers, *Nationalism Reframed: Nationhood and the National Question in the New Europe*, New York: CAmbridge University Press, 1996.

Calhoun, Craig, *Nationalism*, Buckingham: Open University Press, 1997.

Carr, Edward H., *Nationalism and After*, London: Melbourne, [etc.]: Macmillan, 1968.

Duara, Prasenjit, "Historicizing National Identity, or Who Imagines What and When," Geoff Eley and Ronald Grigor Suny eds., *Becoming National*, New

York: Oxford University Press, 1996.

O'Brien, Conor Cruise, "The Wrath of Ages: Nationalism's Primordial Roots", *Foreign Affairs*, Noverber/December, 1993.

Graham, Dav and Thompson, Andrew, Theorizing *Nationalism*, Houndmills: Palgrave Macmillan, 2004.

Deutsch, Karl W., *Nationalism and Communication Theory*, 1984.

Duara, Prasenjit, "Historicizing National Identity, or Who Imagines What and When." Geoff Eley and Ronald Grigor Suny eds., *Becoming National*, New York: Oxford University Press, 1996.

Edensor, Tim, *National identity, popular culture and everyday life*, Oxford: Berg, 2002.

Foucault, Michel, *Discipline and Punish: The Birth of the Prison*, New York: Pantheon Books, 1977.

Foucault, Michel, *Power/Knowledge: Selected Interviews and Other Writings 1972-1977*, New York: Pantheon Books, 1980.

Fox, Robin W., "Nationalism: Hymns Ancient and Modern", *The National Interests*, 1994.

Gans, Chaim, *The Limits of Nationalism*, Cambridge: Cambridge University Press, 2003.

Geertz, Clifford, *The Interpretation of Culture*, New York: Basic Books, 1973.

Gellner, Ernest, *Thought and Change*, London: Wedenfeld and Nicolson, 1964.

Gellner, Ernest, *Nations and Nationalism*, Ithaca, New York: Cornell University Press, 1983.

Giddens, Anthony, "A Contemporary Critique of Historical Materialism," *Nation State and Violence*, Vol. 2, Cambridge: Polity Press, 1985.

Greenfield, Liah, *Nationalism: Five Roads to Modernity*, Cambridge: Harvard University Press, 1992.

Habermas, Jurgen, "Citizenship and National Identity: Some Reflections on the Future of Europe," *Theorizing Citizenship*, Albany: State University of New

York Press, 1995.

Hobsbawm, Eric J., *Nations and Nationalism since 1780*, Cambridge: The Press of the University of Cambridge, 1990.

Jarvie, I. C., *Towards a Sociology of the Cinema*, London: Routledge & K. Paul, 1970.

Jowett, Garth S. & O'Donnell, Victoria, *Propaganda & Persuasion*, Thousand Oaks, Calif.: SAGE, 2012.

Kohn, Hans, *The Idea of Nationalism, a study in its orgins and background*, New York: Macmillan, 1959.

Mann, Michael, "A Political Theory of Nationalism and Its Excess", Sukumar Periwal ed,. *Notions of Nationalism*, Budapest: Central European University Press, 1995.

Mead, George H., *Mind, Self and Society from the standpoint of a Social Behaviorist*, Chicago: The University of Chicago Press, 1934.

Moon, Katherine, *The Making of 'Anti- American' Sentiment in Korea and Japan*, Woodrow Wilson International Center for Scholars, 2003.

Nairn, Tom, *The Break-up of Britain*, London: New Left Books, 1977.

Pfaff,William, *The Wrath of Nations: Civilization and the Fury of Nationalism*, New York: Simon&Schuster, 1993.

Said, Edward Q., *Orientalism*, New York: Pattheon, 1978.

Smith, Anthony, *The Ethnic Origins of Nations*, Cambridge: Blackwell, 1986.

Smith, Anthony, *Nationalism: theory, ideology, history. -2001*, Malden, Mass.: Polity Press, c2001.

Shin, Gi-Wook, *Ethnic Nationalism in Korea*, Stanford: Stanford University Press, 2006.

Tilly, Charles, *Coercion, Capital and European States*, OXford: Basil Blackwell, 1990.

Tripathy, Jyotirmaya & Dharmabrata Mohapatra, *Does Development Exit outside Representation?* (Journal of Developing Societies 27(2), 2011.

3. 1차 자료

▌영화

≪3·1독립운동≫, 1949

≪7인의 여포로≫, 1965, 이만희 감독

≪가고파≫, 1984, 곽정환 감독

≪가첩 리철진≫, 1999, 장진 감독

≪간첩 잡는 똘이 장군≫, 1979, 김청기 감독

≪간첩≫, 2012, 우민호 감독

≪검사와 여선생≫, 1948, 윤대룡 감독

≪검은 장갑≫, 1963, 김성민 감독

≪겨울나비≫, 2011, 김규민 감독

≪경계≫, 2007, 장률 감독

≪공동경비구역- JSA≫, 2000, 박찬욱 감독

≪국경의 남쪽≫, 2006, 안판석 감독

≪군용열차≫, 1938, 서광제 감독

≪굳세어라 금순아≫, 1962, 최학곤 감독

≪그 섬에 가고 싶다≫, 1994, 박광수 감독

≪그녀를 모르면 간첩≫, 2004, 박한준 감독

≪그림자 살인≫, 2009, 박대민 감독

≪그해 겨울은 따뜻했네≫, 1984, 배창호 감독

≪기담≫, 2007, 정범식·정식 감독

≪길소뜸≫, 1986, 임권택 감독

≪김정일리아≫, 2009, N. C. 헤이킨 감독

≪꽃잎≫, 1996, 장선우 감독

≪나그네는 길에서도 쉬지 않는다≫, 1987, 이장호 감독

≪나도 인간이 되련다≫, 1969, 유현목 감독

≪나라를 위하여≫, 1949, 안종화 감독

≪나의 결혼 원정기≫, 2005, 황병국 감독

≪남부군≫, 1990, 정지영 감독

《남편은 경비대로》, 1932, 도전장 감독

《내가 넘은 삼팔선》, 1951, 손전 감독

《내가마지막 본 홍남》, 1983, 고영남 감독

《댄스타운》, 2010, 전규환 감독

《독도》, 1954

《독도》, 1957

《독도와 평화선》, 1955

《독립전야》, 1948, 최인규 감독

《독립협회와 청년 리승만》, 1959, 신상옥 감독

《동경을 울린 사나이》, 1970, 박춘배 감독

《동창생》, 2013, 박홍수 감독

《두고온 산하》, 1962, 이강천 감독

《두만강》, 2009, 장률 감독

《들국화는 피었는데》, 1974, 이만희 감독

《들쥐》, 1927, 나운규 감독

《뚝 A Dike》, 1959

《라디오 데이즈》, 2008, 하기호 감독

《량강도 아이들》, 2011, 김성훈·정성산 감독

《리버티 뉴스》, 1950,

《마음의 고향》, 1949, 윤용규 감독

《만다리》, 1981, 임권택 감독

《만송 이기붕》, 1958,

《모던 보이》, 2008, 정지우 감독

《무궁화》, 1948, 안철영 감독

《무너진 삼팔선》, 1949, 윤봉춘 감독

《무산일기》, 2010, 박정범 감독

《무적자》, 2010, 송해성 감독

《무죄》, 2007, 김희철 감독

《박하사탕》, 1999, 이창동 감독

≪베를린≫, 2013, 류승완 감독

≪북한의 실정≫, 1949, 이창근 감독

≪불꽃≫, 1975, 유현목 감독

≪붉은 가족≫, 2012, 이주형 감독

≪붉은 장미는 지다≫, 1962, 이원초 감독

≪빛나는 건설≫, 1954, 유장산 감독

≪빼앗긴 일요일≫, 1963, 정일몽 감독

≪사람팔자 알 수 없다≫, 1958, 김화랑 감독

≪사랑과 죽음의 해협≫, 1962, 노필 감독

≪사랑할 때와 죽을 때≫, 1971, 김묵 감독

≪삼천만의 꽃다발≫, 1951, 신경균 감독

≪삼호탈출≫, 1970, 최인현 감독

≪서부전선≫, 1951, 윤봉춘 감독

≪서울로 가는 길≫, 1962, 이병일 감독

≪성벽을 뚫고≫, 1949, 한형모 감독

≪소문난 구두쇠≫, 1970, 김영걸 감독

≪송환≫, 2004, 김동원 감독

≪수취인불명≫, 2001, 김기덕 감독

≪쉬리≫, 1999, 강제규 감독

≪스파이 파파≫, 2011, 한승룡 감독

≪시선 너머≫, 2010, 강이관·부지영·김대승 감독

≪실미도≫, 2003, 강우석 감독

≪싸리골의 신화≫, 1967, 이만희 감독

≪아내들의 행진≫, 1974, 임권택 감독

≪아름다운 시절≫, 1998, 이광모 감독

≪아름다웠던 서울≫, 1950, 윤봉춘 감독

≪아리랑≫, 1926, 나운규 감독

≪암로(暗路)≫, 1929, 독고성 감독

≪여간첩 에리샤≫, 1965, 최경옥 감독

≪여섯 개의 시선≫, 2003, 임순례·정재은·여균동 감독

≪여수순천반란사건≫, 1948

≪여정만리≫, 1962, 양인은 감독

≪영과의 길≫, 1953, 윤봉춘 감독

≪오 꿈의 나라≫, 1989, 이은·장동홍·장윤현 감독

≪오랑캐의 발자취≫, 1951, 윤봉춘 감독

≪오래된 정원≫, 2007, 임상수 감독

≪오발탄≫(1961), 유현목 감독

≪요절복통 일망타진≫, 1969, 심우섭 감독

≪용의자≫, 2013, 원신연 감독

≪운명의 손≫, 1954, 한형모 감독

≪울지 않으리≫, 1974, 임권택 감독

≪원스 어픈 어 타임≫, 2007, 정용기 감독

≪월하의 맹서≫, 1923, 윤백남 감독

≪웰컴 투 동막골≫, 2005, 박광현 감독

≪유관순≫, 1948, 윤봉춘 감독

≪육체는 슬프다≫, 1962, 이해랑 감독

≪육체의 고백≫, 1964, 조긍하 감독

≪은마는 오지 않는다≫, 1991, 장길수 감독

≪은밀하게 위대하게≫, 2013, 장철수 감독

≪의형제≫, 2010, 장훈 감독

≪이국정원≫, 1958, 전창근·도광계·와카스기 미츠오 감독

≪이중간첩≫, 2002, 김현정 감독

≪임자 없는 나룻배≫, 1932, 이규환 감독

≪자라는 새 교육≫, 1954

≪자손만대에 고하노라≫, 1957

≪자유만세≫, 1946, 최인규 감독

≪자유전선≫, 1955, 김홍 감독

≪잔류 첩자≫, 1975, 김시현 감독

≪장군의 아들≫1991, 임권택 감독

≪장미≫, 1979, 유현목 감독

≪적과의 동침≫, 2011, 박건용 감독

≪전우≫, 1949, 홍개병 감독

≪젊은 아들의 마지막 노래≫, 1970, 조긍하 감독

≪정의의 진격≫, 1951, 한형모 감독

≪조선해협≫, 1943, 박기채 감독

≪좋은 놈, 나쁜 놈, 이상한 놈≫, 2008, 김지운 감독

≪죄 없는 죄인≫, 1948, 최인규 감독

≪주검의 상자≫, 1955, 김기영 감독

≪줄탁동시≫, 2011, 김경묵 감독

≪증언≫, 1973, 임권택 감독

≪지슬≫, 2013, 오멸 감독

≪지옥화≫, 1958, 신상옥 감독

≪지하촌(地下村)≫, 1930, 강호 감독

≪짝코≫, 1980, 임권택 감독

≪창수만세≫, 1954, 어약선 감독

≪처음 만난 사람들≫, 2009, 김동현 감독

≪천사의 분노≫, 1973, 노진섭 감독

≪청연≫, 2005, 윤종찬 감독

≪출격명령≫, 1954, 홍성기 감독

≪충남만유기≫, 1954,

≪크로싱≫, 2008, 김태균 감독

≪태극기 휘날리며≫, 2003, 강제규 감독

≪태백산맥≫, 1975, 권영순 감독

≪태백산맥≫, 1994, 임권택 감독

≪태양의 거리≫, 1952, 민경식 감독

≪태풍≫, 2005, 곽경택 감독

≪팔푼며느리≫, 1968, 심우섭 감독

≪포화 속으로≫, 2010, 이재한 감독

≪풍산개≫, 2011, 전재홍 감독

≪풍운아≫, 1926, 나운규 감독

≪프락치≫, 2005, 황철민 감독

≪피아골≫, 1955, 이강천 감독

≪한국의 어장≫, 1957

≪한반도≫, 2006, 강우석 감독

≪혈로≫, 1954, 신경균 감독

≪혼가(昏家)≫, 1929, 김유영 감독

≪화려한 휴가≫, 2007, 김지훈 감독

≪화륜(火輪)≫, 1931, 김유영 감독

≪황금70 홍콩작전≫, 1970, 최인현 감독

≪효자동 이발사≫, 2004, 임찬상 감독

≪후라이보이 박사소동≫, 1959, 정창화 감독

신문

* 『동아일보』, 1923년 3월 23일자.

* 「영화작가협회발족」, 『자유신문』, 1946년 11월 10일자.

* 「영화검열 파문, 조선 영화계 중대 난관에 봉착」, 『자유신문』, 1946년 5월 5일자.

* 「우리는 이렇게 실천하련다/ 예술원 회원들의 포부」, 『서울신문』, 1954년 4월 22일자.

* 「미 UIP사 영화직배 파문 확산」, 『경향신문』, 1989년 9월 6일자.

* 김유영, 「영화가에 입각하야」 (1)~(6), 『동아일보』, 1931년 3월 26일~4월 5일자.

* 「독일 신문화영화 - 대규모의 테육장려영화」, 『동아일보』, 1925년 5월 16일자.

* 추민, 「영화 운동의 노선2」, 『중앙신문』, 1946년 2월 26일자.

* 조형래, 「'모던 보이, 모던 걸 마음껏 즐리라' 식민지 소재 영화 붐」, 서울: 경향신문, 2008년 10월 2일자.

│ 웹사이트

국방홍보원 홈페이지(http:// www.dream.mil.kr)
영상예술학회 홈페이지(http://www.filmimage.org/)
위키백과(http://ko.wikipedia.org/wiki)